被告席上的
美国大学

〔美〕程　星 ◎ 著

商务印书馆
The Commercial Press

图书在版编目(CIP)数据

被告席上的美国大学/(美)程星著.—北京:商务印书馆,2022
ISBN 978-7-100-21325-7

Ⅰ.①被… Ⅱ.①程… Ⅲ.①高等教育—研究—美国 Ⅳ.①G649.712

中国版本图书馆 CIP 数据核字(2022)第 123390 号

权利保留,侵权必究。

被告席上的美国大学
〔美〕程　星　著

商　务　印　书　馆　出　版
(北京王府井大街36号　邮政编码100710)
商　务　印　书　馆　发　行
北京市白帆印务有限公司印刷
ISBN 978-7-100-21325-7

2022年11月第1版　　开本 880×1230　1/32
2022年11月北京第1次印刷　印张 12½
定价:58.00元

目 录

序 ··· 1
导 言 ·· 11

第一部　学生篇

第一章　替代父母：大学不可承受之重 ································ 37
第二章　危机四伏：校园伤害由谁承担？ ···························· 66
第三章　招生自主：以学术自由的名义 ································ 97
第四章　正当程序：大学如何处罚学生？ ·························· 127

第二部　教授篇

第五章　解聘教授：明知不可为而为之 ······························ 161
第六章　无冕之王：自由无边何处是岸？ ·························· 189
第七章　知识产权：学术的价值和价码 ······························ 218

第三部　大学篇

第八章　大学体制：学术天地谁主沉浮？ ·························· 251

第九章 囿于契约：大学如何应对市场？ …………… 282
第十章 爱的付出：大学如何应对政府？ …………… 312

结　论 ……………………………………………… 343
附录一：案例列表 ………………………………… 370
附录二：参考文献 ………………………………… 377
索　引 ……………………………………………… 385
后　记 ……………………………………………… 393

序

这是程星博士第二次邀我为他的新作作序,十年前是为他的新作《世界一流大学的管理之道》作序。我很喜欢他的作品,因为他的作品总能给我带来惊喜。上次他用管理案例解读美国大学管理之道,这次他用法律案例说明美国司法对美国大学管理的影响。他的这本新作让我初步了解了美国法律对大学管理的深刻影响。因此还和上次作序一样,我在这篇序言里与读者分享我的读书心得,希望对大家有用。

第一个体会是,国内介绍和研究美国高等教育管理的著作很多,但我还没有看到从法律角度对美国高等教育管理进行系统研究的著作。如果这个判断正确,这将是此书的一大贡献。我们都知道,美国有很多从法律角度研究高教管理的著作。例如凯普兰(William A. Kaplin)的名著《高等教育法》首版于1978年,2019年的第6版已是长达2270页的两卷本,并改名为《高等教育法:管理决策综合法律指南》[1]。美国高等教育法的研究由此可见一

---

[1] William A. Kaplin, etc., *The Law of Higher Education, A Comprehensive Guide to Legal Implications of Administrative Decision Making*. 6th edition, 2019, Jossey-Bass.

斑。除此之外，美国还有很多专题性著作。但反观中国会发现，我们在这个领域的研究不仅少，而且不系统[①]。为什么会有这个差异？程星认为，这可能和中美法律制度存在根本不同有关。

目前西方世界的法律体系主要分两大类：欧陆法系（又称民法法系，civil law）和英美法系（又称普通法系，common law）。欧陆国家受古罗马法律传统影响，注重成文法，即由立法机构制定的法典，如拿破仑法典和德国民法典，法官依据这些法典判案。由于这个传统源于古罗马，主要流行于欧陆国家德国、法国、意大利等，因此被称为欧陆法系。欧陆法系在19世纪先后影响了俄国和日本，然后再经日本和苏联影响我国。因此目前的中国现代法律体系接近于欧陆体系。

英美则不然。美国原是英属殖民地，法律传统主要受宗主国英国影响，因此当前美国的法律系统属于英美法系。英美法系不注重成文法典，判案时法官主要根据一些基本原则，结合具体情况，作出司法判决和司法解释（court opinion）。为了防止这些解释出现混乱，要求法官在判案时要参考此前已有类似判例，作为自己判案的依据，这就是所谓判例法（case law）或先例法（stare decisis），由此来保证司法审判的一致性和稳定性。虽然后来的法官也可以不接受以前案例的判决和理据，但要改变必须提供足够的变更理由，而且这类改变通常要受到上级法院（上诉法院或最高法院）的审查。这一点又保证了英美司法可以根据新的情况和发展作出新的调整。因此，和欧陆法系中高高在上的既定成

---

① 我注意到文献中有一些关于美国高等教育法的零散研究，但我没有看到任何系统研究。

文法典不同,英美司法是趴在地上的,如苔藓般能随地形蔓延。也就是说,在英美法系中,对大学的基本原则如学生权利、学术自由、大学自主权等的司法解释,不是由立法机构事先规定的,而是在历史上经由无数案例逐渐阐发和解释,最后演变成今日这些原则的司法基础。

这个判例法是怎么形成的呢?据不列颠大百科全书,1066年威廉一世征服英格兰后,为了加强司法审判权,就派法官到各地巡回判案。当时对很多法律纠纷都没有明确的法律条文,因此法官只能根据当地风俗、习惯和道德观念,根据一般常理等作出判决。随着判例的累积,法官们逐渐形成了尊重和追随以前法官(尤其高级法庭法官)判例的原则。这便是判例法的起源。印刷术普及后,典型的和重要的判例都会被详细纪录并结集出版,供法官、律师和公众参考。因此法官和律师接手官司时,都要查阅以往相关案例,仔细研读案例法官的判案理据和相关司法解释,并以此作为自己判案或法庭辩论的依据。由于这种司法实践不依赖立法机关预先制定的成文法典,所以"普通法"又被称为"不成文法"。到了15世纪,这个法律传统已经基本确立。对英美法系的这个特点,有学者认为,这种慢慢累积而来的"法律",好像正义和道德观念一样,在未有法律之前已存在于人心之中,法官的所为就是通过司法实践把这些法律"找出来",而不是像欧陆法系那样要让立法机构"创造"出来[①]。因此,美国有关大学管理的所有基本原则,都是在漫长司法实践的打磨中逐渐形成

---

① "Common Law", *Encyclopedia Britannica*, https://www.britannica.com/topic/common-law.

的，然后才被学者们总结出来。这是理解美国法律对美国高等教育管理影响的关键。程星在研究中发现，有些法官就这些原则提出的司法解释比很多学者的解释更加精辟深刻，如大学学术自由。这也是程星在本书中想强调的重点。他在本书中讨论了150多个官司，这些案例真实而具体地显示了在美国大学中诸如学生权利、学术自由、高校自治等原则是如何在司法审判中被打磨成形的，对我们理解美国大学中的这些原则的真实状态大有裨益。

至于哪种法律体系更好，这可能要具体问题具体分析。对成熟社会中的规范性司法问题，欧陆法系因规定清晰可能更好。但对急剧变化社会中的探索性问题，英美法系可能会更好，因为它强调一般原则指导下的具体问题具体分析。程星在书中评论道：

> 在这样的法律环境中，高等教育的先驱者无需为新的理念寻求行政或法律授权，更不会画地为牢，将成文的法规作为创新改革的上限。要改革就会犯错，就会产生纠纷。在判例法体制下，一旦产生纠纷，法庭不会搬弄现成的条条框框来压服任何一方。判决的基础是理性，是论证；先例对于当下虽然具有一定的约束力，但法庭论证只要言之有理，能够自圆其说，就有机会被法官接受；而一旦被接受，抗辩之词本身就成为先例，形成规则，为后来者"造法"。不难看出，普通法的法律环境为大学排忧解难、创新改革提供了相应的保障机制。

我认为这是作者想强调的另一个重要观点，值得读者在阅读本书时思考。

第二个体会是建议读者先读本书的导论和结论。先了解作者的思路、方法和结论，然后再细读各章。导论中程星介绍了自己二十多年研究、写作的心路历程。在过去二十多年里程星先后在加州大学、纽约市立大学、哥伦比亚大学和香港城市大学工作过。这些年因工作原因，他访问过很多国内的大学，接触了不少中国大学校长。作为多年在中美大学工作的管理者和研究者，他对大学校长们面临的管理挑战有深刻体会。对于大学校长们来说，严谨的理论研究固然重要，能促进深入思考，但一般作用不大。因为成天忙于事务的校长们可能就根本没有时间来读这些文献。如若能针对他们每日面临的管理困境，为他们提供有针对性的解决方案，帮助他们解决管理问题，可能对他们更有用，而且这种研究的文字以通俗易懂为好。经过这番反躬自问后，他对自己的研究和写作提出三点要求：一是把研究重心从理论转向实践；二是把服务对象锁定为国内大学管理者；三是语言通俗易懂，少用术语或行话。在这个思想指导下，他发现用真实案例来讨论管理问题的方法最为合适，因为这很容易让读者联系到自己的每日实践。然而，撰写案例研究的最难之处是收集案例情景与细节，这类资料通常很难找到。但他发现，美国有关高等教育的一些重要原则（如学生权利、学术自由、学术自治等）的司法判例中，不仅包括具体案例细节，还有司法判决和理据。这些判例直接影响了美国大学管理，成为目前美国大学管理中一些重要原则与工作程序的基础，尤其是涉及学生、教师、政府关系方面的管理。显然，这些问题也是中国大学管理中最棘手、最令人头疼的问题。目前中国在建设世界一流大学，因此美国大学中已发生的一些情况和已有的一些经验教训，可供中国大学管理者参考。从这个复杂曲折的心路历程，可见程星之用心良苦。

在结论部分，程星总结了美国大学管理中六对重要关系和四对难以拿捏的矛盾。这六大关系是学生与大学、学生与教授、教授与大学、教授与市场、大学与市场、大学与政府。显然当今任何大学都会面临这六对关系，因此这里的看点有两个：一是美国大学如何处理这六对关系；二是程星作为熟悉中美大学管理的学者，如何分析这六对关系，以及他给中国大学管理者的建议。例如他认为，研究本书选取的司法判例，可以针对中国高校中的各种具体情况，研究制定一套合理可行的"正当程序"，然后在管理中严格执行。探讨与研究这些"正当程序"类似于给中国大学管理制定"成文法"。有了这套法典，大学就可以有效规范全校师生员工行为，使学校日常管理做到有法可依、有章可循。这不仅可以省却大学管理者的很多管理烦恼，还可以为建立和谐高效的现代大学管理体系奠定基础。我认为这是中国大学管理现代化的必经之路。

让我更感兴趣的是他提出的四对难以拿捏的矛盾关系。

第一是特权与权利。程星在书中主要讨论的是在美国过去100年里，学生权利的历史性变化，以及这个转变对学生与学校关系的挑战。在我看来，这个挑战的本质是各方（校方或学生）对这种关系的机会主义态度，即在具体问题情景下选择于己有利的立场。既然立场游走构成了对管理的挑战，那明确限制立场游走就是解决问题的方法，因此需要针对具体情景制定原则和标准程序，其中包括他建议的编写学校大学生手册。但在中国高校中，特权和权利的关系不仅限于学校和学生。好多管理问题都涉及特权与权利关系问题，因而成了中国大学管理的一类特殊问题。顾名思义，特权是仅限于某些人的权力，而权利是人人共享的权利。和整个中国一样，中国大学也是一个权力等级社会，不同等级的人享有的权力不同。因此在中国大学有一个说法，叫领导特殊论，即允许领导享有某些权力，或不受组织相关制度约束，也就是孟子说的"礼不下庶人，刑不上大夫"。这里领导可泛指任何领导，不仅指学校领导。我知道这种特权问题在美国大学中并不严重，但在中国大学中却是一个大问题。

第二是自由与约束。这里的自由主要指学术自由。让我有点惊讶的是，弗兰克福特大法官给出的四大自由，即以学术为依据自主决定谁来教、教什么、如何教以及录取谁。他的解读把学生录取权划给了大学，而学生录取恰恰是一个跨大学和社会边界的敏感问题。也许是由于这个划界，社会和代表社会的政府就不得不以社会公平公正的名义施压大学，让它们在学生录取方面作出让步。我非常欣赏程星在书中揭示了美国大学的很多录取真相。也就是说，在美国大学中，学术自由从来不是理所当然的。大学一直都在为学术自由同各种社会力量作斗争。这有助于中国大学管理者和学者们认识到，学术自由从来都只是大学的理想，而不一定是大学的现实。在学术自由问题上，大学的宿命很像西绪福斯（Sisyphus），得不断把从山上滚下来的大石头推回山顶，而且永无尽头。大学既然存于人世，就别指望它会变成远离人世的象牙塔。

第三是实质正义和程序正义（substantive justice vs procedural justice）。我特别喜欢程星关于实质正义和程序正义的讨论。我认为他基本上说清了为什么实质正义不易达到，为什么程序正义不可避免，为什么程序正义有助于达到实质正义，为什么程序正义是一种重要管理方法，为什么大学管理应该坚持和推广程序正义。在我看来，程序正义的本质是尊重和保护所有相关各方的权利，仅这一条就可以大大缓解矛盾，鼓励人们通过正式程序解决冲突。在这方面，美国大学积累了可观的经验。当然，如前所述，如果坚持和推广程序正义，就意味着学校要在所有重要问题领域建立起合理的矛盾处理机制与程序，而这最终将大大推动中国大学的法治化管理。

第四是政府与大学，即政府对大学的支持与控制。由于美国宪法没有赋予联邦政府监管教育的权力，故联邦政府对大学影响很小。但"二战"后联邦政府通过科研经费拨款和学生资助等方式资助大学，得以把手伸进大学校园。然后联邦政府以经费为要挟，要求大学执行联邦政府政策，这是典型的胡萝卜加大棒的做法。至于州政府，更是直接根据公立高校是公立机构，由公共经费支持，对公立高校实行直接控制和管理，从董事会任命到学校政策，无一不在政府监控之下[①]。美国只有私立高校在原则上不受政府管辖，但由于它们也渴望得到政府的经费，因此也不得不接受政府管辖。

尽管与政府关系上，公私立大学差别如此之小，但似乎也对公私立大学的发展造成了巨大影响。例如，根据《美国新闻与世

---

① 美国仅有少数公立大学，如密歇根大学，可以半游离在政府权力之外。

界报道》的大学排名，1980年代时还能有公立高校进入前10名，但在近20年里前20名内已不再有公立大学。公立大学普遍把其原因归咎为政府一面减少办学经费、一面提高办学要求，结果造成公立大学学术竞争力普遍下降。密歇根大学前校长杜德斯塔特（James Duderstadt）甚至提出了"公立高校私立化"的建议。我不能肯定政府管理就是公立大学竞争力下降的主因，但我觉得美国政府与大学的关系是一个值得研究的问题。我认为，这个问题既和美国国情的特殊性有关，也跟政府与大学的一般关系有关。当前中国希望大力提高中国大学的全球竞争力，我希望我们能从美国的政府与大学关系的经验和教训中获益。因此，程星在书中建议的"动之以情、晓之以理、绳之以法"的看法值得关注。

第三个体会是我从这本书中学到很多东西。最让我受益的是本书让我看到了美国大学通常不太能让人看到的那一面。大学是一个声誉产业，也就是说，学校声誉好坏对学校影响很大。这是为什么大学普遍关心大学排名。而且通常做法是，一有好消息就大肆宣传，一有坏消息就闭眼装死。所有关于学校的负面消息都会被小心掩盖，这是为什么高校总是在外表上光鲜靓丽，但同时小心翼翼隐藏学校的实际运行。然而程星通过本书的150多个司法案例，让我们看到了美国大学中很难让人看到的一面，这非常有价值，有助于我们全面认识美国大学。

另一个让我受益的地方是美国司法界对大学的基本立场。程星在书中指出，美国司法界对大学的态度基本是不干涉学校基于学术作出的决定，理由是法院不认为自己在学术问题上比教授们有更大的权威性。美国学界把这称为法院对大学的"司法尊重",从而构成了美国司法界对大学学术事务的基本态度。这个态度可以理解为普适的专业主义(professionalism)的一种延伸。但如果教授们的学术自由在诸如种族、性别、宗教等问题上触犯政府法令法规怎么办?如果公立高校教师作为政府雇员公开和政府唱反调怎么办?本书案例表明,在这类情况下,大学的学术自由和学术自治要服从政府法令法规(参见本书第六章)。这就为大学的学术自由和学术自治划出了法律边界。这对矫正我们对美国大学学术自由和学术自治的浪漫想象特别有好处。也就是说,即使是在美国,大学也不能借学术自由和学术自治之名而成为法外之地。

此外类似收获还有很多,这里就不一一赘述了。

以上是我的几点读书体会,与大家分享。希望大家和我一样喜欢程星博士这本特别的好书!

赵炬明

2021 年春于洛杉矶

导　言

美国大学的演进其实并没有一个事前拟定的草稿，更不遵循任何假想的逻辑作线性的延伸。相反，很多历史事件的发生，包括那些对于今天大学产生深刻影响的事件，还常常带着一些偶然性。这些看似偶然的事件往往是当时诸多社会力量各自按照自己的意愿进行角力的结果。换言之，美国大学在其成长过程中充满纠结、烦恼以至痛苦。从学校、教授、学生，到政府、企业、国家，大学内外最不缺的就是问题——有的有解，有的无解。而正是这些成长的烦恼，构成一部美国大学的活的历史。

——作者《美国大学小史》

一

场景之一：你把孩子送进大学，以为自己作为父母已经为他的未来发展铺上了红地毯。然而，在一次学校合唱团排练中，他从舞台上不慎掉进乐池，身受重伤。你要求大学支付医疗费用并赔偿损失。

场景之二：你从研究生时代就与导师合作发表多篇论文。后来导师应聘成为另一所大学的系主任，你也在那所大学得到教职。但你与导师的合作关系在系里引发流言蜚语，而导师与系里教授关系紧张也导致你升职无门，并饱受谣言的骚扰。

场景之三：你在讲课时为了说明什么是人际交流中的不恰当言论，举了一些例子，却因此冒犯了班上一位学生。她将你告到校长那里，并通过校外一位重量级人物施加压力，要求大学开除你的教职。

场景之四：你在从事一项研究时得到一家医药公司的资助。不久后这家公司利用你的研究成果，背着你申请了专利，并将新开发的药物推向市场。

场景之五：一群激进的学生抗议大学出台的某些政策，占领教学楼并扣留一位院长。大学决定报警。事件平息后学校根据校规对一些参与行动的学生作出处分，但学生以侵犯言论自由将你告上法庭。

假如您不是上面任何一个场景中的"你"，那么这些只是别人的故事；相信您不是第一次听到这样的故事，只是事发的时间、地点或版本上有所不同而已。在今天这个信息爆炸的时代，不管情节多么有趣，除非有切肤之痛，这类故事之于您当如过眼烟云，也许还没等看到结局您已经进入下一条信息了。但不幸的是，上面的每一个场景都是真实得不能再真实的法庭案例，而案例中的每一个"你"都有着从地狱里走过一圈的感受。假如您想感受一下"你"们的感受，您需要实现哪怕是暂时的身份转换，比如说：

场景之一：假如您是这个大学分管学生事务的副校长；

场景之二：假如您是这个"流言蜚语系"所属学院的新任院长；

场景之三：假如您是这个学校的校长；

场景之四：假如您是这个大学分管科研事务的副校长；

场景之五：假如您是这个大学的法律顾问。

身份转换之后，作为大学校长或学校相关部门的主管出现在这些故事里，您接下来的日子会过得非常不爽，而如何应对将决定您的业绩、您的仕途，甚至可能搭上大学的未来。于是乎，您将所有能够调动的经验与知识都招到案头，试图找出最佳的解决方法。奇怪的是，从理念到管理，高等教育研究的文献中关于大学的所有事情都讲得头头是道，唯独对您身边发生的事情只字不提。难怪英国名作家朱利安·巴恩斯（Julian Barnes）这样说："书中发生的一切都有解，生活中的事却无解。所以我并不奇怪有些人更喜欢读书。"[①]

我也喜欢读书，特别是因为职业的关系，我将中外高等教育的书读了不少。作为一门学科，高等教育研究在过去半个世纪中逐步走向成熟是有目共睹的事实。但是，我并不"更"喜欢读书，同样是因为职业的关系，我在大学扮演的经常是救火队员的角色。久而久之，我养成了以问题为导向的读书习惯。当然，这话说得有点文雅了；用老百姓的大白话说，就是"急来抱佛脚"。

急来抱佛脚何错之有？不仅没错，而且必要。当代大学的管理者并不是或者很少是高等教育研究的专家；他们中的大多数在

---

① Julian Barnes, *Flaubert's Parrot*: "Books are where things are explained to you; life is where things aren't. I'm not surprised some people prefer books."

上任之前只是他们那个行业的大家,并不关心高教研究或大学理念。试想:您是某个科学领域的讲座教授,命运将您推上大学的领导岗位。突然间,这个您为之献出一大半人生的地方变得陌生起来。学生酗酒斗殴,教授文人相轻,科研官司缠身,这些原本属于别人的麻烦一下子成了您的麻烦。作为一名科学家,您深知拍脑袋决策的危险性,于是开始急来抱佛脚。但是,汗牛充栋的高教研究文献中,并没有很多让管理者抱得上的佛脚。是这五个故事的情节太过猥琐,还是研究者的趣味太过高雅?也许还是古人说得好,不在其位,不谋其政。和其他学科的学者一样,高教研究者对于未知世界的好奇远大于对现实问题的兴趣。再说了,一名普通的高教学者并不拥有您贵为大学管理者的身份及其与之俱来的麻烦,何来为您分忧解难的动力呢?

高等教育研究的文献之于您是远水救不了近火,那么您的同行是否能够帮得上忙呢?哈佛的博克(Derek Bok)校长和罗索夫斯基(Henry Rosovsky)院长、密歇根的杜德斯塔特(James Johnson Duderstadt)校长、哥伦比亚的科尔(Jonathan R. Cole)教务长等一批大学管理者在他们卸任之后,都为我们留下了极为精彩的大学管理论著。[1] 这些著作中有理论,有实践,有心得体

---

[1] Derek Bok (1986). *Higher Learning*. Cambridge, MA: Harvard University Press; Derek Bok (2008). *Our Underachieving Colleges: A Candid Look at How Much Students Learn and Why They Should Be Learning More*. Princeton, NJ: Princeton University Press; Derek Bok (2017). *The Struggle to Reform Our Colleges*. Princeton, NJ: Princeton University Press; Henry Rosovsky (1991). *The University: An Owner's Manual*. New York: W. W. Norton & Company; J. J. Duderstadt (2000). *A University for the 21st Century*. Ann Arbor, NI: University of Michigan Press; J. R. Cole (2010). *The Great American University: Its Rise to Preeminence, Its Indispensable National Role, Why It Must Be Protected*. New York: Public Affairs.

会,确实能够为后来者提供有益的借鉴。可惜如此高瞻远瞩又见微知著的"佛脚"并不多见,大多数管理者在完成他们的行政任期之后又重新回到专业领域,将其辉煌或不太辉煌的业绩留给高教学者去赞叹、膜拜、揣摩、挑剔,以至批判。从这个意义上说,大学多年来形成的"专家治校"的传统应当是大学人力资源最大的一宗浪费。难怪很多美国大学近年来已经逐渐从"专家治校"的模式向"专才治校"的模式演进。比如说,分管学生事务的副校长已经很少见到由讲座教授来担任,而国际事务的主管一般由具有国际事务背景的行政人员担任。原因很简单,当代大学的学生事务涉及太多法律、心理、社会和教育的专业知识,让一名学有专长的科学家来客串三到五年再回去做研究,与谋杀生命无异;而国际事务的主管需要为大学建立可持续的合作伙伴关系,每两年换一个生面孔损己也不利人。

不过话说回来,大学自治原则的精髓就是由大学根据自己的情况任命合适的管理人员,因此治校的是学术专家还是管理专才并不重要;重要的是如何帮助在其位者谋其政。当代大学,特别是亚洲的大学偏好"专家治校"的模式,这无可厚非。惟其如此,高等教育研究才变得更加重要:研究者不仅需要对于高等教育的规律进行探索、研究并加以总结,而且还须兼任"翻译"——将学者们已经发现的理论、理念和规律转换成管理者们能够理解并付诸实践的方法与工具。对此中外的高等教育学者特别是近年来的院校研究者做了大量的工作,付出艰辛的努力,但成效始终不佳。南加州大学凯札(Adrianna Kezar)教授的研究表明,现有的高教研究文献在其"所能有和应有的重要性以及实用性方面还相距甚远"①。事实上,"百分之九十八的高教研究的论文和专著只对作者本人有用"②。我在《世界一流大学的管理之道——大学管理研究导论》一书中对此现象作了如下描述:

> 对于高教研究所存在的问题,学科内外很多人都下过诊断书。既然高教管理是高教研究产生并得以发展的一个重要原因,人们的第一反应往往是敦促研究者将管理中的实际问题作为头等大事来抓。"高等教育的管理者们也总是希望研究与实际问题紧密相连"③,但在往这个方向努力时高教研究界似乎总觉得有点力不从心,也因此受到外界最多的批评。这些批评中尤以著名学者乔治·凯勒(George Keller)的说法最为尖刻。他将高教研究比作一棵"不结果的树"④。凯勒一言既出,研究脱离实际便成为学界对高教研究所存在问题的最后诊断。⑤

二

当然,批评别人容易,批评者自己又做了什么呢?我反躬自问之后对自己提出三点要求:(1)将高教研究的重心从理论建设

---

① Kezar, A. (2000). "Understanding the research-to-practice gap: A national study of researchers' and practitioners' perspectives, " in *Moving Beyond the Gap Between Research and Practice in Higher Education*. New Direction for Higher Education no. 110. San Francisco, CA: Jossey-Bass. p.10.

② Kezar & Eckel (2000). "Editor's Notes", ibid., p.1.

③ Teichler and Sadlak (2000). "Preface," *Higher Education Research: Its Relationship to Policy and Practice*. Oxford, England: Pergamon. p. xi.

④ George Keller (1985). "Trees without fruit: The problem with research about higher education," *Change*, 17(1).

⑤ 程星:《世界一流大学的管理之道——大学管理研究导论》,北京大学出版社 2018 年版,第 219 页。

转向管理实践;(2)将服务对象锁定为国内大学的管理者;(3)坚持用通俗易懂的语言写作,行文中尽量减少专业或行业术语。转眼十多年过去了,我的业余研究生涯总共收获了四本书,每一本都尝试用可读性较强的语言,为管理者呈现真实的、我所亲历的美国大学(《细读美国大学》),从理论和实践两方面理顺大学国际化的思路(《大学国际化的历程》),帮助同行们描画出以研究辅助管理的详尽的路线图(《世界一流大学的管理之道》),并将美国大学两百年成长过程中经历的成败得失加以梳理,以为殷鉴(《美国大学小史》)。我的"小目标"是讲好美国大学的故事,除了因为个人独特的工作经历而外,更重要的是,作为当代世界最成功也最具争议的大学体系,美国大学发展史已经成为我们今天建设世界一流大学的百科全书。您可以不喜欢美国的大学,甚至讨厌他们校园里很多充满铜臭的商业化操作,但您不能回避美国大学从办学理念到日常管理对世界高等教育所产生的巨大影响。这一点国内高教界是有共识的:市面上诸多介绍研究美国大学的论著便是明证。我给自己工作的定位是:站在我所敬重的各位学者肩膀上,为他们已经完成的工作增加一个视角,提供一些佐证,添加几条注释,活跃一下气氛。

要讲好美国大学的故事,首先得有故事好讲。我自己的故事在《细读美国大学》一书中已经讲得差不多了。那么,别人的故事呢?如前所述,在"专家治校"的模式下,多数管理者在完成他们的行政任期之后又重新回到专业领域,很少人有博克校长那样的雅兴,离任后在高等教育研究领域里流连忘返,笔耕不辍。结果是,没有做过管理的学者在继续出版高深的教育理论,但身心疲惫的前管理者则在下台后迅速斩断三千青丝,迫不及待地将任上的烦恼抛诸脑后。在痛下决心以服务管理者为己任之后,却在研究方法论上陷入如此窘境,我曾一度感到"山重水复疑无路"了。

我的第一个"柳暗花明"时刻发生在2000年代中:离开学校多年后重返哥伦比亚大学的课堂,修读公共管理硕士(MPA)。这是一个企业管理学位(MBA)的公共管理版本,多数课程运用MBA课程通行的案例教学法。这个方法围绕实际问题,将真实的情景编写成案例,供学生讨论、思考、分析和判断,通过独立研究和相互讨论的方式,使每一个学生都产生一种身临其境的感觉,在分析问题和解决问题的过程中提高管理能力。两年的课程仿佛是和日理万机、心力交瘁的管理者同行,想他们之所想,急他们之所急,而在完成每一个案例的分析之后居然都会产生一点小小的成就感。

正是这点小小的成就感,让我体验了一把"蓦然回首,那人却在灯火阑珊处"的快感。其实商学院的同行早就发明了案例教学法,并通过这条桥梁,将一代又一代的管理素人变成企业家,并安全送达成功的彼岸。而案例,不正是高等教育研究者和管理者之间所需要的一座桥梁吗?案例方法的前提是学生或读者能够对实际事件进行考察、研究和发现,并从理论的高度对事件加以分析、学习和理解,以期在未来必要的时候唤起记忆并应用所学过的知识与技能。悟出这个道理之后,我在写接下来的三本书时都努力地搜寻案例。我的体会是,从历史卷宗到当代报道,从讲演报告到社交媒体,从统计数据到访谈问答,原来可供研究的案例俯拾皆是,不可多得的是一双经过教育研究方法论训练的慧眼。

我的第二个"柳暗花明"时刻发生在写《美国大学小史》过程中。在对美国大学发展史上里程碑式的事件加以梳理并对其基本理念追根溯源的时候,我突然发现,很多今人耳熟能详的办学理念,诸如学术自由、大学自治、知识产权、招生自主、"替代父母",等等,原来都可以追溯到法庭判决。很多关于大学理念最准确、最完整也最具逻辑性的表述居然不是来自高等教育研究者,而是来自法官特别是联邦最高法院大法官们的判词。比如说,时隔半个多世纪重读沃伦(Earl Warren)大法官关于学术自由的判词、弗兰克福特(Felix Frankfurter)大法官关于四项基本自由的判词[①],用"惊艳"来形容毫不为过。哪一位教育研究者能像法官们那样,将理论与实际联系得如此到位?这些判词高屋建瓴,对于高等教育理念的把握,在复杂案例上的运用,加上极其精准的表述,成为美国研究型大学冲刺世界一流大学的导航仪。

正是这惊鸿一瞥,给我带来第三个"柳暗花明"时刻:判例法(case law)在我面前打开一个仿佛取之不尽、用之不竭的案例宝库。美国大学三百多年来所经历的各种坎坷、纠结、危机和凯旋,都在法庭案例中留下了完整的记录。而法官在撰写判词时不仅交代事件的来龙去脉,而且详细描述其严谨的推理过程,以求最后的判决能够以理服人。当然不是每一个法官都能将判词写到让人击节叹赏的地步,但一些经典的判词确有流芳百世的潜质。愚钝如我,怎么会多年来面对案例宝藏视而不见,却舍近求远地从其他途径寻求研究素材?

[①] Sweezy v. New Hampshire 354 U. S. 234 (1957).

三

在此有必要对判例法略作介绍。我在读博时虽然修读过高等教育法课程，但时隔多年早已"完璧归赵"，还给老师了。因此我能带给读者的只是一个非法律专业版本的介绍，在展示一下我浅薄的法律知识而外，希望能坦白地交代一下"为我所用"的过程，以方便读者在此基础上独立思考、去芜存菁。

当代世界最重要的两大法律体系是英美法系（common law，又称普通法系）和欧陆法系（civil law，又称民法法系）。一般来说，英美法系注重判例法，即法院对之前类似案例进行搜集和分析，以对当前案件的不确定性作出判断，并在判决之后公布司法意见书；而欧陆法系则注重成文法，要求法官严格按照由立法机关颁布的法典进行判决。需要说明的是，两大法系之间的分歧并不总是泾渭分明；事实上，许多国家综合运用了英美法系和欧陆法系的特点。

判例法的发现之所以让我感到如获至宝，首先是因其"遵循先例"（拉丁语：*stare decisis*）的法律原则。这个原则要求法官尊重已经形成的判决先例，在面对类似案件或事实时采用先前的规范，作出类似判决。遵循先例是判例法形成的基础。判例法的这个特点在无意之中为我们保存了历年来几乎所有与美国高等教育相关的纠纷和案例，而法官们对于这些案例的分析、裁定、意见和观点不仅为后来类似纠纷与案例提供了解决的方案，而且经过无数次法庭上的"试错"，最终形成大学管理者必须遵从的基本规则、传统和理念。

其次,普通法以判例法为核心形成的逻辑思路,成为美国大学在自由探索中前行不可或缺的法律环境。我在《美国大学小史》一书中曾对美国大学的演进作过一个解读:

> 美国大学的演进其实并没有一个事前拟定的草稿,更不遵循任何假想的逻辑作线性的延伸。相反,很多历史事件的发生,包括那些对于今天大学产生深刻影响的事件,还常常带着一些偶然性。这些看似偶然的事件往往是当时诸多社会力量各自按照自己的意愿进行角力的结果。换言之,美国大学在其成长过程中充满纠结、烦恼以至痛苦。从学校、教授、学生,到政府、企业、国家,大学内外最不缺的就是问题——有的有解,有的无解。而正是这些成长的烦恼,构成一部美国大学的活的历史。[①]

麻烦多多并非只有美国大学,但动辄法庭相见应当是美国特色。尽管各级法庭经常打出司法尊重(judicial deference)的挡箭牌,希望远离校园纠纷,让大学自行处理学术问题,但涉及学术事务的诉讼还是层出不穷。小到学生不满教授给出的成绩,大到数以百万计的专利纠纷,到法庭上去讨说法几乎成为解决校园矛盾的标准动作。我自问:假如是在一个成文法的法律环境中,这些官司打得起来吗?答案常常是否定的。试想,成文法的逻辑是,民众的权利源于法律的授权,如果你要伸张的权利缺乏成文

---

① 程星:《美国大学小史》,商务印书馆2018年版,第2页。

法的依据，那么你在提起诉讼之前已经大致知道可能的结果，还有必要兴师动众人禀法院吗？但是，普通法的法律环境则不同；从某种意义上说，普通法认可甚至鼓励认死理、追到底，因为你的权利能否得到伸张其实没有任何预设的假定。有学者对于普通法的法律环境作了如下描述：

> 普通法的逻辑是什么呢？它并不预先设定你的权利范围，不列举你的权利种类，不规定你究竟有什么权利，而是在纠纷发生时要求你在那个特定的情形下论证自己权利的正当性；如果你能够证明自己的权利，能够证明自己的权利比对方更优先，那么法官就会为你提供救济和保护。因此，在这里，权利不是事先规定和列举好的，而是论证出来的；夸张一点说，普通法的每一场审判都是一场论证自己权利正当性的研讨会！①

在这样的法律环境中，高等教育的先驱者无需为新的理念寻求行政或法律授权，更不会画地为牢，将成文的法规作为创新改革的上限。要改革就会犯错，就会产生纠纷。在判例法体制下，一旦产生纠纷，法庭不会搬弄现成的条条框框来压服任何一方。判决的基础是理性，是论证；先例对于当下虽然具有一定的约束力，但法庭论证只要言之有理，能够自圆其说，就有机会被法官接受；而一旦被接受，抗辩之词本身就成为先例，形成规则，为后来者"造法"。不难看出，普通法的法律环境为大学排忧解难、改革创新提供了相应的保障机制。

---

① 李红海：《普通法的司法解读》，北京大学出版社2018年版，第5页。

四

康奈尔大学（Cornell University）前校长罗兹（Frank H. T. Rhodes）将美国大学在 20 世纪所取得的巨大成就归于大学所拥有的无与伦比的自主权：

> 权力分散、独立不羁、步调不一、文化多元，美国大学面对新的机遇时总是投机取巧、随机应变、充满创意、反应灵敏。……在受到监管的欧洲大学里，教职员工经常是身为公务员，而中央政府的管制则不仅延伸到大学的招生和学科管理，而且还延伸到规章制度、经费预算和个别学术部门的评估。相比之下，[美国的大学]独立于中央政府的计划和控制之外，捉摸不定却活力四射。[1]

遗憾的是，人们经常将"小政府"与"无政府"相提并论，将美国联邦政府给予大学的高度自治理解为政府对大学疏于管控、放任自流。罗兹校长的话对于消除此类误解应该没有太大帮助。然而，身为名牌大学的掌舵人，罗兹面对美国大学的"独立不羁"、"捉摸不定"和"投机取巧"，不仅无忧无虑，反而得意洋洋，这份气定神闲究竟从何而来？

据说哥伦比亚大学教授赛尔（Wallace Sayre）是下面这句流行语的"始作俑者"："学术政治是最恶毒、最痛苦的政治形式，

---

[1] F. H. T. Rhodes (2001). *The Creation of the Future: The Role of the American University*. Ithaca, NY: Cornell University Press, p.13.

因为涉及的利益太小了。"① 而当学术政治的对立各方无法在校内达成和解时,对决的终极平台便是法庭。因此,在我看来,罗兹校长在面对大学的分权、独立和散漫时之所以底气十足,不是因为他对校园里学术政治的恶毒和痛苦视而不见,而是对"乱中有序"的大学体制早已驾轻就熟,对学术政治升级到需要寻求司法援助也觉得司空见惯,而且信心满满。

从这个角度看大学治理,我们可以体会判例法对管理者的潜在意义。尽管判例法中有关大学的案例浩如烟海,而且各州法庭并不非要遵从他州平级法庭的先例,但因为先例对后来类似案例的影响,除非上级法院高调推翻先例,同类案例不仅有史可究,而且有理可循。只要高教研究者或院校研究人员能够提供足够的决策支援,那么判例法完全有可能成为大学治理的有效决策工具。从学术岗位进入行政岗位,大学管理者最需要的就是在日常决策时有理有据,在面对危机时能够临危不乱。做到这两点,管理者就能大大地降低其决策过程中的不确定性。在管理科学中,不确定性被定义为人们对事件的未来状态的概率缺乏了解,而决策者若无法消除不确定性,就会制约其决策的有效性。为此管理学家投入大量精力研究有助于减少或应对不确定性的方法。大学管理并不例外,不确定性也是有效的大学决策的天敌。好在管理者对学术环境并不陌生,对于大学理念亦早已谙熟于心,因此在进入领导岗位后并不急于用高深的高等教育理论武装自己。他们急需的是应对和解决各种问题的方法,而判例法正是他们了

---

① Wallace Sayre: "Academic politics is the most vicious and bitter form of politics, because the stakes are so low."

解过往案例以帮助当下和未来决策最好的工具。

当然,判例法如何影响美国大学的治理并不是本书的主题,更不是本书读者需要关心的问题。把镜头转向国内,我们与美国的国情不同,法律制度不同,大学治理的结构与方法也不同。但亘古不变的是人与人相处时不可避免的各种冲突,是大学治理过程中难以回避的各种矛盾,而被告席上的美国大学为我们提供的,恰恰是这些矛盾激化之后管理者如何应对的真实场景。这里有经验,有教训,有逻辑推演,有多方博弈,还有大学理念在管理实践中得以运用的完整演示。因此,这本书虽然不能当成大学管理者的实战演习指南,但其中案例及其分析起码能帮助他们在日常管理中提高危机防范意识,并参考前车之鉴来提升自身的管理水平。

五

既然学术政治无法避免,那么如何应对学术政治给大学带来的各种矛盾与冲突,包括这些纠纷在法庭上的终极对决,便成为大学治理研究中一个重要的课题。由于大学"权力分散、独立不羁、步调不一、文化多元",教授、学生、管理者之间内部的角力已经足够复杂,而大学在与政府、企业、公众等外部群体的博弈过程中更是跋前踬后,动辄得咎。如何梳理这些看似剪不断、理还乱的校园内外的纷争呢?我在研读了数以百计的法庭案例之后,居然有了一点豁然开朗的感觉。

案例法中每一件案例都以"A v. B"为标题记录在案,其中A

角为原告，B 角为被告，而中间的"v."是拉丁文"versus"的缩写，意即"诉""反对"，即代表持相反立场的诉讼双方。这就告诉我们，每一件诉讼的实质就是 A 角与 B 角的"关系"激化之后诉诸法庭的结果，而学生、教授、大学、政府以及其他大学外围的利益相关者（比如家长、企业、社会团体等）等任何两方随时都有可能被代入"A v. B"的公式，形成诉讼。作为大学管理者，只有准确把握大学内外各种利益集团之间的关系，才能有效地化解矛盾，管控危机。古人云："纲举目张。"在此，纲者，关系是也。顺着这条思路，我将涉及大学的各种诉讼分门别类，本书十章由此演绎而成：第一类诉讼关乎学生的利益，包括前四章；第二类关乎教授的利益，包括第五至第七章；第三类关乎大学的利益，包括最后三章。

第一章"替代父母"中的 A 与 B，A 角为学生，B 角为大学。学生与大学之间的关系如何界定，直接影响大学在学生事务管理上的理念、原则和方法。这个问题对于早期美国古典学院的师生来说根本不存在：大学作为"替代父母"，对学生行使的权力与担负的责任远远超越知识的传授。上大学是学生的特权（privilege），而非权利（rights），因此大学之于学生，不仅具有学术上的权威，而且还承担着道德教化的功能。这种"替代父母"的逻辑在 1960 年代民权运动中开始土崩瓦解。学生作为独立的个体，其权益受到宪法保障：言论受到宪法第一条修正案的保护，其他权益则受到宪法第十四条修正案公民权利和正当程序的保护。然而，推翻了压在头上"替代父母"这座大山之后，学生的日子变得更加美好了吗？现实实在是有点残酷：大学在法庭的鼓励下,很长一段时间对校园伤害事故采取"袖手旁观"的态度,让投诉无门的学生及其家长饱尝无奈与绝望。校园伤害究竟由谁承担?

第二章"危机四伏"是前一章所提出问题的延伸。在卸下"替代父母"的重担之后,大学必须直面这样的拷问:大学对学生的安全究竟是否应当承担责任?如果答案是肯定的,那么他们应当承担的是什么样的责任?对于学生事务主管来说,这是一片让他们心跳加快的蛮荒之地:在青春荷尔蒙集聚的校园,事故随时可能发生。大学对学生的安全固然负有一些义不容辞的职责(duty),但对于不可避免的事故是否应当承担所有的责任(liability)呢?在"替代父母"时代,大学对学生的确负有合理照看的责任(duty of reasonable care),因为两者之间具有某种特殊关系。问题是,在后"替代父母"时代,这种"关系"已经荡然无存,那么大学还需要承担这份照看责任吗?在20世纪的最后三四十年中,大学管理者和无数的学生一起,在这么一份简单的问卷面前受尽煎熬。他们中的许多人用自己的泪水以至鲜血,努力地试图交上一份勉强可以及格的答卷。

接下来两章展现的是现代大学景观中的两片诉讼高发地带。第三章"招生自主"中的A角和B角还是学生与大学,两者之间的关系本来是自然而然的:学生心仪大学,大学也相中学生,两厢情愿,不就成了?但由于C角——政府的加入,使得学生与大学的关系变得格外复杂。政府在大学招生问题上持有两个基本却又自相矛盾的立场:一是基于学术自由的原则,认为大学在招生问题上享有完全的自主权;二是基于社会公正的原则,要求大学在招生问题上顾及多元化,考虑种族(尤其是黑人)因素。这两个原则在大学招生过程中经常发生碰撞,结果是挑战招生政策公平性的诉讼在过去半个多世纪以来此起彼伏,愈演愈烈。族群之间因公平问题而掀起的法庭对决固然是本章的看点,但联邦最高法院的大法官们在就大学多元化问题进行考量时擦出的思想火花却格外让人惊艳。原来少数族裔对于大学校园里"健康的思想交流",才是美国大学在招生问题上实行"肯定性行动"的终极原因。

第四章"正当程序"背后的法律概念非常简单——大学在处罚学生时必须遵从既定程序。然而,这个概念在实际运用中却让大学管理者步履维艰、陷阱重重。对于学生来说,取得这项公民权利实属不易,取得之后的维权之路其实更加艰辛。问题是,学术处分或纪律处分之于当事学生的伤害不言自明,但若处罚不当的话,对大学的伤害同样不可低估。俗话说,没有金刚钻,不揽瓷器活。可大学在此却是反其道而行之:它须行法庭之责却无法庭之威,更无法律之利器。结果是,业余法庭的法槌刚刚落下,专业法庭的钟声已经敲响。也许,正因如此,大学在处罚程序上做足功夫才显得格外重要,尤其是当事实的真相为凡夫俗子如你我所难以企及的时候。

通过第五章,我们进入当代美国大学的一个禁区:解聘教授。19世纪后半叶美国大学成功转型,从教学型的古典学院蜕变为研究型的现代大学。美国大学教授协会(American Association of University Professors, AAUP)自1915年开始提倡、1940年正式在大学确立教授职位终身制,其理据是为了保证教授的研究和教学自由。从此解聘教授成为大学管理者避之唯恐不及的禁区，而触碰禁区的结果就是大学与自己的教授在法庭上相见。然而，还是有那么一些明知不可为而为之的大学，因为种种原因不得不铤而走险，于是就有了本章所牵出的一连串诉讼，让人感叹，让人唏嘘。

第六章的标题"无冕之王"本无讥讽之意，哥伦比亚大学拉比教授的名言"教授就是大学"可以为证。然而，现实生活中的大学教授却怎么看都少了一点王者之气。课堂上出言不慎会被学生送上法庭，研究课题偏离主流可能踩踏政府的红线，而将个人信仰带进校园更是为校方所不容。自由无边，何处是岸？心高气傲的学者们难道是被"无冕之王"的高帽子忽悠了？其实，正如有水就有岸，自由（freedom）也从来不能完全免于（free）约束。言论自由只是社会给从事研究工作的教授颁发的一个特许状，容许他们在给定的话语环境中有所突破，有所出格。换言之，这额外的空间是为他们的创新活动保留的。特许状可以到期，可以作废；颁发者也可以因为某些原因改变许可的条件。假如教授们一味地强调自己的特权而忘记了他们对社会所承担的义务，那么前面一章所聚焦的那个挥之不去的难题——解聘教授——早晚会来敲门的。

第七章"知识产权"的主题是当代研究型大学教授们的自由与不自由。他们自由，因为这也许是当今唯一的一个行业，从业者能够在没有任何商业目的驱使的条件下，根据自己的学术兴趣来确定研究方向与课题，而且这种自由还受到终身教职的保护。他们不自由，因为他们所创造的知识财富从诞生的那一刻起，就暴露在许多贪婪的觊觎之下，有时能让他们寝食难安。而那些在企业资助下进行研究的教授，脖子上还多一道枷锁，那就是为了资助者的商业利益，他们很可能与发明者的荣耀擦肩而过。这是一群在人迹罕至的水域里为人类探究未知世界的勇者，亦是一群在人欲横流的商场上良知受到反复拷问的囚徒。

世界上大概没有任何其他国家的大学会像美国大学那样，如此频繁地出现在法庭的被告席上；也没有任何其他大学会像他们的美国同行那样，其理念、体制及其与外部世界的联系，需要通过法庭辩论以及法官的判词得以界定与确立。这是美国大学的不幸，也是他们的幸运。不幸的是，他们常常在法庭上被法官和原告的律师整得土头灰脸、狼狈不堪；幸运的是，他们从成为真正意义上的大学那天起就在宪法和州法的双重护卫下砥砺前行。或许，成为被告并不如想象中的那么糟糕。我在第八章"大学体制"题头提出的问题是：学术天地谁主沉浮？答案会因人而异，但从体制建设的角度来看，与其将大学的荣辱升迁交予一时的长官意志，不如让大学体制扎根于法治的土壤慢慢生长。校长遴选、工会谈判、教学评估，等等，大学管理者最不缺的就是麻烦，稍有不慎还有机会上被告席。但是，只要决策时有据可循，也不用看着上峰的脸色行事：大学管理者能有这样的奢侈，夫复何求？

回到"A v. B"的公式，前面八章中几乎所有的 AB 对峙，都可归结为大学内部各种利益集团之间的关系与纷争，而本书的最后两章（第九章"囿于契约"和第十章"爱的付出"）则将大学两个最重要的外部关系推向前台：市场与政府。在美国，甚至在全球范围内，虽然大学市场氛围的形成还是近几十年的事，但市场的原则及其运用却始终与大学的演进同步。只是当高等教育还是卖家市场的时候，大学误将学生的谦恭当成后者对自身权利的让与。随着高等教育的大众化，"酒香不怕巷子深"的逻辑之于大学早已是明日黄花，代之而起的是日益高涨的契约意识。大学被逼上一条商业运营之路：在铺天盖地的学术课程广告背后，针对大学的维权诉讼不绝于耳。假如学术自由是现代大学的安身立命之本，第九章"囿于契约"所呈现的一系列诉讼，却让我们看到市场的蛮横和大学的无奈。契约，只是市场加之于大学"独立之精神，自由之思想"的又一条锁链，而戴着锁链跳舞则成为当今大学管理者必备的技能。

用"爱的付出"作为第十章的标题，以此形容政府与大学的关系，听上去难免有点腻歪，但联邦和州两级政府在大学身上的投入，用"溺爱"两字来描述也不算过分。由于历史的原因，美国联邦政府对大学不仅没有管辖权，连拨款的权力都没有。公立大学的事州政府说了算，私立大学的事他们自己的董事会说了算。如此安排，给联邦政府仅留下一个选择，即通过"巧立名目"来资助大学。然而，政府在作出"爱的付出"之后是要求回报的：大学必须在关乎社会正义与福祉的许多问题上与政府合作，支持其政策并接受其监管。平心而论，在制度建设上，政府通过资助大学换取后者的合作原是一个巧妙的设计：政府得以贯彻其使命，大学得以维护其独立。但这个设计的阿喀琉斯之踵（Achilles' Heel）在于，政府与大学的使命不同——政府以社会公正为目标，而大学则以追求真理为己任：政府"爱的付出"有时成为大学的"不可承受之重"。日常生活中，父母与子女间爱并痛着的故事并不罕见,也帮助我们解释了为什么大学与政府能在"爱"的大纛下面把官司一桩连着一桩,直打到天昏地暗。

六

大到办学理念,小到日常营运,创新也好,守成也罢,美国大学总是不断地被推上被告席,面对各方指控,声嘶力竭地自我辩护。在接下来的十个章节中您看不到走向一流的宏大叙事,有的只是动辄得咎、锱铢必较、强词夺理。但只要您有足够的耐心将这些案例的来龙去脉看明白,您会不无惊讶地发现,真理不一定越辩越明,谬误倒是在层层上诉之间得以裨补匡正。坊间书市上关于美国大学的故事不计其数,特别是涉及名牌大学的叙述大多带着光环,引人向往,催人奋进。但您手中的这本书或许会让您感到失望,或者失落。作者从卷帙浩繁的法庭卷宗里精选标志性案例,将读者带到美国大学光鲜的帷幕后面,一窥象牙塔里面无尽的烦恼、挣扎、纠结、痛苦,当然还有凯旋。

英美法的一个重要特点是遵循先例,这就否定了法官的绝对自由裁量权,使得任何有违先例的判决都会在判例法中留下足迹,不至于让后来者摸不着头脑,也减少了同类案件在法庭上的反复无常。这一特点使得我们有可能将前后两百多年间涉及大学的案卷放到一起,一幅美国大学发展演进的动态画卷突然呈现在我们面前,另类却不失完整。本书涉及的一百五十多起案例中,有的案情事关重大,有的则近乎猥琐无聊。法官们虽然不是高等教育研究的专家,很多人甚至对学术事务缺乏起码的了解,但他们以圈外人的智慧与洞见,通过发表法庭观点,为大学的理念、政策、体制和营运作出法理上的解读与指引。

这本书对于读者的思维逻辑是一个挑战。大学管理者的习惯性思维是照章办事,然而法庭却是一个充满张力的地方。诉讼双方为了赢得官司往往是绞尽脑汁,既要以事实为据,又想以逻辑取胜,所以就有了很多脑筋急转弯的故事。多数大学管理者并非法律专业出身,因此了解并熟悉之前的案例,不仅能够提高管理水平,训练思维逻辑,还能在突如其来的新问题面前做到游刃有余。对于一般读者来说,即便是对当代大学兴趣浓浓,知其然之余还想知其所以然的恐怕不多。但法庭是个较真的地方,诉讼双方争的就是一个所以然的问题。所以,这本书是为后一类读者准备的。

第一部

学 生 篇

第一章

替代父母：大学不可承受之重

> 从事理上推想起来，娜拉或者也实在只有两条路：不是堕落，就是回来。因为如果是一匹小鸟，则笼子里固然不自由，而一出笼门，外面便又有鹰，有猫，以及别的什么东西之类。
>
> ——鲁迅

一

戴蒙·汤普生（Damon Thompson）自2008年转学进入加州大学洛杉矶分校（UCLA）之后，与同学的关系越来越差。他耳边经常听到别人在羞辱他，却又无法确定这个声音来自何人何方。短短一年内，汤普生已经向学校老师和行政人员多次反映情况。他在给历史课教授的电邮中抱怨有人在期末考试时说他坏话，在给学生辅导长长达三页的电邮中抱怨同学散布有关他性生活的谣言，还向三位教授和一位助教报告有人故意说三道四影响他学习。有一天，他向学生宿舍的舍监报告说，听到宿舍门外疑似扣枪扳机的声音,有人想要枪杀他。舍监随即召来校警,对宿舍及周围环境作了彻底的搜查,并将他送到大学急诊室进行心理评估。汤普生被诊断为精神分裂症加上严重的抑郁症,他同意接受药物治疗与定期门诊。

汤普生虽然同意进行心理咨询却拒绝服用药物。在大学心理咨询师劝告下,他最终同意去看学校的精神科医生,并在大学的行为健康诊所接受治疗。新学期开始后,他与同学之间的纠纷似乎有增无减。2009年10月初,汤普生开始指名道姓地指控同学为其幻听的来源。他的一位教授通过电邮向学校应急团队发出警告,大学咨询与心理服务中心主任随之召集紧急会议,商讨解决汤普生的问题。然而,两天后在一个化学实验室里,在没有任何纠纷和预警的情况下,汤普生突然拔出一把厨刀,向正在进行实验的同学卡瑟琳·罗森(Katherine Rosen)的胸口和颈脖刺去。面对谋杀未遂的罪名,他以精神错乱为由拒不认罪。经专家诊断,汤普生患上的是妄想型精神分裂症,被关进精神病院。

罗森死里逃生。她随之将加州大学和UCLA的相关职员告上民事法庭,声称大学对她负有特别照看义务(special duty of care);而其职员疏忽职守,对于汤普生这样可以预见的暴力行为既未发出警告,亦未有效控制,更未对她加以保护。[1]

就在汤普生刺杀同学未遂事件的同一年,位于美国东岸的麻省理工学院(MIT)发生了一起学生自杀事件:该校斯隆商学院

---

[1] University of California v. Katherine Rosen, 240 Cal. App. 4th 1296 (2018); A. Dillard (nd), "Rosen: A case study on a school's duty to protect its students," *Daily Journal*. Available at: https://www.dailyjournal.com/mcle/365-rosen-a-case-study-on-a-school-s-duty-to-protect-its-students.

25 岁的博士生阮寒（Han Nguyen）在校园内跳楼自杀。

早在两年前的 2007 年 5 月，在 MIT 念完第一学年时，阮寒就向斯隆商学院的博士项目负责人凯莱（Sharon Cayley）教授抱怨说，自己"所有功课都不及格，因为不懂得如何做考试题。课程内容我都懂，就是考试时答不出来"。凯莱让他向 MIT 学习障碍援助中心求助，但阮寒对于中心工作人员向他推荐的一系列帮助断然拒绝。6 月 25 日，凯莱又被推荐去学校的心理健康与咨询服务中心。在与巴恩斯医生（Dr. Celene Barnes）的面谈中，阮寒说他不明白为什么来到这里，因为他心理上完全没有问题。事实上，他早在入学前就有心理问题，曾两次尝试自杀。其后他向学生事务助理院长兰德尔（David W. Randall）透露，自己的确曾接受校外心理医生的治疗，但希望将学术问题与自己的心理问题分开处理，并拒绝本校医生的介入。从 2006 年 7 月他入读 MIT 至 2009 年 5 月间，他曾接受九位校外心理医生共九十多次的治疗，但没有任何一位医生认为他有自杀的危险。其间他还看过麻省总医院的精神科医生 43 次，而后者也未觉得他会自杀。

阮寒的两位教授魏纳菲（Birger Wernerfelt）和普里莱克（Drazen Prelec）对于他的心理问题及其严重程度并不很了解。他们只知道他有严重的失眠和考试焦虑。2008 年 6 月 2 日魏纳菲给阮寒的七位教授发了一封电邮，告知他和普里莱克商量后决定，为了减轻阮寒的心理压力，他们将允许他用几个星期的时间完成博士资格考试，而不是像其他同学那样集中考完。两天后他又将此决定修改为让阮寒随时随地、只需在自己感到可以的时间内完成考试。

在魏纳菲的建议下，教授们勉强通过了阮寒的博士资格考试。然而，此时的魏纳菲大概已经有了某种不祥的预感。他在和教授们沟通时不止一次提到，假如不让阮寒通过，他们"最终也许会'双手沾上鲜血'"。在通知阮寒考试结果时，魏纳菲不失时机地向他建议，并不非要坚持下去直到完成博士学位，可以借此机会拿一个硕士学位来完成在 MIT 的学业。但阮寒固执己见，说成为大学教授是他此生的梦想，他会竭尽所能完成博士学位。

2009 年 6 月 2 日上午 10 点 51 分，阮寒与魏纳菲在实验室大楼通了大约八分钟电话，讨论他最近发给同事的一封言辞欠妥的电邮。他放下电话后独自走上大楼的屋顶，从上面纵身跃下，当场死亡。阮寒的父亲将 MIT 及其教职员魏纳菲、普里莱克和兰德尔告上法庭，指控他们疏忽职守，未能有效阻止阮寒自杀。[①]

上述两个案例的共同之处在于，受害的学生及其家长都认为大学与学生之间具有一种特别的关系。当受害者将大学告上法庭，他们共同的理据是大学对学生负有不容推辞的照看义务。因此，当大学未能成功阻止学生残害他人或自残时，便构成渎职，便要承担最终的责任。这一点在"瞿等诉南加州大学"[②]一案的辩论中显得尤为突出。

2012 年 4 月 11 日，南加州大学（University of Southern California）两名中国学生，瞿某和吴某，在学校附近的一宗抢劫案中双双被杀。就大学提供的安保而言，他们遇害的地区是南加州大学所谓的"快速回应区"（quick response area），而非"巡逻区"

[①] Nguyen v. Massachusetts Institute of Technology, SJC 12329 (Mass. 2018).
[②] Qu v. Univ. of So. Cal. CA2/3, B247933 (Cal. Ct. App. 2013).

（patrolled area）。2012年5月16日，瞿、吴两家父母起诉南加州大学，控告学校因过失导致学生的非正常死亡及故意提供虚假陈述。

原告在诉状中指出，南加州大学在校园周围地区通过警察值勤、监控探头、黄背心保安巡逻等方法提供安保。然而，在被害人的受害地点，大学既没有提供任何安保措施，也没有警告学生这是一个罪案高发地段。相反，学校所提供的安保信息让受害人误以为这是一个可以安全出入的地方。更有甚者，南加州大学在其官网上宣称："[南加州大学]拥有在全国最面面俱到、最积极主动的校园与社区安全项目，跻身美国最安全的大学之列。""南加州大学保安人员在主校区、健康科学校区以及周围地区提供24小时安保执法。"原告认为，网站上的这些陈述是海外学生申请大学时所得到的关于学校安全问题的唯一信息来源。问题是，这些是虚假信息：南加州大学并不是全美最安全的大学，也没有一个他们所声称的全国最面面俱到、最积极主动的校园与社区安全项目，而且大学的安保人员也未能在学校周围提供24小时的安保执法。由于大学在其网站所作的承诺，在校园周围提供安保服务便是它无可推辞的法律责任；而瞿、吴两位学生的遇害说明大学辜负了它对于学生所承诺的"照看义务"。

总而言之，以上三个案例虽然情节各异，但三位原告的逻辑却一脉相承：家长将孩子交给大学，大学与学生之间由此产生一种特别的关系；大学在录取学生的同时承担了对学生的"照看义务"；当学生在大学期间由于各种原因受到任何伤害，这就意味着大学失职了，便须承担法律责任。这个逻辑有问题吗？表面看来没有,但现实却与逻辑并不相符。法庭在碰到这类案件时总是表现得十分纠结,而且在本书将要呈现的绝大多数案例中,法庭经常站在大学一边。为什么?

看来,在大学和学生的关系问题上,凡人如你我认为天经地义的逻辑在此行不太通,或是不太通行。因此,那些第一次成为大学生家长的父母特别是家中第一代大学生的家长需要了解的是:大学之于学生曾经的"替代父母"角色(拉丁文 in loco parentis)在当今社会早已一去不返。既然斯人已去,何必念此茫茫?

二

"*In loco parentis*" 是英国普通法中的一个法律概念,原指一位成年人不通过正式领养的途径而承担起家长对孩子所具有的权利、责任与义务。例如法定监护人之于其被监护人即"替代父母"。以《英国法释义》(*Commentaries on the Laws of England*)一书闻名的英国18世纪法学家威廉·布莱克斯通(William Blackstone)就曾对"*in loco parentis*"做过如下界定:

> 一位父亲在有生之年可以授权家庭教师或学校老师代为履行其作为家长的部分职责,而后者即替代父母(*in loco parentis*)并拥有了家长所掌管的这部分权力,在必要的情况下执行他被赋予的职责,即(对被监管人进行)约束与纠偏。[1]

---

[1] W. Blackstone (1765), *Commentaries on the Laws of England*, Book 1. Oxford, UK: Clarendon Press.

这个法律概念所界定的老师和学生的关系早在殖民地时期就已经跨越大西洋,在美洲大陆的学校里得到广泛应用,并在美国独立后继续沿用。这个概念与早期清教徒对教育的理解十分吻合,即教育的使命不仅是知识传授,更重要的是道德教化。从18世纪中期直到1960年代,美国的大学一直俨然"替代父母",对于学生所行使的权力与责任远远超越知识传授。"在这个时期,[美国宪法所赋予的]公民权利在大学校门前止步——不管大学是私立还是公立。"[1]1876年约翰·霍普金斯大学首任校长吉尔曼(Daniel Coit Gilman)在就职演说中就曾毫不含糊地表达他对大学"替代父母"理念的理解:

> 一般来说,大学(College)意味着约束而非自由,学术的而非职业的指引,指定界限内的宿舍,校内的礼拜、就餐和例行检查。大学理论上就是"替代父母",这一点并没有更多的解释余地,而这正是大学教育能够[为学生]打下自由而又坚实基础的原因所在。[2]

回顾1960年代之前100年美国法庭的判例,我们可以清楚地看到,法官们是多么不情愿地对因大学管束学生而引起的纠纷进行干预;每当这类案例发生,他们几乎无例外地站到大学一边。比如说,位于伊利诺伊州的惠顿学院(Wheaton College)是一所独

---

[1] P. Lee (2011), "The curious life of *in loco parentis* at American universities," *Higher Education in Review*, 8, p.67.

[2] D. C. Gilman (1876), "Inaugural address as first President of Johns Hopkins University," February 22, 1876. Retrieved from https://www.jhu.edu/about/history/gilman-address/.

立的基督教学院,建校伊始就制定了三项基本原则:反蓄奴、支持禁酒、反秘密社团。布兰查德(Jonathan Blanchard)校长在1860年上任后加强了学校对于这些原则的执行力度。来自当地的学生普拉特(Edwin Hartley Pratt)入学后和其他几位同学一起加入了一个号称圣殿骑士团的兄弟会(Independent Order of Good Templars)。这个社团的宗旨与布兰查德校长所倡导的建校原则其实并不相左:他们主张男女平等、反种族歧视、支持禁酒。但因为这毕竟是一个秘密社团,布兰查德便毫不犹豫地将普拉特及其同伙开除了。[①]

普拉特的父亲为儿子喊冤,认为他未做错任何事情,学校将他开除是完全没有道理的。他为此提出诉讼,并将官司一路打到伊利诺伊州最高法院。但法庭认为,惠顿学院有权开除普拉特,正如他的父母亲有权对他进行管教与责罚一样。

> 校方有权在学校里按照他们认为合适的方法执行校纪;只要他们的校规上不犯天条下不犯人法,正如一个父亲在他自己家里执掌家规,我们[法庭]并不比他拥有更多的权力去干预[执法]。[②]

假如说在惠顿学院的诉讼中法庭仅仅是援用学校"替代父母"的原则的话,那么在50年后的另一场官司里法官索性直呼其名,在判词中用"替代父母"来维护大学的权威。1911年,位

[①] People v. Wheaton College, 40 Ill. 186 (1866); Wheaton College: Wheaton History A to Z: Pratt v. Wheaton College: http://a2z.my.wheaton.edu/pratt-v-wheaton-college.

[②] People v. Wheaton College, 40 Ill. 186 (1866).

于肯塔基州的伯里亚学院（Berea College）被邻近的一个餐馆老板告上法庭。[①] 事情源于这年暑假中学院对于校规的修改，在禁止学生涉足酒吧、赌场等"名声不佳"之地而外，加上一条新的规定：学校已经为学生提供诸多娱乐，包括餐饮和小食。因此，不允许学生再光顾校外的餐馆，违规者立即开除。

高特（J. S. Gott）在学校附近开了一家餐馆，平时靠做伯里亚学院学生的生意维持营业。开学不久，有几位伯里亚学院的学生光顾餐馆，但很快就被学校按照新的规定开除了。学校的新规无异于掐断了餐馆的客源，因此高特在诉状里控告学院恶意破坏餐馆经营，并通过发布与宣传学校的新规损害餐馆的声誉。

说实话，学校的新规实在有点损人不利己，但被告在法庭上表露出的率真还是让我们惊到了。今天看来，学院的"神"辩护实在让人忍俊不禁。他们是这样陈述的：我们是一家私立的学府，靠私人捐款、校务基金和学生交纳的学费维持运转。家长们是因为认可学校的规章制度才把他们的孩子送到学校来让我们管教的。很多学生是乡下和山里来的孩子，家里并不富裕，所以我们有责任定出规矩，尽可能让他们的老爸老妈在他们身上少花点钱。再说学生上馆子下酒吧也浪费时间，影响学业。他们做这样的事情虽然本身不算离谱也不违法，但是我们觉得不好，所以就不让他们去做。换言之，我们的初衷是为学生好，别的事情我们管不了！

家长管孩子的嘴脸跃然纸上，穿越一百多年的时空仍然栩栩如生！可这样的辩护居然被法庭接受了：

[①] Gott v. Berea College, 156 Ky. 376, 161 S.W. 204 (1913).

学校当局"替代父母",对学生的身心健康、心智培训负有责任。我们看不到为什么他们不能为达到上述目的而出台一些守则和规定,以对学生加强管理,或是如父母那样帮助学生进步。至于这些守则和规定是否明智,或者其目的是否值得追求,完全可以让校方和学生的父母自行定夺。他们如何定夺,法庭不便干预,除非这些守则和规定触犯法律或违背公共政策。[1]

既然学校与学生之间的关系是父母与子女的关系,那么只要是父母能做的事学校便当仁不让了。比如说,1920年代的新生在进入雪城大学(Syracuse University)时都必须签署一个注册卡,其中有这样一个条款:"入读[雪城]大学是特权而非权利。为了保障其学术与道德氛围,大学保留以下权利,即对任何[在学校]构成危害的个人,大学有权要求其退学。[大学]无须在要求学生退学时提出具体指控。"[2] 这次撞在枪口上的是一个名叫贝雅特丽斯·安东尼(Beatrice Anthony)的学生。1926年10月6日她突然被告知学校已经将她开除。校方并未提到任何将她开除的原因,只是说她在学校制造麻烦,所以不配成为雪城大学的正常成员(a typical Syracuse girl)。

大学在法庭上据理力争的唯一依据当然就是学生入学时所签署的注册卡了。但原告在法庭上并未攻击大学在开除她这件事上有任何恶意,而是将辩论的焦点放在学生入学后与大学之间

---

[1] Gott v. Berea College, 156 Ky. 376, 161 S.W. 204 (1913).
[2] Anthony v. Syracuse University, 231 N.Y.S. 435 (1928).

的一种事实上的契约关系。换言之，她能否继续在学校学习是基于这种契约关系，而她所要求的只是学校继续履行这份契约而已。但是，辩方则坚持这种所谓的契约关系中的一条，即大学可以在任何时候终止学生的学业而无须提出任何具体的指控。

法庭毫无意外地再次站到大学一边："大学在开除学生时只有两类理由能够站得住脚，一是保障大学的学术理念，另外一个是保障大学的道德氛围。[大学]开除学生并不需要提供开除的理由。"这个判决充分体现了当时的法庭对于大学"替代父母"这个原则的坚持。

三

美国大学对于其"替代父母"角色的坚持让我们想起鲁迅在一百多年前写过的一篇短文《我们怎样做父亲》。[①] 在这篇文章中，鲁迅对为父者有极其严厉的批评："他们以为父对于子，有绝对的权力和威严；若是老子说话，当然无所不可，儿子有话，却在未说之前早已错了。""他们的误点，便在长者本位与利己思想，权力思想很重，义务思想和责任心却很轻。以为父子关系，只须'父兮生我'一件事，幼者的全部，便应为长者所有。"其实，代为家长的美国大学，又何尝不是如此呢？他们坚持其作为家长的威严，将学生父母暂时赋予他们的权力发挥到极致，能够开除学生而不需提供任何理由，却只字不提作为家长所必须承担的义务与

---

① 该文最初发表于1919年11月《新青年》第六卷第六号，署名唐俟。

责任。然而，过分强调大学对学生所具有的权威是有一定的危险性的，那就是当学生在生理与心理的健康上出了问题的时候，当他们在刑事案件或意外事故中受到伤害时，"替代父母"的大学实际上是将所有的法律责任（liability）都揽到了自己怀里。而法官们基于"替代父母"的原则一边倒地支持大学，则是将宪法所赋予学生的所有公民权利拒之门外。

以"替代父母"为理论依据的大学与学生的关系，在美国大学占据主导地位达一百年，终于在 1960 年代开始出现裂痕，而裂痕的开口处是美国宪法规定的一项公民的基本权利，即"正当程序"（due process）。美国宪法第十四条修正案规定："任何一州，都不得制定或实施限制合众国公民的特权或豁免权的法律；未经正当法律程序，不得剥夺任何人的生命、自由或财产；在州管辖范围内，也不得拒绝给予任何人以平等法律保护。"

1960 年 2 月 25 日，亚拉巴马州立学院（Alabama State College）的 29 位黑人学生来到位于蒙哥马利县法院地下室的烧烤餐厅参加一项活动，而这是一家实行种族隔离的餐厅。[①] 餐厅服务生不愿为黑人学生提供服务，要求他们立即离开并关闭了餐厅。就在黑人学生据理力争时，餐厅叫来了警察，将学生赶到法院一楼的走廊里。学生们在外面静坐抗议一小时后方才离开。当天下午，亚拉巴马州州长帕特森（John Patterson）与州教委（the State Board of Education）一位主管召见亚拉巴马州立学院校长特伦霍姆（Harper Councill Trenholm），要求他立即将涉事的学生通通开除，并恶狠狠地说："学院不对这些学生采取行动的话，我会

---

① Dixon v. Alabama State Board of Education, 186 F. Supp. 945 (M.D. Ala. 1960), *rev'd* 294 F.2d 150 (5th Cir. 1961), *cert. den'd* 368 U.S. 930 (1961).

让州教委来采取行动。"① 他还进而威胁说,你要是不能把这帮违法之徒搞定的话,我们州的居民是不会用税款来支持学校的!尽管如此,特伦霍姆并未马上采取行动。

在接下来的两天里,亚拉巴马州立学院的黑人学生又举行了两场示威抗议活动。学生领袖伯纳德·李(Bernard Lee)在给州长的请愿信中指出,在法院的餐厅实行种族隔离是不公正的,而逼迫特伦霍姆校长开除学生更是与真正的美国精神背道而驰。"我们宁为玉碎,也不会向暴政低头。"他希望州长给学生一个机会,能够当面聆听学生的声音。州长不为所动。

与此同时,一群白人种族主义者手持棒球棍在蒙哥马利市中心集聚,攻击过路的黑人,并张贴宣扬种族仇恨的标语。多名黑人在市中心无故受到攻击,而在场的警察居然袖手旁观。警察局长声称未加干涉的原因是他们没有收到黑人的任何投诉。而此时摆在特伦霍姆校长面前的难题是:保护学生还是保护学校。3月2日身兼州教委主席的帕特森州长召集教委开会,要求由清一色白人组成的教委投票决定是否开除学生。特伦霍姆校长提出给涉事的学生留校察看的处分,但没有一位成员理会校长的请求。他们全票通过开除九名学生领袖,并给另外20名学生留校察看的处分。教委还责令特伦霍姆校长将其决定通知每一位涉事的学生。特伦霍姆校长在给被开除学生的信中引述州教委的规定,即学生若有损害学校的行为,作出与学生身份不符、表现出不服从以至影响到其他学生的行动,学校有权直接将其开除。而开除的理由完全由校方决定,学

---

① P. Lee (2014), "The Case of Dixon v. Alabama: From Civil Rights to Students' Rights and Back Again," *Teachers College Record 116,* 120304, p.2.

生没有任何申诉的机会。大学"替代父母",无所不用其极也。

1960年3月4日晚上,900名亚拉巴马州立学院的学生在蒙哥马利贝拉浸礼会教堂(Beulah Baptist Church)集会,马丁·路德·金博士参加并发表讲演。他告诉学生,他们必须"斗争、受难、付出以至牺牲",直至种族隔离得到彻底的清除。伯纳德·李在会上号召学生在接下来的一个星期全体罢课:"我们不再是小小孩,被[大人]从后面打上几大板就会乖乖地回到教室。"① 几个月后,被学校开除的学生,以迪克森(St. John Dixon)为首,将亚拉巴马州教委告上法庭。

以今日之后见之明,"迪克森诉亚拉巴马州教委"一案中原告所针对的是美国自1876年起在南部各州对有色人种(主要针对黑人,但同时也包含其他族群)实行种族隔离的"吉姆·克劳法"(Jim Crow Laws),从而使这个案件成为1960年代美国黑人反种族歧视、争取与白人同等地位的民权运动中的一个标志性事件。但迪克森的律师们却没有在法庭上将种族隔离是否合法作为争辩的重点,他们甚至刻意回避学生们从法院走廊上静坐示威开始的一连串抗议活动的动机,而是将州立学院的学生所拥有的权利——"正当程序"作为论辩的焦点。这样的法庭战术是否明智后人尽可以见仁见智,但对于当时的原告来说,也许在法庭上赢得推翻学校开除令的小胜较之于推翻"吉姆·克劳法"这样的大胜来得更为重要。

令人失望的是,律师们不能推翻"吉姆·克劳法"也就罢了,

---

① P. Lee (2014), "The Case of Dixon v. Alabama: From Civil Rights to Students' Rights and Back Again," *Teachers College Record 116*, 120304, p.6.

他们在法庭上却连大学"替代父母"的原则都无法撼动。地区法院的法官认为,只要学校开除学生决定的目的是旨在维护大学的"道德氛围",而且不是随意为之的,"正当程序"在此完全没有必要。地区法院因此宣告学生败诉。学生们又将此案上诉至第五巡回法庭,这一次的律师团队包括了后来成为美国最高法院第一位黑人大法官的马歇尔(Thurgood Marshall)。第五巡回法庭最终推翻了地区法院的裁决。

还记得法庭在审理雪城大学一案时所引述的理据吗?"入读[雪城]大学[对于学生来说]是特权而非权利。"在审理此案时上诉法庭的法官首先认定,学生在州立大学学习已经不仅仅是一项特权了,而是他们作为州的居民所享有的一项基本权利。"不能接受足够的教育,原告就无法自食其力,无法充分地享受生活,无法尽其所能完成一个好公民所能尽到的职责与责任。"而"正当程序"是美国宪法第十四条修正案对每一个州提出的要求,是各州必须赋予其每一位居民的基本权利。所以,在亚拉巴马州立学院学习是学生的一项权利(而不是特权!);当这项权利受到侵害时,"正当程序的要求是,一个由税款支持的大学在以行为不当为由开除学生之前,必须通知[学生]并给予申辩的机会。"[①] 法官进而就大学在开除学生所必须履行的"正当程序"提出四点基本要求:

1. 学生应当收到[校方的]通知,其中包括具体的指控和已经证实的、符合教委规定的开除的理由。

2. 学生应当收到指控方证人的姓名及其基于事实所作

---

① Dixon v. Alabama State Board of Education, 186 F. Supp. 945 (M.D. Ala. 1960), *rev'd* 294 F.2d 150 (5th Cir. 1961), *cert. den'd* 368 U.S. 930 (1961).

的口头或书面证词的报告。

3. 学生应当得到机会向教委或者至少是向大学行政官员陈述的机会,对于指控作出辩护,并提供口头证词或其证人为他辩护的宣誓书。

4. 假如不能直接在教委举行听证会,那么听证的结果和裁决应当形成报告以供学生查询。①

据此,上诉法庭宣布学生胜诉!

耐人寻味的是,胜诉之后,迪克森及其他九位被亚拉巴马州立学院开除的学生没有一个人回到学校继续学业。也许对他们来说,这场官司的意义并不在于推翻学校开除他们的决定,而在于他们的行动给了在美国南方实行多年的种族隔离政策——"吉姆·克劳法"以致命的一击,为马丁·路德·金领导的民权运动在艰难前行中赢得一役。

在大学"替代父母"盛行一百年之后,这是一个石破天惊的判决!可以毫不夸张地说,这场诉讼永久性地改变了美国的大学。从此之后,大学再也不能轻易地以代行家长之职为由将学生的公民权利挡在大学门外——至少,对于州立大学的学生来说是如此。

四

然而,在大学与学生的关系问题上,迪克森一案的判决既非大学"替代父母"传统的完败,更不是"正当程序"原则的完胜。

---

① Dixon v. Alabama State Board of Education, 186 F. Supp. 945 (M.D. Ala. 1960), *rev'd* 294 F.2d 150 (5th Cir. 1961), *cert. den'd* 368 U.S. 930 (1961).

原因在于，"正当程序"是美国宪法第十四条修正案对每一个州提出的要求，是各州必须赋予其每一位居民的基本权利。因此，当迪克森的律师们引述"正当程序"的原则来推翻大学"替代父母"式的开除令时，他们的证据是亚拉巴马州立学院作为州政府用居民税款支持的一个机构，必须遵守联邦宪法，赋予居民其正当的权益。但是，"正当程序"的原则对于私立大学并没有同样的约束力。换言之，私立大学仍然可以依据"替代父母"的原则对学生进行处罚而不必遵从"正当程序"。

1968年春天哥伦比亚大学发生了一起轰动全国的学生抗议运动，事后面临处罚的学生将大学告上法庭。"格罗斯纳诉哥伦比亚大学"[①]一案将大学"替代父母"的原则推上了风口浪尖。但这次的原告就没有迪克森他们那么幸运了。

1967-1968年间，美国社会反越战运动风起云涌，民权运动方兴未艾。1967年3月初，哥伦比亚大学一名激进分子在图书馆发现了一份机密文件，该文件显示哥伦比亚大学与美国国防部的秘密合作关系，从而间接卷入越战。而当时哥伦比亚大学在晨边公园（Morningside Park）建造体育馆的设计被学生视为是对邻近哈莱姆（Harlem）区黑人社区的种族歧视。基于这两个事件，哥伦比亚大学的学生在1968年4月23日举行抗议活动。学生在体育馆工地的示威受到警察阻挡，于是回到校园，占领了汉弥尔顿大楼（Hamilton Hall）。抗议者在接下来的几天里又先后占领位于洛氏图书馆（Low's Library）的校长办公室和其他三栋建

---

① Grossner v. Trustees of Columbia University in City of NY, 287 F. Supp. 535 (S.D.N.Y. 1968).

筑，并将哥伦比亚学院署理院长科尔曼（Henry S. Coleman）当作人质扣留了24小时。事件以1968年4月30日凌晨纽约市警察局武力清场而告结束。

哥伦比亚大学的科克（Grayson Louis Kirk）校长随即成立了一个由教授、学生和行政人员组成的纪律委员会，对肇事的学生进行调查处理。委员会认为，这次事件参与者的所作所为是前所未有的，包括非法占领大楼，损坏大学财物，等等，必须严加处分。鉴于当时非同寻常的外部环境，加上校方不很及时的应对措施，而且参与者的行为更多是出于对某种信念的坚持而非个人的恶意，因此委员会提出对主要肇事者作出留校察看一年的处罚。但是，格罗斯纳（Morris Grossner）等涉事学生并不理会委员会释放的善意，而是向联邦法庭提起诉讼，要求法庭下令禁止大学对肇事学生的处罚。他们声称大学委员会的决定侵犯了他们作为公民所享有的"正当程序"。他们的理据是，因为哥伦比亚大学接受各种数目不菲的联邦和州政府资助，因此大学的一举一动，包括对学生的处罚行动，均构成州［政府］的行为（state action）。但是法官认为，不能因为哥伦比亚大学接受政府资助，就将其视为政府的机构；况且原告没有提出任何证据显示州政府直接参与了大学对学生的处罚过程。据此，法庭在迪克森一案中对于州立大学在处罚学生时必须遵循"正当程序"原则的先例，对哥伦比亚大学这样的私立大学并不适用。

不难看出，迪克森一案的胜利让那些代表学生向大学"讨说法"的律师们大受鼓舞，希望"正当程序"以至言论自由等受到美国宪法保护的权利能够从此突破大学"替代父母"的藩篱，惠及私立大学的学生。但是,类似的努力几乎无一例外地失败了。①格罗斯纳的律师们企图通过证明私立大学接受公款资助,以此要求私立大学如州立大学那样对学生的宪法权利加以保护。但这样的理据在法庭眼里并无多少说服力。

难道,私立大学的学生在维护自己权益的问题上,真是投诉无门? 其实不然。早在 20 世纪初,法律界就开始运用契约理论帮助学生维权。② 按照这个理论,

> 一个成绩良好的学生只要付清所有的学费并遵守其他合理要求,他与大学之间便形成一种默契,即大学必须允许学生在其所选择的科目里继续学习(当然,除非[科目的]计划与课程等有所变化)。③

换言之,私立大学的学生即便不能与州立大学学生那样享有"正当程序"的保护,他们仍然可以借助契约理论来维权。在"约翰逊诉林肯基督教学院"④一案中,约翰逊成功地运用契约理论击败对手。

---

① Blackman v. Fisk University, 443 F.2d 121 (6th Cir. 1971); Coleman v. Wagner College, 429 F.2d 1120 (2d Cir. 1970); Brown v. Mitchell, 409 F.2d 593 (10th Cir. 1969); Rowe v. Chandler, 332 F. Supp. 336 (D. Kan. 1971); Torres v. Puerto Rico Junior College, 298 F. Supp. 458 (D.P.R. 1969); Greene v. Howard University, 271 F. Supp. 609 (D.D.C. 1967).

② Jonathan Flagg Buchter (1973), "Contract Law and the Student-University Relationship," *Indiana Law Journal*: Vol. 48: Iss. 2, Article 5. See http://www.repository.law.indiana.edu/ilj/vol48/iss2/5.

③ Samson v. Trustees of Columbia University, 101 Misc. 146, 148, 167 N.Y.S. 202, 204 (Sup. Ct. 1917).

④ Johnson v. Lincoln Christian College, 501 N.E.2d 1380 (Ill. App. 4 Dist. 1986); *app. Den.*, 508 N.E.2d 729 (1987).

约翰逊（Gregory Johnson）从1976年9月至1981年3月是林肯基督教学院（Lincoln Christian College）的学生。他完成了所有的学业要求并按时交纳学费，但学校就是不肯发给约翰逊毕业文凭，因为他们认为他可能是同性恋。这个在今天看来是不堪一击甚至可能是违法的理由，在当时的社会环境里还真上得了台面，特别是在这样一所教会大学。原来约翰逊在学校的最后一学期，他的一位同学曾向学生处处长（Dean of Students）艾维德（Thomas Ewaid）反映他可能是同性恋。后者未作任何调查，仅凭一个学生的一面之词，就作出决定，要求约翰逊到离林肯市不算很近的香槟市去见帕里斯（Kent Paris）医生，接受心理咨询。为了能够拿到毕业文凭，他接受了这个条件。约翰逊认为他与帕里斯的所有谈话都是保密的，因此在咨询过程中透露了不少自己的个人隐私。谁知在他完成所有咨询疗程后，帕里斯通知艾维德说，约翰逊没有任何改变。换言之，他还是一个同性恋。

艾维德收到帕里斯的意见后立即要求约翰逊在24小时内参加听证会，并在会上证明自己不是同性恋，否则学校将开除他并将开除的理由印在他的个人档案上。约翰逊知道后果的严重性，因为印有他是同性恋的个人档案会毁掉他的职业生涯，让他终生无法找到工作。因此，他当即提出退学，但艾维德还是在约翰逊缺席的情况下举行了听证会，并宣布对他开除的决定。

约翰逊将林肯基督教学院告上法庭。他指称，大学与学生之间存在的契约关系受到法律的保护；大学不应武断地、随意地、背信弃义地不让学生毕业；他完成了所有的学业要求并按时交纳学费——在这种情况下大学拒绝向他颁发文凭即构成违约。

在法庭上，被告直接挑战原告的契约说。他们指出，原告未能出示任何证据表明大学与他之间有契约关系。他们进而引述在商业契约中双方必须签署的文件来证明双方并未签订任何契约。针对这一观点，法官作了详细的论证。在法庭看来，当一个学生向大学提交入学申请，这相当于甲方向乙方提出缔约申请或报价；大学在接受申请并发出录取通知书时已经同意缔约并接受报价。于是，学生通过交纳学费、按要求上课并通过考试来履行他与学校的契约，而校方则通过为学生提供教学和相关的设施来履行他们的职责。与商业契约不同的是，大学与学生的这种契约是双方默认的。因此，法庭认为，"大学不应恶意地、背信弃义地以随意和武断的方式拒绝给一个完成学位要求的学生颁发文凭。"

不难看出，面对大学"替代父母"给私立大学学生可能带来的伤害，契约理论是他们的尚方宝剑。更有意思的是，1971年国会通过美国宪法第二十六条修正案（Amendment XXVI），禁止州与联邦政府拒绝或限制"年满18岁和18岁以上的合众国公民的选举权"。这一决定将成人的年龄在大多数州从21岁降低到18岁，而大学新生在入学时基本上已经达到成人年龄，从而使得大学"替代父母"的理由变得更加站不住脚。

五

大学"替代父母"的故事讲到这里算是有了一个皆大欢喜的结局：你觉得大学管得太宽，法庭送你一个"正当程序"的权利，让州立大学的校方有所顾忌；给你一个"契约理论"的工具，让私立大学的校方不能太过放肆;国会再通过宪法第二十六条修正案,让你法定的成年年龄从 21 岁降到 18 岁。从此谁也不能轻易地把你当孩子一般管教了:你从进大学那天起就拥有了与成人一样的自由。这下你该高兴了?

眼光超毒的鲁迅要是活到这时该站在一边冷笑了。1923 年 12 月 26 日,鲁迅在北京女子高等师范学校作了一个讲演,题为《娜拉走后怎样?》[①]。娜拉是挪威剧作家易卜生的名剧《玩偶之家》(A Doll's House)中的女主角,为争取妇女独立与自由选择离家出走。剧中娜拉的丈夫对她说:"现在放你完全自由。(走与不走)你能够自己选择,并且还要自己负责任。"鲁迅借题发挥:"从事理上推想起来,娜拉或者也实在只有两条路:不是堕落,就是回来。因为如果是一匹小鸟,则笼子里固然不自由,而一出笼门,外面便又有鹰,有猫,以及别的什么东西之类。"

对于娜拉来说,人格的自由还有赖于经济的独立。而对于弱冠之年的大学生来说,从大学"替代父母"的桎梏里挣脱出来之后,外面也"有鹰,有猫,以及别的什么东西之类"。

布拉德萧是特拉华谷学院(Delaware Valley College)大二的学生。1975 年 4 月 13 日他搭乘同学罗林斯(Bruce Rawlings)的车去校外参加一个野餐会。野餐会是该校二年级学生一年一度的活动,有一位教授作为学生的辅导员也参与了活动的安排,并批准组织者用活动经费购买了一定数量的啤酒。宾夕法尼亚州的法定喝酒年龄是 21 岁,而参加野餐的大学生绝大多数年龄

---

① 本篇最初发表于 1924 年北京女子高等师范学校《文艺会刊》第六期。同年 8 月 1 日上海《妇女杂志》第十卷第八号转载。

在 19 岁到 20 岁之间。这位教授自己并未参加活动，也没有安排其他教授参加野餐。罗林斯在餐会上显然喝了不少啤酒。活动结束后他开车带着布拉德萧回校，失去控制撞上路边停靠的一辆车，布拉德萧因颈管部骨折导致四肢瘫痪。[①]

比奇（Danna Beach）是犹他大学（University of Utah）的学生，1979 年春季选修了一门野外生物学课，任课老师是奎拉（Orlando Cuellar）教授。按照课程要求，学生必须参加野外考察活动，但教授希望学生们在选课前三思而行，如对去野外考察在体力或任何其他方面有问题都应尽早退课。比奇决定继续。最后一次野外考察是在 5 月的最后一个周末，去犹他郊外的一个岩石山区。在考察活动开始的前一天，教授还带着学生熟悉周边的环境。周日奎拉教授和学生们应当地一位农场主邀请参加了一个聚餐，大家都喝了一些酒。回营地是奎拉教授开车，比奇在车上又喝了一些威士忌。营地距下车的地点只是隔了一条小溪，一共才 125 英尺之遥，但比奇却在回自己帐篷的路上迷失了。第二天清晨同帐篷的学生发现比奇一夜未归，连忙四处寻找，最后在一条岩石隙缝里发现了昏迷的比奇。因坠落岩石造成的伤害最后导致她四肢瘫痪。[②]

以上两例的原告都声称，学生在参加大学的活动中受到伤害，大学因此具有不可推卸的民事责任（tort liability），必须赔偿学生的损失。然而，被告却以自己不再"替代父母"为由而拒绝承担责任，认为成年的大学生必须对自己的安全负责。在比奇一

[①] Bradshaw v. Rawlings, 612 F2d. 135 (1979), cert denied, 446 U.S. 909 (1980).

[②] Beach v. University of Utah, 726 P.2d 413 (Utah, 1986).

案中，原告在法庭上试图证明大学与学生之间特别的照看与被照看的关系，因而有责任阻止她喝酒并对她因喝酒而造成的迷路负有责任。假如这种关系成立的话，奎拉教授就必须将每一位下了车的学生送到他们的帐篷里才算尽到了大学的责任。这显然已经超越了一位教授所能或所应负的责任，因此让大学对她的坠崖承担民事责任是不公平的。

在法庭上比奇的律师进而提出，"一所大型、现代的大学与其成年的学生之间是一种监护人的关系，这种关系要求［大学］承担起防止学生在直接或间接参与大学活动时违反禁酒法令的责任。"但1980年代的法庭并不接受这种"监护人"之说。既然大学已经不再"替代父母"，那么大学就应当把每一位学生当成年人看待，正如他们可以享受包括选举在内的公民权利，他们也必须自觉遵守喝酒年龄的法律规定，大学没有管束他们喝酒的责任。法庭的态度在一连串学生受到伤害的案例中表达得非常清楚。例如，在布拉德萧一案中，法官如是说：

> 我们认知的起点是，当代美国大学不再是学生安全的承保人。……大学的行政管理人员不再能够主导广泛的道德领域。在"替代父母"的时代大学尚能行使其权力与责任，［在学校］推行严格的规章条例。但今天学生们强烈要求［属于他们自己的］权利并以此界定与规管自己的生活。特别是在身心两方面的活动中他们都要求并得到了意趣和自立上的满足，并已在追求个人意志及自由方面大获全胜。[1]

---

[1] Bradshaw v. Rawlings, 612 F2d. 135 (1979), cert denied, 446 U.S. 909 (1980).

既然如此,大学还有什么权力来要求学生遵守一些只有家长才能提出的要求呢?大学明知学生尚未达到法定的喝酒年龄,但他们管得着吗?在伊利诺伊州一件类似的案例中,法官认为:

> 作为一个高等教育机构,大学对于学生的责任在于恰如其分地教育他们。让大学对成年的学生担当额外的、监护人的角色,并要求它负起保障学生及其他人安全的责任是不现实的。将安保的职责强加于大学等于把大学放到了一个学生安全承保人的位置上。[1]

不难看出,在法庭的鼓励下,美国大学在1980年代对学生的安全问题采取了一种"袖手旁观"(bystander)的态度。[2] 这种放手模式在大学流行虽然是对之前大学"替代父母"原则的反弹,从理据上无可争辩,但从人情的角度来看,这样的做法毕竟有点"冷血"。试想,作为父母,你把孩子交给大学,出了事大学一句"成年人必须对自己的安全负责"就脱了身,于情于理都有点说不过去。事实上,作为对于大学"替代父母"原则反弹的反弹,就在"袖手旁观"模式大行其道的同时,法庭上也曾发出过不同的声音。1977年12月11日,波士顿附近女子大学松堡学院(Pine Manor College)的一位女学生遭到来自校外男子的强奸,受害者随后将学校告上法庭。在案件的审理过程中,法庭发现这名罪犯居然能够进入女生宿舍,而且之前学生已经多次向校方反映宿舍

---

[1] Rabel v. Illinois Wesleyan University, 514 N.E.2d 552 (Ill. App. Ct. 1987).

[2] P. Lee (2011), "The curious life of *in loco parentis* at American universities," *Higher Education in Review*, 8, p.77.

的门锁坏了需要修理。法庭在判决原告胜诉的同时表达了两个基本观点：一是大学有责任为学生提供安全的宿舍；二是大学应对校园里可以预见的［对学生的］伤害（foreseeable harm）作出合理的防范。①

松堡学院一案的意义在于，法庭并未重启大学"替代父母"的模式，或纠缠于大学与家长的关系，而是将重点放在大学在学生安全问题上所应当采取的措施和承担的责任。特别是对"可预见"伤害的防范，法庭要求大学为学生在宿舍提供起码的安全保障，正如出租物业必须为租户提供安全一样：这是同等要求（parity），而非等同父母（parenting）。

六

即便是真理，重复很多遍之后也会变成陈词滥调。人们常说的"自由并不免费"（Freedom is not free）就属此类，但并不妨碍它继续作为真理引领我们的生活。经过一百多年的校园抗争、数以百计的法庭辩论，大学生终于推翻了压在他们头上的"替代家长"，获得自由，从此可以扬眉吐气地以成年人的姿态开始他们大学生涯。但是，"自由"的成年人的生活其实一点也不好玩：这就是为什么成年人常常怀念他们无忧无虑的童年。于是乎，刚从"替代父母"的神坛走下的大学管理者，还未来得及享受卸下重担的愉悦，又被套上新的责任的枷锁。从松堡学院的判决开始，大学与学生关系的论战在法庭上烽烟再起。

---

① Mullins v. Pine Manor College, 449 N.E.2d 331 (Mass. 1983).

1980年代以降的诸多案例中，出现频率很高的两个词值得我们关注：职责（duty）和可预见性（foreseeability）。要告倒大学只有证明这两者才证明大学渎职（negligence）。然而，当今天的大学生以独立的成年人身份出现在校园，并享受着宪法所保障的一切公民权利，大学应该担当什么角色，与学生的关系该如何界定？

　　首先是职责。当学生在大学就读期间受到伤害，希望诉诸法律，讨回公道或得到补偿，只有在确立了大学所应负的责任后才能将渎职的罪名加之于大学。这一点在后"替代父母"时代已经变得非常困难。事实上，在法庭上将醉酒、自杀、强奸、斗殴等导致的伤害归咎于大学实在不是一件很容易做到的事。如我们在"瞿等诉南加州大学"一案中所见，虽然学生在南加州大学所谓的"快速回应区"内被害，而且大学在其招生宣传材料里的确对大学周边潜在的安保问题闪烁其词，但原告还是未能说服法庭大学对两名学生的被害负有主要责任。

　　其次是可预见性。既然证明大学对学生受到的伤害负有直接的责任不容易，那么，证明它对可预见的危险没有采取相应的措施是否容易一些呢？也不尽然。比如说，在"汤普生诉UCLA"一案中，大学已经知道汤普生心理上有问题，而且其心理咨询部门也参与了对该生的治疗，但大学是否能够如原告所说的那样向被害人发出警告呢？这样的警告在理论上是可以的，但在现实生活中又难以做到。除非把任何有心理障碍的人都关起来，大学对这种"可预见的危险"并没有什么切实可行的防范措施。

　　2018年5月7日，阮寒自杀九年、法庭诉讼七年之后，麻省最高法院宣布审判结果:"没有证据显示被告渎职,因此原告的指控不能成立。原告关于[被告]毁约的指控也不成立。"① 但是,法庭并未就此让大学轻松脱身,而是就大学对于学生所担负的照看责任作出论证,使得大学在未来以学生是成年人为由持袖手旁观的态度变得更加困难。

法庭首先承认大学生是成人而不是孩子,研究生当然也不例外。"大学认可学生成人的身份,他们独立的愿望,以及他们运用自己判断力的需求。因此,现代大学与学生的关系是尊重学生的自主权和隐私权。"尽管如此,由于学生还年轻并且易受伤害,大学虽不能"替代父母"却仍然需要在一个广泛的领域内介入学生的生活。

> [因此,]我们的结论是,大学与学生之间具有一种特殊的关系,与此相应的是[大学的]责任,即采取合理的措施在下列情况下防范学生自杀:当大学知晓学生在入学期间或入学前不久有自杀倾向,或曾表达过自杀的计划或意愿。大学的责任是根据状况采取合理措施防止学生自残。②

法庭因此要求,大学必须建立学生自杀防范机制。如果学生拒绝接受学校采取的措施,那么大学有责任通知他的紧急联络人。换言之,法庭认为,大学虽然无法阻止学生自杀,但若是知情却未采取相应的合理措施,那么不排除大学将为学生的自杀承担一定的责任。

---

① Nguyen v. Massachusetts Institute of Technology, SJC 12329 (Mass. 2018).
② Ibid.

这个判决的意义非同寻常。随着近年来美国大学里消费主义意识的抬头，越来越多的学生及其家长将上大学看作付费后享受的服务而非仅仅是一个接受高等教育的机会。这样的倾向必然会对大学所提供的服务，包括对学生可能受到伤害的防范措施提出更高的要求。法庭显然无意回到大学"替代父母"的年代，但也开始对大学所应当承担的责任提出新的要求或标准。在阮寒一案中法庭已经对大学在防止自杀方面提出具体要求，那么不排除今后在强奸、斗殴、性骚扰、酗酒等许多其他有可能伤害到学生的方面对大学提出更高、更具体的要求。

第二章

危机四伏：校园伤害由谁承担？

> 大学与学生的关系当然很独特。尽管大学的首要功能是通过学术课程来促进［学生］智力的开发，但它也全方位地介入学生生活。通过提供食物、住宿、安保及其他课外活动，现代大学的设置就是从某种程度上主导学生生活的各个方面。……大学虽然承认［学生］是成人，但他们还是千方百计地规管学生生活，而法庭则尽其所能对大学未能尽到的责任作补苴罅漏的努力。
>
> ——菲瑞克诉特拉华大学

一

按说，1960年代"替代父母"原则式微，大学应当额手称庆才对。不是吗？终于摆脱了为人父母的责任，大学难道没有一种如释重负的感觉？可事与愿违，还没有来得及享受轻松，大学便发现，自己早已陷入一个危机四伏的境地，成为所有意外伤害事故的追责对象。网上有一则笑谈,将大学的窘境表现得淋漓尽致。话说一名小学老师在上课,有一个小朋友要上厕所,老师没让去,小朋友尿裤子了,于是家长到学校把老师给告了。第二次,又有一个小朋友上课要上厕所,老师让去了,小朋友在厕所摔倒,于是家长到学校把老师给告了。第三次,又有一个小朋友上课要上厕所,老师一想,我陪着去吧,结果班级没人看管,大乱,于是家长到学校把老师给告了。听上去很熟悉,不是吗?随着后"替代父母"时代的来临,大学走下神坛,动辄被告——这回告状去的是法庭,不是校长办公室。于是乎,这则关于小学的笑谈到了大学便毫无幽默可言了。

对于今天的大学来说,"替代父母"早已是一则传说,一个"过去的美好时光"(good old days)。不严自威的教授,令行禁止的校长,加上大学生这个作为"特权"(privilege)而非"权利"(right)的身份:状告大学曾经是一件很亵渎神圣、很忘恩负义的事,或至少只是一个万不得已的选项。替代父母,大学虽然承担了与之相应的责任,但当事故不幸发生,大学承担的是管教不严、照顾不周的埋怨,而不是在法庭上应诉、问责、赔偿、认罪。正如在现实生活中,子女受到伤害后可以责怪父母疏于照看,却很少状告父母疏忽职守;但同样的伤害来自外人,去法庭讨回公道就成了天经地义的事。

二

扎卡迪(Jason Zachardy)是匹兹堡波音特帕克学院(Point Park College)棒球队的中坚手(Center Fielder)。1994年4月21

日作为客队队员来到日内瓦学院（Geneva College）的棒球场参加校际比赛。赛间在追逐高飞球时一脚踩进草地上的一个凹坑，导致右膝盖严重受伤。扎卡迪事后将日内瓦学院告上法庭，指控大学在球场维修方面未尽其责，导致安全事故。1998年4月29日被告日内瓦学院提出动议，要求法庭即决裁判（summary judgment），认为原告在参加棒球比赛时已知潜在风险，而被告对其并无关照义务（duty of care）。有趣的是，在原告的证人陈述中，扎卡迪提到，他的一个队员在赛前就注意到球场上存在多处凹陷。为此，被告的律师（问）与扎卡迪（答）之间有了这样一段对话：

问：比赛开始之前你就看到（草地上有）一些车辙和凹陷，对吗？

答：对。

问：在你的生活中，那个时候，你意识到这布满车辙和凹陷的球场奔跑会绊倒、跌下、失去平衡吗？

答：我是否意识到这样的事会发生？

问：是的。

答：当然。我意识到这有可能发生。

问：你是否意识到你有可能受伤？

答：是的。

问：你在比赛开始前就意识到这一点？

答：是的。你知道，是的。每一场比赛开始前，你都会意识到有可能受伤。[1]

---

[1] Zachardy v. Geneva College, 733 A.2d 648 (Pa. 1999), appeal denied, 751 A.2d 193 (Pa. 2000).

不难看出，原告提及早在比赛前就看到球场存在凹陷，本想证明日内瓦学院对学校场地疏于管理，却在无意中帮助被告确立了这样一个事实，即原告在决定参加棒球比赛之前已经明确知道这项活动潜在的危险，知道他会受伤这个可能性，而他又是完全自愿地继续参加这项带有风险的活动。既然如此，原告已经免除了被告提供运动场所可能承担的责任，并且没有任何证据显示他是被迫参加这项活动的。

其实类似的案例还有很多。比如说，在"哈拉斯诉纽约大学"[①]一案中，原告在纽约大学（New York University）"校园"的一段人行道上行走时崴了脚，遂将大学告上法庭。这里之所以需要给"校园"二字打上引号，是因为所有去过纽约大学的人都知道，这所名牌大学根本就是纽约下城街区内一所没有围墙的大学。如果大学作为地主需要对"校园"内所有伤害事故负责的话，那么教学科研只能是大学经营的副业了。在"习穆诉博林·格林州立大学"[②]一案中，原告参加学校文艺活动，在合唱团排练结束后从舞台上不慎掉进乐池受伤，于是状告大学疏忽职守，未能将敞开的乐池盖住，以防止舞台上演员跌落。这两个案例与"扎卡迪案"一样都属于所谓的"场所责任"（premises liability）案例，而法庭在涉及大学的这类判决中极不情愿让大学为校园范围内发生的伤害事故承担责任。法庭的态度是，虽然大学有必要对其所提供的学习与活动场所设施进行合理的维修与保养，以尽可能保证学生的安全，但是大学并不需要为在它所管辖的校园和场所内发生的伤害事故负责。

---

① Hallas v. New York University, 687 N.Y.S.2d 160 (N.Y. App. Div. 1999).
② Shimer v. Bowling Green State University, 708 N.E. 2d 305 (Ohio Ct. Cl. 1999).

正如我们在前面一章中所提到的,随着"替代父母"原则走向终结,美国大学 1960 年代之后对于学生的安全问题采取了一种"袖手旁观"的态度。学生在受到伤害后为了诉诸法律,讨回公道或得到补偿,必须能够确立大学对他应负的责任。上述三个案例十分清楚地表明,在法庭上确立大学的"场所责任"已经变得非常困难。那么,学生在大学认可、批准、鼓励甚或组织的各种学生活动中受到伤害,大学是否应当承担责任呢?

1966 年 5 月 6 日,纽约州立大学纽博兹分校(State University of New York at New Paltz)的学生在乔治湖上参加独木舟竞赛活动。他们是作为校队参加这项全国性比赛的。一场突如其来的狂风将队员们卷入湖中,无一幸存。[①] 因为这是一所州立大学,所以纽约州成为这场诉讼的被告。大学受到的指控是,他们鼓励(至少是间接地)学生参加这项课外活动,但未能提供合适的监管,因此构成疏忽职守。法庭辩论中有两个值得关注的事实:一是事故发生在 1966 年,当时还没有今天我们已经习以为常的天气预报;二是这项活动已经举办十年,主办方提供的安全细节保证了过去十年从未发生过任何事故。因此,法官认为,不可预测的天气,而非疏忽职守的大学,才是学生死难的原因。

法庭的判决对于在大学允许乃至鼓励下举办的学生活动意义非凡。法庭并未免除大学对学生活动所应尽的职责,而且大学在可以预测的范围内也尽了他们的责任以保证学生的安全。但

[①] Mintz v. State, 47 A.D.2d 570 (N.Y. App. Div. 1975); Bichel, R. D. and Lake, P. F. (1999). *The Rights and Responsibilities of the Modern University: Who Assumes the Risks of College Life?* Durham, NC: Carolina Academic Press, pp.97–98.

是，有职责（duty）并不等同于要对任何事故负责（liability），因为大学并未背弃他们的职责（breach of duty）。[1] 法官运用侵权法（tort law）对这个案例所作的分析堪称经典。他既明确地指出一所好的大学对于学生所应当承担的职责，又将大学在事故发生后所应当承担的责任作了清晰的界定。从大学管理的角度来看，大学不会因为可能发生意外事故而因噎废食，从此不再鼓励任何带有风险的学生课外活动；而后者才是值得未来所有大学和学生共同关注的问题。

三

法庭通过"扎卡迪案"表达了他们对大学在其所属场所内发生伤害事故的态度，而在纽博兹分校学生溺毙一案中则澄清了学校在其组织的课外活动中无可推卸的职责和必须承担的责任。对于大学管理者来说，最让他们头疼的是以上两者的叠加，即在大学所属场所内、经由学校允许的学生活动中发生的伤害事故，而其中事故发生几率和频率最高的就是所谓的"希腊社团"（Greek Life），又称兄弟会和姐妹会（Fraternities and Sororities）。顾名思义，前者为男生社团，后者为女生社团。[2]

---

[1] R. D. Bichel, and P. F. Lake (1999), *The Rights and Responsibilities of the Modern University: Who Assumes the Risks of College Life?* Durham, NC: Carolina Academic Press, p.98.

[2] 关于兄弟会和姐妹会，我在《美国大学小史》（商务印书馆 2018 年版）第 14 章中有专门介绍，在此恕不赘述，否则会有自我引用甚至自我剽窃之嫌。但因美国大学里的兄弟会和姐妹会有着非常复杂而且神秘的历史，要理解此处的案例陈述，建议读者将我在《美国大学小史》中所作的描述找来看一下，除了了解美国大学这种极为独特的文化现象而外，这些社团本身的历史沿革与日常活动也是非常有趣的。

为什么希腊社团会成为几乎所有美国大学管理人员的一大心病呢？概而言之，这些社团的宗旨和设置简直就是在校园里埋下的定时炸弹，随时有可能引爆。其一，兄弟会和姐妹会成员同吃同住，他们的"宿舍"常常就在校园内或邻近的地方，而且有不少社团的"宿舍"是大学的房产。之所以在"宿舍"二字上打引号，是因为这些住宿不同于大学的学生宿舍，完全是由会员独立经营管理，大学无从置喙。其二，希腊社团有一些在外人看来莫名其妙的传统，比如作为入会仪式的"欺凌"（hazing）、周末派对、酗酒，等等。其三，信守社团秘密被奉为最高美德。当这些特点在希腊社团集结，用英文中的一句成语来形容，即"灾难食谱"（a recipe for disaster）。

菲瑞克（Jeffrey V. Furek）得到特拉华大学（University of Delaware）的体育奖学金，成为1979级新生。大二那年，他决定加入希格艾泼（全名 Sigma Phi Epsilon，ΣΦΕ，简称 Sig Ep）兄弟会。这是一个在1908年成立的全国性兄弟会在特拉华大学的分会，会屋（fraternity house）建在大学校园之内。1980年秋，菲瑞克开始了他在希格艾泼兄弟会的入会仪式。这个仪式长达八周，要求新会员经受所谓"兄弟情谊培养"（brotherhood development）过程，包括很多秘密仪式，比如在"地狱之夜"（Hell Night）经受肉体和情感上的各种"欺凌"。只有经过这一系列的考验，才能正式成为会员。

1980年12月4日是菲瑞克的"地狱之夜"。新会员被要求只穿T恤衫和牛仔裤，手膝并用，从马路对面的街道开始爬行进入会屋，其他会员沿途向他们身上喷射灭火器的泡沫。进屋后，新会员必须到每个房间报到，接受各种别出心裁的羞辱，包括拍打、倒立、从马桶里捞食物来吃，等等。最后他被蒙上眼睛引进厨房，里面的一名兄弟会会员将各种食物倒在他头上，并向他脖子里灌进碱性极强的烤箱清洗剂。从厨房出来后，他发现自己从脸上、脖子到背后火烧般疼痛，立即去医院急救，结果是一级和二级化学灼伤。由于这场事故，菲瑞克身上留下永久疤痕，被迫从大学辍学并放弃体育奖学金。1982年9月9日，菲瑞克一纸诉状将特拉华大学、希格艾泼兄弟会和伤害他的那名兄弟会会员告上法庭。[1]

其实，特拉华大学早在1977年就有两名学生因为希腊社团的"欺凌"而受伤，学校随之下令禁止任何"欺凌"行为，不管是在校内还是校外。但由于执行不力，"欺凌"在大学并未停止。就在"地狱之夜"的前一天晚上，菲瑞克和其他希格艾泼新人还在另外一项"欺凌"活动中受到校园保安拦截，但很快就被放行了。显然保安部门并不清楚大学禁止"欺凌"的规定。

初审法庭将93%的责任归于大学疏忽职守，7%归于直接加害于菲瑞克的兄弟会会员，但宣告希格艾泼兄弟会免责。上诉法院对此判决持有异议。法官认为，虽然大学不再"替代父母"，但他们对学生安全的确负有特殊的责任，只是这种责任不是严格赔偿责任（strict liability），而是合理照看责任（reasonable care）。换言之，大学明知"欺凌"行为会对学生造成伤害，也因此出台规定禁止"欺凌"，但他们不能只说不做，而必须采取行动将规定付

---

[1] Furek v. University of Delaware, 594 A.2d 506 (1991); R. D. Bichel, and P. F. Lake (1999), *The Rights and Responsibilities of the Modern University: Who Assumes the Risks of College Life?* Durham, NC: Carolina Academic Press, pp.127-136.

诸实施，才算尽到合理照看责任。比如说，假如校园保安在前一天发现"欺凌"活动并加以制止，那么菲瑞克接下来的悲剧就不至于发生。

但是，上诉法庭并不想让大学承担全部责任，原告和兄弟会也必须分担责任。法官认为，后"替代父母"时代的学生享有高度的自由，但大学既不是学生安全的承保人，也不是其道德行为的巡查员。大学的责任只是在其校产范围内对可预见的危险活动进行规管与监督。尽管如此，对于已经习惯了后"替代父母"年代"袖手旁观"原则的大学来说，这个判决还是让他们感到压力。其实，没有谁比"菲瑞克案"的法官更清楚这一点了。在试图界定大学的责任时，法官一副左回右旋、愁肠百结的样子：

> 大学与学生的关系当然很独特。尽管大学的首要功能是通过学术课程来促进[学生]智力的开发，但它也全方位地介入学生生活。通过提供食物、住宿、安保及其他课外活动，现代大学的设置就是从某种程度上主导学生生活的各个方面。……大学虽然承认[学生]是成人，但他们还是千方百计地规管学生生活，而法庭则尽其所能对大学未能尽到的责任作补苴罅漏的努力。①

大学的担心和法官的纠结在"科格兰诉贝塔兄弟会"②一案中表现得尤为突出。1993年8月19日，爱达荷大学（University of

---

① Furek v. University of Delaware, 594 A.2d 506 (1991).
② Coghlan v. Beta Theta Pi Fraternity, 987 P.2d 300 (Idaho 1999); P. F. Lake (2000), "Tort Litigation in Higher Education," *Journal of College & University Law,* 27(2), pp.255-312.

Idaho）的新生科格兰（Rejena Coghlan）作为阿尔法菲姐妹会（Alpha Phi）的新会员,应邀参加其他兄弟会的"招募周"（Rush Week）派对。从法庭文件看,爱达荷大学有关希腊社团管理的各项政策和措施可算是面面俱到,尽心尽力。大学对于"招募周"可能出现的问题也是预防在先,不仅重申大学未成年饮酒的禁令[①],而且还由分管希腊社团的两名学生辅导人员在派对上进行现场监督。阿尔法菲姐妹会也指派一名会员作为科格兰的"守护天使"（guardian angel）整晚陪伴在身旁。即便如此,科格兰还是在两个兄弟会的派对上喝了不少酒;特别是到了贝塔兄弟会（Beta Theta Pi, BΘΠ,简称Beta）主题为"失去肝脏的50种方法"（Fifty Ways to Lose Your Liver）派对上,她声称被人灌了混合酒精,因而变得烂醉如泥。"守护天使"于是将科格兰送回姐妹会宿舍并安置上床。谁知过了不久科格兰被人发现从会屋的三楼坠落到底楼,留下了无法复原的伤痛。科格兰及其家人在随后提起的诉讼中不仅将主持派对的兄弟会和她自己的姐妹会指为被告,而且指控大学疏忽职守。

初审法庭对大学之于学生的责任仍持此前通行的"袖手旁观"的态度,但上诉法庭却对此表示异议。此案最令人关注的一个情节是,大学委派了两位学生辅导人员在兄弟会派对现场进行督查,然而未成年酗酒的事情还是发生了,而且导致如此悲剧性的结局。法官显然对此难以释怀,因此对于大学与学生的关系和前者对于后者的责任作了详尽的分析。在法官看来,假如大学在法律的要求之外自愿担当任何职责,那么他们就必须同时承担合理照看的

---

① 美国大多数州的法定喝酒年龄是21岁。

责任。两位大学职员在场这件事本身表明大学预知这样的派对存在安全风险，因此自愿承担了防范风险的职责。在这种情况下初审法庭还是认为，大学对发生的伤害事故不负任何责任就有点说不过去了。法庭并不认为追究大学作为希腊社团会屋业主的"场所责任"是合适的，因此要求对大学的责任再作进一步的审理。

这样的判决给大学发出警示。如果法庭自己都无法就什么是"合理"的照看责任提供指引，那么，被学生告上法庭便永远是悬在大学头上的达摩克利斯之剑。大学自愿采取措施防范事故，反而因此需要承担防范不力的责任，那么对于大学来说，唯一理性的选择就是从此对任何带有一定风险的学生活动采取避而远之的态度。这是大学和学生双方都不愿看到的结果。换一个视角来解读这个判例，我们也许可以将上诉法院的意见看作是给大学的希腊社团管理提个醒，敦促他们重新审视其管理系统和方法。"菲瑞克案"的法官已经提出，有政策未执行，大学并未尽到合理照看责任。"科格兰案"进而指出，有执行但不彻底，结果同样可能会给学生释放错误信号，制造了大学监管下的兄弟会派对是安全的假象。而事实是，派对参与者不管是否到了合法的饮酒年龄，总能轻而易举地接触到大量酒精饮品。

当纠结的法庭遇到更加纠结的大学……

四

行文至此，我们可以很清楚地看到以上案例的一个共同特点，即学生在大学生涯的某一个时间或空间点上受到伤害，于是状告大学疏忽职守。这些案例在法律上都属于侵权案（tort）。但是，为了证明大学侵权，学生首先必须证明大学对其负有合理照看的责任（duty of reasonable care），而这个责任必须建基于大学与学生的"特殊关系"之上。这种特殊关系在"替代父母"时代几乎是天经地义、毋庸置疑的，但在后"替代父母"时代就难以确立了。[1] 不能确立特殊关系的后果是什么呢？大学可以理直气壮地对学生说，我和你没有什么特殊关系，为什么要照看你呢？你的安全你负责，与我无关：这就是"袖手旁观"的理论依据，也是为什么这个时期学生控告大学侵权经常败诉的原因。

以上案例中，大学之所以能从学生受到伤害被追责的诉讼中全身而退，还有一个原因是，体育比赛或希腊社团等都属于学生自愿参加的课外活动，学校鼓励但并未要求学生参加，而后者在参加时也已默认这些活动可能具有的风险，至少学校是这样假设的。但是，假如学生在与教学相关的活动中受到伤害，大学还能以学生自愿参加、自承风险为由拒绝承担责任吗？

奈尔斯（Julian Niles）是佐治亚理工大学（Georgia Tech）的一名博士生。他在进行一项化学实验时将丙酮、乙醇和硝酸倒进一个金属罐中，引起爆炸，自己身受重伤。奈尔斯事后状告大学未能提供安全训练、教授没有警告他混合这些化学品存在的危

---

[1] T C. Stamatakos (1990), "The Doctrine of In Loco Parentis, Tort Liability and the Student-College Relationship," *Indiana Law Journal*: Vol. 65: Iss. 2, Article 10. Available at: http://www.repository.law.indiana.edu/ilj/vol65/iss2/10, p.481; B. White (2007), "Student Rights: From In Loco Parentis to Sine Parentibus and Back Again—Understanding the Family Educational Rights and Privacy Act in Higher Education," *Brigham Young University Education and Law Journal* 321.

险。在初审法庭上,陪审团在听取奈尔斯的陈述后判定大学不应当为此事故承担责任,上诉法庭表示支持。[1]

除了重申大学不再是"替代父母",因此不应当为学生的安全承担所有责任而外,法庭还为大学免责提出新的依据。法庭认为,奈尔斯以极为优秀的成绩获得学士和硕士学位,而且在化学领域也积累了丰富的经验,身经无数化学实验。因此,他的导师有足够的理由相信他了解这些化学品混合的后果。问题是,即便如奈尔斯所说,导师应该就安全问题提醒他,但是,并无证据显示,教授将安全手册递到他手中便能防止这场意外的发生。换言之,原告必须提出有力证据证明,事故的发生是因为被告没有尽到应尽的责任而产生的后果。仅仅是一种可能的因果关系是不足以说服法庭以疏忽职守问责被告的。

从"奈尔斯案"的判决中我们可以清楚地看到,后"替代父母"时代,"袖手旁观"作为法官裁定伤害事故的主要方法,影响深远。这种态度在1990年代后期开始发生悄然的变化,有学者称之为"替代父母"原则的回归。[2]但从判例法中我们很快就会发现,与其称之为回归,不如说是法庭对大学和学生关系及其间的互动有了新的视角、新的解读。

耶鲁大学医学院一名女学生多伊(匿名John Doe)是耶鲁-纽黑文医院的住院医师。1988年8月18日,她奉命给一名艾滋病患者更换动脉导管,操作过程中不慎被针头扎伤手指,因此感

---

[1] Niles v. Board of Regents; 222 Ga. App. 59; 473 S.E.2d 173; 1996 Ga. App. LEXIS 610; 1996.

[2] Gavin Henning (2007), "Is *In Consortio Cum Parentibus* the New *In Loco Parentis?*" *NASPA Journal*, 44:3, 538−560, DOI: 10.2202/1949-6605.1835.

染艾滋病病毒。多伊随后控告耶鲁大学疏忽职守,在临床操作过程中未能给她指导、监督和指引。[①]此前,对于涉及学校教学的法律纠纷,法庭一般不理会学生以"教学失职"(educational malpractice)对学校提出的指控,因为法官根本就无意卷入对教学是否到位、达标这类问题的评判。但"多伊案"有所不同。在此,学生所声称的教学不到位已经导致身体受到伤害,因此法庭被迫应战:

> 在此让天平倾斜的……是教学不到位指控导致的后果。当有人声称某种结果是由教学不到位引起的,这样的指控不成立,因为从公共政策的角度我们不愿意对[教学不到位]导致的法律责任作出认定。但是,此案所涉及的是,当[教学不到位的]结果是身体上的伤害,我们愿意对这样的指控作出认定,因为由失职行为导致身体伤害的责任在传统上是需要认定的。我们不能因为伤害发生在教学环境里就将这种传统上需要认定的指控置之不理。[②]

在"多伊案"的判决上,法律的天平朝着不利于大学的方向倾斜了,而且倾斜得很厉害。在初审时陪审团判定耶鲁大学应向多伊支付高达1220万美元的赔偿金。上诉法庭也没有为大学站台,但将大学败诉的结果改为工伤赔偿。最后双方在庭外就未经透露数额的赔偿金达成协议。[③]

---

① Doe v. Yale University, 252 Conn. 641, (Conn. 2000).
② Ibid.
③ A. Gajda (2009), *The Trials of Academe: The New Era of Campus Litigation*, Harvard University Press, p.190, note 37.

"多伊案"大概是所有学生状告大学案例中最成功的一例了,但一个重要的细节不容忽略,即法庭虽然同意大学应当对学生受到的身体伤害进行赔偿,但这个赔偿并非承认大学"教学失职",而是以工伤的名义赔偿。这种判决背后是一以贯之的学术自由的逻辑。自从1957年美国最高法院开庭审理"斯威齐诉新罕布什尔州"上诉案[①],弗兰克福特(Felix Frankfurter)大法官已经明确指出,宪法严格禁止政府对大学学术生活的干预,因为一个自由的社会必须有自由的大学:"对于自由的[学术]活动的追求是基于一个明智的政府及其人民的福祉,除了有紧急且明显不可抗拒的理由,政治权力必须避免介入。"他在此案中阐述的大学教授学术活动的"四大基本自由"——"以学术依据来自主决定谁来教、教什么、怎样教以及录取谁"[②]——同样适用于对于大学侵权案例的审理。关于这一点联邦最高法院大法官们1985年在"密歇根大学诉欧文案"[③]的法庭意见中作了进一步的表述。

欧文(Scott Ewing)在1975年秋季进入密歇根大学一个联合培养项目,本科加医学院一共六年,完成后可以取得本科和医学两个学位。除了完成所有课程外,学生还需通过由美国医师资格考试委员会(National Board of Medical Examiners, NBME)主持的医师资格考试第一部分,一个持续两天的笔试。欧文在学期间身体上和学业上都遇到不小的困难。1981年欧文在克服千难万险之后终于完成必修课程,随后参加NBME考试。不幸的

---

① Sweezy v. New Hampshire, 354 U.S. 234 (1957).
② Ibid.
③ Regents of University of Michigan v. Ewing, 474 U.S. 214, 106 S. Ct. 507, 88 L. Ed. 2d 523, 1985 U.S. LEXIS 149.

是，七个考试课题中他只通过两个，总共得到235分，而及格分数是380分。联合项目委员会在审议考试结果后以无记名投票的方式决定将欧文从这个项目中除名。1982年8月19日，几经上诉未果之后，欧文将密歇根大学告上法庭，控告大学不允许他参加补考是背弃"一旦允诺、不得翻供"（promissory estoppel）原则、侵犯他的财产利益（property interest）、违反宪法第十四条修正案保障的正当程序（due process）。

联邦最高法院大法官们对这个案子从初审法院打到上诉法院再进入联邦最高法院这个过程本身表示不满。在他们看来，有关大学招生或开除学生这样的诉讼合情合理的不多，因为这些属于大学的学术决定根本就不应该由法庭来决定。斯蒂文斯（John Paul Stevens）大法官借审此案强调学术自由的原则，他们的判词在此后的类似案例中经常得到引用：

> 当法官必须对真正的学术决定的基本内容作出评判时，如当下所面临的情形，他们应当对于教授们的专业判断表示极大的尊重。简而言之，除非负责的人或委员会显然未能在实际上行使其专业判断，从而导致完全背离公认的学术规范，法庭不可以推翻[教授们的决定]。[①]

大法官还引述之前的法庭观点在此重申："对于学生的学术表现及其能否升级或毕业的判断，大学教授必须享有最广泛的自行决定权。"最高法院表示担心的是，此类案件有可能干预州立

---

① Regents of University of Michigan v. Ewing, 474 U.S. 214, 106 S. Ct. 507, 88 L. Ed. 2d 523, 1985 U.S. LEXIS 149.

和当地教育机构所拥有的学术自主权,以及宪法第一条修正案赋予法庭保护学术自由的责任。因此,大法官略带讽刺地说,低级法庭居然满怀同情地将欧文被学校除名描述成"不幸"事件,殊不知这样的申诉法庭从一开始就不应当受理。①

五

校园伤害事件的另一个高危地带是性骚扰和性侵害。2019年,美洲大学协会(Association of American Universities,AAU,一个由美国和加拿大65所顶尖研究型大学所组成的教学和研究组织)就性侵害问题发起一项大型问卷调查,33所大学的181752名学生回答了问卷,回复率是22%,其中包括108221名本科学生和73531名研究生。② 研究结果表明,学生受到来自教授的各种性骚扰或性侵害的比例高达13%。换言之,起码有一成的学生在就学期间受到性骚扰,而女研究生受到教授侵害的比例是本科女生的三倍。美洲大学协会的调查报告对性骚扰所作的定义是:

> 性骚扰是一系列对受害人造成下列后果的行为:(1)干扰了受害人的学业或专业表现;(2)限制了受害人参与学术课程的能力;以及(3)制造了一个恐吓性的、充满敌意的或

---

① Regents of University of Michigan v. Ewing, 474 U.S. 214, 106 S. Ct. 507, 88 L. Ed. 2d 523, 1985 U.S. LEXIS 149.

② D. Cantor et al (2019), *Report on the AAU Campus Climate Survey on Sexual Assault and Misconduct.* The Association of American Universities. Available at https://www.aau.edu/sites/default/files/AAU-Files/Key-Issues/Campus-Safety/Revised%20Aggregate%20report%20%20and%20appendices%201-7_(01-16-2020_FINAL).pdf.

冒犯性的社交、学术或工作环境。①

之前也有研究得到类似的结果。1987年伊利诺伊大学香槟校区的一项问卷调查显示,18.6%的研究生、10.3%的本科生和7.9%的专业研究生曾遭到性骚扰。②1983年,参加宾夕法尼亚州立大学一项面谈调查的学生中,28%的研究生和19%的本科生曾有过至少一次被性骚扰的经验。其中20%遭遇性暗示行为,8%收到过不受欢迎的约会,2%收到性交的要求或强求,8%遭到身体上的骚扰。③

但是,与之前所有的校园伤害事件完全不同的是,性骚扰或性侵害事件确认已属不易,定罪更加困难。1960年代之前性骚扰在法庭上连定罪的依据都不存在。1964年《民权法案》(Civil Rights Act of 1964)第七条(Title VII)禁止基于种族、肤色、宗教信仰、性别或出生国等在内的就业歧视行为,但法案本身并未对职场中的性骚扰问题作出任何规定。直到1970年代法庭才开始将性骚扰与性别歧视挂钩,认定性骚扰构成性别歧视。④

1972年,为了改变女性在教育方面受到不平等待遇的局

---

① D. Cantor et al (2019), *Report on the AAU Campus Climate Survey on Sexual Assault and Misconduct*. The Association of American Universities, p.45. Available at https://www.aau.edu/sites/default/files/AAU-Files/Key-Issues/Campus-Safety/Revised%20Aggregate%20report%20%20and%20appendices%201-7_(01-16-2020_FINAL).pdf.

② D. Allen, and J. Bessai, *Sexual Harassment Survey*, University of Illinois, Urbana-Champaign, February 16, 1987.

③ M. Johnson & L. Kraus (1983). *Sexual Harassment of Students at The Pennsylvania State University*, University Park, PA: The Pennsylvania State University.

④ Williams v. Saxbe, 413 F. Supp. 654 (D.D.C. 1976); Barnes v. Costle, 561 F.2d 983 (D.C. Cir. 1977).

面，美国国会通过教育修正案第9条（Title IX of the Education Amendments of 1972），规定任何人都不得因为性别的原因被排除在由联邦资助的教育和活动计划之外，不能被剥夺这个计划和活动提供的待遇，也不能因性别原因受到这个计划和活动的歧视。虽然教育修正案第9条没有说明什么样的行为构成非法歧视，也没有列举什么类别的歧视受到这条法律约束，但法庭把包括性骚扰在内的歧视都包括在第9条的范畴之内。教育修正案第9条由美国教育部民权办公室负责实施。1980年公平就业机会委员会（Equal Employment Opportunity Commission，EEOC）按照1964年《民权法案》第七条发布法规，正式将性骚扰界定为性别歧视。

1986年，联邦最高法院首次审理了涉及性骚扰的"梅里特储蓄银行诉文森"[1]一案。大法官在这个判决的意见书中提出两个重要观点：其一，根据EEOC的法规，性骚扰给受害人造成敌意环境，即便没有涉及经济利益的损失，也构成性别歧视；其二，性骚扰发生在上下级之间，涉及权力地位的高低，很难将此视为两厢情愿。"梅里特储蓄银行案"的意义在于，它为根据《民权法案》第七条认定的性骚扰案例提供了两条可提起诉讼（actionable）的依据：其一是回报型性骚扰（quid pro quo harassment），即上级对下级提出性要求以换取职场上的某种回报；其二是职场上的"敌意环境"（hostile environment）给受害人身心造成严重伤害。[2] 随着性骚扰在法庭上的界定日渐清晰，

---

[1] Meritor Savings Bank v. Vinson, 477 U.S. 57 (1986).
[2] Walter B. Jr. Connolly & Alison B. Marshall (1989), "Sexual Harassment of University or College Students by Faculty Members," *Journal of College & University Law*, 15(4), pp.385–386.

以性骚扰为由提起的诉讼也不断增加。

　　刘（Mary Liu）是来自台湾的研究生，1994年进入罗得岛州的普罗维登斯学院（Providence College）攻读历史学博士，同时在大学档案馆担任研究助理。1993年底她去奥地利探望母亲，但在1994年初准备回美时发现学生签证F-1已经过期。为了及时返校她通过美国在奥地利的领馆申请了B-1旅游签证，而持这个签证在美国继续上学是不合法的。1994年10月3日刘第一次与学校负责外国学生签证的斯特尤利（Giacomo Striuli）教授见面。斯特尤利虽然为刘签发了签证表格，但他告诉刘，她目前已经属"事实上"的非法居留，有可能被递解出境，而他是大学里唯一能够帮助她与移民局周旋的人。他有必要写一封关于她品德问题的信给移民局，为此必须加深对她个人的了解。在会上及会后，斯特尤利数度要求与刘约会（go out），均被拒绝。

　　斯特尤利继续穷追不舍，而刘最终答应在一个酒吧与他见面。在酒吧里他吻了刘并摸了她的大腿。1994年10月13日傍晚，斯特尤利给刘打电话，说在她课后会来她住处，刘推说晚上很忙，但斯特尤利坚持要来。当晚他进入刘的住处后强行与她发生了性关系。完事后他对刘说，如果她将此事捅出去，他会以非法移民罪名将她递解出境。在接下来的几天里他与刘又发生两次性关系。

　　11月刘的签证问题终于得到解决，但斯特尤利与刘的交往并未停止。刘后来在法庭上声称，在1994年11月14日至1995年7月4日之间，斯特尤利继续强迫她发生性关系"至少一百次"。刘声称，斯特尤利经常对她又打又骂，用脚踢开她的双腿强行进入，还扬言要杀她。其间刘继续学业和档案馆的工作，但成绩不断下滑。刘还指控大学至少有两名职员知晓此事，特别是学生资助办公室主任达尔希（Herbert D'Arcy）是斯特尤利的好朋友。两人曾当她面以污言秽语谈论女性，并羞辱刘。但达尔希在法庭作证说，他经常看到斯特尤利与刘牵手并行，当众亲吻，认为他们是一对情侣。1995 年 8 月 30 日斯特尤利半夜再次来到刘住处强求进入，后者打电话报警。在警察的建议下，刘从罗得岛地区法院取得对斯特尤利的临时禁制令。学校在得知法庭的禁制令后开始对斯特尤利展开调查。

普罗维登斯学院早在 1993 年就制定了有关性骚扰的政策，其中也包括了关于教授与学生之间关系的规定，但并未在师生中广泛宣传。大学性骚扰问题专员戴尔（Gail Dyer）在得到刘的报告后立即展开调查，与当事人双方以及五位证人作了面谈。戴尔给校长报告的调查结论是，尽管两人关系发展刘一开始极为勉强，但后来她"对他的爱慕给予了回应"。戴尔认为师生之恋违反学校的性骚扰规定，因此她"有合理的根据相信刘的指控不是无中生有"。据此校长宣布处理决定：斯特尤利的行为有悖于学校关于性骚扰的规定，对他"未能行使合适的专业判断"提出批评，但认为两人之间的关系仍属"两厢情愿"。在得知校长的结论后，刘向地区法院提起诉讼，以性别歧视状告斯特尤利和大学，以袭击与暴力伤害罪状告斯特尤利，以疏忽职守状告大学。[1]

"刘诉斯特尤利"一案极为复杂。原告的八条指控，所引法例从联邦教育修正案第 9 条到州民权法案到普通法条例，涉及甚

---

[1] Liu v. Striuli, 36 F. Supp. 2d 452 (D.R.I. 1999).

广。按照地区法院法官的推断,在大学并无明显的疏忽职守的情况下,州高等法院不会因为教授对学生的性侵而追究大学。因此,法庭拒绝支持原告对大学所应承担责任的要求。

如此判决引起法学界高度重视,很多学者为此做了大量的研究和分析。[1]刘作为女性,作为学生,特别是作为外国学生,在大学校园里遭受如此严重的性暴力之后,居然无法从法律上讨回任何公道,让人难以释怀。这个案例给大学管理者提出两个非常棘手的问题:(1)在性骚扰事件中,大学如何在"他说、她说"之间作出定夺?(2)大学应当如何保护性骚扰纠纷中弱势的一方?

假如我们能够暂时撇开人性中对于弱者的同情,"刘诉斯特尤利"一案其实充分体现了性骚扰案件中受害人"举证责任"(burden of proof)之艰难。按照无罪推定(presumption of innocence)的假设,以下疑问并无不妥:最初斯特尤利是强行进入刘的住处将她强奸,但此后近一年的时间内"至少一百次"的性行为如何可能?当然,为了取得签证,刘暂时屈服于强权,我们不能接受却不难理解,但在她得到签证后两人间关系仍在继续又作何解释呢?性骚扰往往发生在两人之间,很难找到第三者证人,因此无论是大学还是法庭,在处理此类案例时都会面临同样的困境。

与"袖手旁观"时代的法庭不同,地区法院在"刘诉斯特尤利"一案的意见书中承认大学在聘用教职人员时责任重大,他们

---

[1] Ann B. Sheppard (2000), "1999 Survey of Rhode Island Law: Cases: Civil Rights," *Roger Williams University Law Review,* 5(2), Article 11. Available at: http://docs.rwu.edu/rwu_LR/vol5/iss2/11; P. F. Lake (2000), "Tort Litigation in Higher Education," *Journal of College & University Law,* 27(2), pp.300-303.

必须在合理的、可预见的范围内考虑到教授对学生的身心健康可能产生的危险,但大学无法在九年前聘用斯特尤利时就预见到他会在日后对学生造成如此伤害。即便有一位证人作证说校长早就收到过关于斯特尤利品行方面的投诉,但大学并不能以此为据对他采取任何惩戒措施,从而阻止他对刘造成进一步的伤害。

"刘诉斯特尤利"一案的审判结果也许在法理上天衣无缝,却在感情上让人难以承受。其实比这更难接受的是,当性骚扰的受害者鼓足勇气站出来指控性侵者,她们还有可能受到第二次伤害——法庭的审理过程本身对于受害人来说已经充满羞辱,而败诉有时比性侵本身造成的伤害更加严重。畅销书作家乔恩·克拉考尔(Jon Krakauer)2015年出版《米苏拉:大学城的强奸与司法系统》[①]一书,通过对蒙大拿大学2010-2012年间发生的五起强奸和强奸未遂案的调查,将大学里性骚扰案件背后残酷的现实公诸天下,使人难以正视,却无法回避。

法庭在审视回报型性骚扰时常常以权力的高低来界定回报关系。殊不知在米苏拉这样的大学城里,大学美式足球队员头上顶着神一般的光环。从这个角度看,球员居于"权力"金字塔的顶峰,远高于一般教授。因此,当性骚扰成为大学足球队的"传统文化"时,受到侵害的女生在社会上、法庭里往往被看成"色诱者""淘金人",而她们所受的侵害则是自找的,不但得不到周围人的同情,连警察和检察官都带着将信将疑的态度处理她们的投诉。

[①] J. Krakauer (2015), *Missoula: Rape and the Justice System in a College Town*. New York: Doubleday.

约翰逊（Jordan Johnson）是蒙大拿大学足球队的主力队员（quarterback），2012年一个周六的晚上应约到瓦西本（Cecilia Washburn）住处一起看电影。据瓦西本后来作证说，她那天根本就没有打算与约翰逊发生性关系，事前也没有洗澡更衣。两人进入她的卧室后看了一会电影就开始亲吻，约翰逊随之脱下她的内衣抚摸，她也没有抗拒。但当他进一步想要脱下她的内裤时她明确告诉他："不行，今晚不行！"约翰逊没有理会，将她翻过身去，强按在床上，从后面进入。此时瓦西本的室友就在外面客厅看电视，但她没有高声求救。完事后瓦西本趁约翰逊去厕所清洗时给她的室友发了一条手机短信："天哪，我想我被强奸了，他不停地推进，我叫他停他不听。"

大学在得知约翰逊强奸案进入司法程序后，立即对他作出停赛决定。校长还宣布解雇球队教练和学校体育部主任，并在完成校内调查程序后宣布开除约翰逊学籍。然而蒙大拿州高等教育委员会在一次关门会议上居然驳回大学校长的决定，让约翰逊回到大学与球队。

由于主力队员的缺席，原本傲视群雄的蒙大拿大学足球队士气大受打击，败绩连连。球队的粉丝们（似乎米苏拉全城的居民）都将火气撒到了瓦西本的头上。她成了人人喊打的过街老鼠。在法庭上，年轻的受害人短短的人生经历全被辩护律师抖在公众面前，只为证明原告撒谎。连瓦西本在医院作强奸检查时所拍生殖器的照片都一一展示在陪审团面前。陪审团最后宣告约翰逊无罪。

克拉考尔在他的书中不无悲愤地指出，在法庭上每一个证人都要宣誓"说出真相,所有真相,唯有真相"①,但辩护律师无须宣誓:因为他们不敢也不能宣誓;他们的工作就是防止所有真相大白于天下,而他们的目标只有一个:胜诉。②面对如此残酷的现实,受到性侵害的女生除了自求多福而外,对公道与正义还能有何奢望呢?

在此法律问题已经超出大学的掌控范围,但大学管理者却无法也不应回避我们在"刘诉斯特尤利"一案中提出的第二个问题:大学应当如何保护性骚扰纠纷中弱势的一方？在联邦政府的层面上,国会1972年通过的教育修正案第9条,将性骚扰列为性别歧视的一种行为,一旦发现大学违规,联邦政府可以取消所有资助。这可以看作是政府通过立法给大学采取强有力措施防范性骚扰的授权令。考虑到此类案件的敏感性质,多数大学选择将性骚扰从种族、性别等歧视案中单列出来,出台专门的政策并任命专员来处理校园发生的事件。但是,从罗得岛和蒙大拿两所大学发生的案例来看,大学缺少的并不是完善的政策,而是广泛的宣传、有效的执行和大众的理解。性骚扰受害者也有一些共同的特点:旁观者早有预见,受害者却心不设防。所以,熟人、单纯的大学新生、人地两生的外国学生、不胜酒力的派对女生等往往成为暴露在眈眈虎视之下的猎物。至于性侵害案件的罪与罚,由于法庭定罪的门槛太高,将性侵者绳之以法在现有的法律框架内极其不易。于是,大学的纪律处分便成为对那些得以逃脱法网的性

---

① "To tell the truth, the whole truth and nothing but the truth."
② J. Krakauer (2015). *Missoula: Rape and the Justice System in a College Town*. New York: Doubleday, p.342.

侵者的补充惩戒机制。从这个意义上说,在大学建立有效的反性骚扰政策及其相应的惩戒措施极为重要:这是保护受害者利益机制中一个必不可少的部分。当被告席上的大学得以从性骚扰诉讼中全身而退,他们没有理由感到侥幸,更不应当将脱罪与清白画等号,而应当以此为戒、以此为由,将防范性骚扰的篱笆再作加固。

六

校园伤害事件的话题演绎至此,实在是有点过于沉重了。但这样的话题有可能轻松吗?您还别说,不但可能,而且还能充满喜剧效果。只是对涉案的大学来说,要真正欣赏个中幽默,先要看看自己有多少幽默感。

库伦(Robert Cullen)是桥港大学(University of Bridgeport)自然疗法专业(Naturopathic Medicine)的研究生,选修一门妇科课程时遇到困难,中途退出。另外他因对临床见习的安排、指导老师的资历、某些课程的教学等都颇有微词,退了不少课,最后未能在规定的四年时间内修满毕业所需的学分。与此同时,其他同学则在完成四年课程后参加了医学资格考试。2002年9月4日,库伦一怒之下将大学告上法庭。[①] 库伦指控大学课程目录的介绍与实际的课程安排不符,导致他受骗上当、误入歧途,浪费了时间和金钱。

---

① Cullen v. University of Bridgeport, 2003 Ct. Sup. 14081, (Conn. Super. Ct. 2003).

拿不到学位可以状告大学，拿到了学位找不到工作，也可以状告大学。

扎克（Adrian Zachariasewycz）2004年毕业于密歇根大学法学院。2006年他和母亲联名向特拉华州地区法院提起诉讼，状告母校。[①] 扎克在学期间曾到 MNAT 律师事务所实习，被事务所解雇，因此在诉状中他将 MNAT 也列为被告，指控其与大学合谋，使得他在取得法学学位后几年内无法找到工作。为了充分展示此案的喜剧效果，我们先将他诉状中关于母校的"罪状"一一罗列：

• 密歇根大学法学院的某些考试要求学生打字速度很快，而像他这样打字速度不快的学生就会吃亏。他因打字速度慢导致考试分数较低，直接影响到他毕业后的预期收入。

• 法学院从来就没有将打字速度对考试成绩的影响告知学生，纯属蓄意隐瞒。

• 法学院从未给打字速度较慢的学生提供任何帮助。

• 教授们（列出姓名的教授有三位，还有未列出姓名的）未就他考试成绩不佳的原因作出明确解释，以致他不能正确判断自己的成绩。

• 在一项须于24小时内完成的考试中，他要求得到两小时的休息时间处理私事。这个要求遭到学院职员的无理

[①] Zachariasewycz v. Morris, Nichols, Arsht & Tunnell, LLP, Delaware Chancery Court, No. CA 2312-N (filed Nov. 21, 2006), available at http://kevinunderhill.typepad.com/Documents/bad_typist_lawsuit.pdf.

拒绝。

• 法学院职业指导中心两位职员为他提供的职业咨询似有故意误导之嫌,导致他无法找到工作。

• 法学院一再拒绝他提出对打字速度与考试成绩的关系进行评估的要求。

总之,扎克认为密歇根大学法学院应当为他在毕业后找不到工作负责。此外,扎克的母亲因为儿子找不到工作,在经济上、感情上和名誉上受到损害;退休生活的质量下降,健康长寿的预期受挫。因此,扎克要求大学不仅负担诉讼费、律师费,还要赔偿他毕业后如期找到工作的话本来可以挣得的工资!

桥港大学和密歇根大学能否从库伦与扎克的诉讼中得到喜感我们不得而知,但至少可以肯定的是,康涅狄格和特拉华两个州的地区法院还是有点幽默感的,要不他们收到如此诉状怎么可能决定受理?但正如鲁迅所说,"喜剧将那无价值的撕破给人看"①,这两个案例撕破的恰恰是隔在当今大学与学生之间的一层薄纱:消费主义。

当高等教育从少数人拥有的特权变成多数人享有的权利,特别是随着象牙塔的"门票"价格日益飙升,消费主义其实势在必行。只是还有很多人仍然对大学的高楼深院心存敬畏,而大学亦半推半就地维持着昔日师道尊严的幻象。这时,库伦与扎克,就像喜剧中口无遮拦、不顾颜面的丑角,把学生与大学之间原本

---

① 鲁迅:《再论雷峰塔的倒掉》,《语丝》周刊第 15 期(1925 年 2 月 23 日)。

"犹抱琵琶半遮面"的消费关系尽数抖搂到世人面前。对于大学来说,当"一手交钱,一手交货"成为预期,校园伤害的定义便随之发生变化。从这个角度看,学生过去身体和精神上受到伤害可以状告大学,现在时间和金钱上遭受损失,为此状告大学又有什么值得大惊小怪的呢?美国教育理事会(American Council on Education, ACE)前副总裁凯茜·桑定(Cathy Sandeen)对高等教育领域里方兴未艾的消费主义就没有一批了之,而是采取了一种面对现实的态度。她将学生通过法庭诉讼来"刷存在感"的行为称为"我买故我在"(I shop, therefore I am)。[1] 平心而论,消费者在付出高昂学费之后有所期待,这件事本身并无不妥;重要的是,大学如果对学费有所依赖(当今大学有可能对学费无所依赖吗?),却不了解学生对大学课程项目的期待,那么与学生对簿公堂便是早晚的事了。

对簿公堂之于大学其实不算是一个太糟糕的选择,从本章提及的案例来看,大学在校园伤害案件的判决中胜算不低。法庭对大学的这种"偏心"背后,其实是对学术自主的传统一以贯之的司法尊重(judicial deference)。但是,司法尊重并不能保证大学在法庭上常胜不败,而高等教育的普及已经将大学从卖方市场变成买方市场。因此,未来校园里发生伤害事件,受伤的就不仅仅是学生了。大学从法庭上全身而退的几率仍然会比较高,但是,校园安全、学术声望、后勤服务等大学的非物质性资产一旦受损,大学为之付出的就不只是一些诉讼费、律师费了。

---

[1] C. Sandeen (2014), "Confronting Higher Education Consumerism Challenges," Available at: https://www.higheredtoday.org/2014/02/28/confronting-higher-education-consumerism-challenges/.

七

最后我们以校园伤害案例为轴心,将大学与学生间的关系略作梳理。值得提醒诸位看官的是,法官对校园伤害事件的判决总是建基于他们对这两者关系的某种假设,而这种假设从 20 世纪初至今几经变迁。[①] 20 世纪上半叶"替代父母"的假设使得大学在校园伤害事件中几乎"刀枪不入":既然为人父母,大学便享有父母对子女的特权及其在事故后遭到追责时的豁免权。这种豁免权随着 1960 年代民权运动的兴起逐渐丧失,因为学生成为言行受到宪法保护的独立个体,而大学则必须在处理任何不当行为时给予学生"正当程序"的待遇。"正当程序"的要求让大学在相当一段时间内陷入"动辄得咎"的境地。但是,大学很快就迎来了转机,因为法庭确认大学在"正当程序"上无懈可击之后,同时也免除了他们"出手相救"的责任。所谓"袖手旁观"的判案原则,既不说明法庭的漠然,也不代表大学的冷血,而是法庭在学生取得其作为"宪政"个体(constitutional adult)的权利之后,要求他们对自身行为包括自身安全负起相应的责任。有权利便有责任,自古如此;在受到伤害时责怪已经不再担任父母角色的大学显然有点不合逻辑。这种状况到 1990 年代开始发生变化,法庭又开始讨论大学的责任问题。但这一次不是基于以前大学

[①] R. D. Bichel, and P. F. Lake (1999), *The Rights and Responsibilities of the Modern University: Who Assumes the Risks of College Life?* Durham, NC: Carolina Academic Press, pp.159-165.

"替代父母"时所承担的责任,而是类似商家在顾客付款消费之后对所售商品或服务的承诺。消费主义由此悄然兴起。

总而言之,大学与学生的关系在过去的一百多年内大致经历了四个阶段:(1)"替代父母"时代大学是学生的监护人;(2)民权运动时代大学视学生为独立个体;(3)"袖手旁观"时代大学对学生敬而远之;(4)消费主义时代大学以学生为中心提供服务。这四个阶段之间有重叠,有交叉,也有反复,而且并不纯粹。比如以学生为中心,这个原则本来无可厚非;只是当库伦与扎克之流将此理念推到极端时,喜剧效果便开始出现了。

第三章

招生自主：以学术自由的名义

　　大学的职责就是为猜想、实验和创新提供一种适宜的氛围。在此氛围中畅行无阻的是大学的"四大基本自由"——以学术为依据自行决定谁来教、教什么、怎样教以及录取谁。

　　　　　　　　　　　　　　　——弗兰克福特大法官

一

　　很多关于大学的理念在过去半个多世纪里被重复地陈述。有意思的是，其实我们有的时候并不很确定谎言重复一千遍是否会被当成真理，但我们确切地知道，真理重复一千遍之后会变成陈词滥调。陈词滥调的好处是深入人心，坏处呢，就是使人常常视而不见，甚至被弃若敝屣。

　　学术自由便是这么一条真理。

　　1957年美国最高法院开庭审理"斯威齐诉新罕布什尔州"上

诉案①，第一次以多数派的观点明确地陈述宪法对学术自由的保护。②在沃伦（Earl Warren）大法官宣称美国大学享有自由的必要性之后，弗兰克福特大法官进一步指出，宪法严格禁止政府干预大学学术活动，因为一个自由的社会必须有自由的大学。"对于自由的［学术］活动的追求是基于一个明智的政府及其人民的福祉，除了有紧急且明显不可抗拒的理由，政治权力必须避免介入。"紧接着，弗兰克福特大法官就大学教授的学术活动阐述了"四大基本自由"：

> 大学的职责就是为猜想、实验和创新提供一种适宜的氛围。在此氛围中畅行无阻的是大学的"四大基本自由"——以学术为依据自行决定谁来教、教什么、怎样教以及录取谁。③

半个多世纪后的今天，弗兰克福特大法官的"四大基本自由"，前三大早已深入人心，几乎已经变成陈词滥调，但最后一大自由却颇为诡异地被遗忘了。大学录取什么样的学生也在学术自由的范畴之内？这一点大概连教授们自己都不太清楚，或是不以为然。特别是当今大学里教授们早已被繁重的科研和教学任务压得喘不过气来，有那么一个叫招生处的行政单位全权处理招生事宜，对他们来说是一件求之不得的事。或许，他们是选择性地遗忘这第四大自由？然而，招生自由这项宪法赋予的权利，虽

---

① Sweezy v. New Hampshire, 354 U.S. 234 (1957).

② W. Van Alstyne (1990), "Academic Freedom and the First Amendment in the Supreme Court of the United States: An Unhurried Historical Review," *Law and Contemporary Problems*, Vol. 53, No.3, pp.105–109.

③ Sweezy v. New Hampshire, 354 U.S. 234 (1957).

然教授们从未想要认领,大学却一刻也没有想要放弃。与此同时,学生及其家长将招生排除在学术自由之外的决心却十分坚定。在他们眼里,公平才是大学招生的第一原则;大学爱录取谁就录取谁?没门!

于是乎,考生与他们心仪的大学之间,一言不合,就法庭相见了。

二

这是一张能让今人坐立不安、在当时却司空见惯的照片。照片中的主人公乔治·麦克劳林(George W. McLaurin)是俄克拉何马大学(University of Oklahoma)有史以来的第一位黑人学生。他正在一个坐满白人学生的课堂里上课,但他课桌的位置却远离其他同学,像是课堂外面的一个衣帽间。照片摄于1948年,这年麦克劳林已经61岁。他申请到俄克拉何马大学修读教育学博士学位但未被录取,于是将大学告上法庭并赢得诉讼。[①] 但根据俄克拉何马大学校长克罗斯(George Lynn Cross)的要求,他上课只能在远离其他同学的衣帽间就座;去图书馆不能使用一般的阅览室,而必须坐在大楼夹层里的一个指定座位上;去学校餐厅只能使用指定的餐桌,而且不能与其他同学同时用餐。[②] 这些在今天看来不可思议的歧视性要求,在当时居然是合法的。

---

① McLaurin v. Oklahoma State Regents for Higher Education, 87 F. Supp. 526 (W.D. Okla. 1948).

② McLaurin v. Oklahoma State Regents for Higher Education, 339 U.S. 637, 640 (1950).

按照美国南北战争后南部各州实行近一百年的"吉姆·克劳法",公共设施必须依照种族的不同而隔离使用。1896年"普莱西诉弗格森案"①的判决维护了种族隔离的合法性,南部各州在公共场合实施的"隔离但平等"（separate but equal）原则因而得以持续半个多世纪之久。"二战"结束之后,以维护少数族裔政治、社会、教育和经济权利为宗旨的全国有色人种协进会（National Association for the Advancement of Colored People, NAACP）以法律为武器,致力于消除美国社会的种族隔离政策。在NAACP的帮助下,麦克劳林再次将俄克拉何马大学告上法庭,直接挑战大学在"隔离但平等"的原则下,对他作为一名黑人学生所实行的种种歧视政策。

重温当年麦克劳林与俄克拉何马大学之间的法律纠纷,我们几乎可以断定,取得俄克拉何马大学的教育学博士学位并非麦克劳林的最终目的。这位黑人民权运动的先驱与NAACP密切合作,以法庭为平台,首先争取的是黑人得以进入全白人大学接受教育的权利,而在得到这个权利之后接着争取的是黑人在大学能够得到与白人学生同等的待遇。他们成功了。当此案最后上诉至联邦最高法院,文森（Frederick Moore Vinson）大法官在法院判决意见中明确指出学生之间"智力的交融"是大学教育的基本要素:"[俄克拉何马大学对麦克劳林实行的种种]隔离措施损害并阻止了他的学习、与同学进行讨论与交流,以及掌握其专业知识的可能性。"②如此陈述已不仅是在为黑人进入传统上以白人为主

---

① Plessy v. Ferguson, 163 U.S. 537 (1896).
② McLaurin v. Oklahoma State Regents for Higher Education, 339 US 637, 640 (1950).

的大学扫清障碍,而是将有效的教育过程与平等的招生政策放在一起加以考量。从文森大法官的这段陈述中,我们已经隐约可以听到后来鲍威尔大法官"多元化理据"的前奏。而 NAACP 的功劳在于,1938-1950 年间,它通过法律手段帮助诸多黑人学生成功进入研究生院和专业学院,而这些案例,包括麦克劳林一案,都是在为黑人和少数族裔有朝一日能够与白人一样平等地接受高等教育铺路。

1954 年 5 月 17 日联邦最高法院就"布朗诉托皮卡教育局"[①]一案作出的判决,标志着黑人及其他所有少数族裔在大学入学问题上争取平等权利的一个里程碑式的胜利,尽管案例本身涉及小学入学而非大学录取。

1950 年代早期,家住堪萨斯州托皮卡市的布朗小姊妹每天上学都要走很长的路才能到达离家有 5 英里远的黑人学校蒙罗小学。她们的父亲奥利弗·布朗(Oliver Brown)试图让女儿进入离家只有几个街区的萨姆纳小学,入学申请却遭到托皮卡教育局驳回,原因是萨姆纳小学是一个只给白人小孩读书的学校。当时堪萨斯州的法律允许设置种族隔离的学校,因此托皮卡教育局依法设立了种族隔离的公立中小学。奥利弗·布朗在当地律师推荐下与 NAACP 取得联系,并在后者的帮助下对托皮卡教育局提起集体诉讼,要求校区停止种族隔离政策,指控种族隔离的学校已经侵害了学生受到宪法第十四条修正案保障的平等权利。他们在诉状中指出,尽管教育局设置了"隔离但平等"的学校,但是这些措施的本质是为黑人提供次等设备与服务,是对黑人的歧

[①] Brown v. Board of Education of Topeka, 347 U.S. 483 (1954).

视与压迫。但是，地方法院认为，比较学校在设施、教师等可见因素（tangible factors），黑人小学与白人小学之间并无不平等的情况，并引用"隔离但平等"的原则，认为教育局的种族隔离措施不违反宪法第十四条修正案的平等权。NAACP和布朗不满地方法院的判决，因此提出上诉至最高法院，成为后来"布朗案"的一部分。

最高法院在审理"布朗诉托皮卡教育局"一案时，将其它几个同样由NAACP协助提起诉讼的具有种族隔离教育背景的案子合并一起审理。鉴于这些案子背景相似，都是争取黑人学生进入白人学校的权利，因此，"布朗诉托皮卡教育局"其实是对这些合并审理的案子及随后的布朗第二诉讼案的统称。1954年5月17日，美国最高法院判决种族隔离本质上就是一种不平等，因此"普莱西诉弗格森"一案所建立的"隔离但平等"的先例不再适用。种族隔离的法律剥夺了黑人学童的入学权利，违反了美国宪法第十四条修正案中所保障的平等权利，因而违宪。学童不得基于种族因素被拒绝入学。

最高法院关于"布朗诉托皮卡教育局"的判决，终止了美国社会中存在已久的白人和黑人必须分别就读不同公立学校的种族隔离政策，推翻了"隔离但平等"的法律原则。从此之后，任何法律上的种族隔离政策都可能因违反宪法所保障的平等权利而被判决违宪。这个判决开启了接下来十多年美国社会废止一切有关种族隔离措施的大门，也吹响了美国民权运动的集结号。

1965年9月24日约翰逊（Lyndon B. Johnson）总统颁布第11246号行政命令，正式推出"肯定性行动"（Affirmative Action），

要求政府工程承包商在雇佣工人时不得考虑种族、宗教信仰和籍贯。而大学招生也必须考虑少数族裔、女性等弱势群体不受歧视及不公平待遇。在医学和法学等领域，大学还有一个特别的考虑，即少数族裔的群体和地区需要本族裔的毕业生为他们提供一些特殊的服务，因此政府要求公立大学招收少数族裔的学生，以满足未来社会的特殊需求。

三

可以这么说，"布朗诉托皮卡教育局"一案是美国南北战争之后近一百年间几代民权斗士艰苦努力的结果，而最高法院的大法官们只是临门一脚。这一脚，也为黑人和其他少数族裔最终踢开了进入高等学府的大门，其里程碑式的意义无论如何都不会高估。此后，美国大学为招收黑人学生可谓费尽心机，各出奇招，但结果却不尽如人意。原因其实非常简单：正如"布朗案"的原告所指出的那样，黑人子弟在所谓"隔离但平等"的学校里接受中小学教育，从设施到师资都无法与白人学校相提并论。加上黑人长期贫困且遭受歧视的历史，他们的子弟从来就没有能够与白人子弟站在同一条起跑线上，其学术水准自然也无法在一夜之间拔高到能与白人子弟竞争的水平。结果是，进入大学的门虽然打开了，但黑人学生中的大多数却无法以与白人学生同等的资历进入。

为了能在招生问题上贯彻联邦政府所要求的"肯定性行动"，很多大学开启了美国版本的"少数民族政策"。以"肯定性行动"的名义提供特别奖学金、设置少数族裔名额、降低入学门槛等，是增加黑人或其他少数族裔入学机会所能用到的为数不多的几个方法。结果是，之前黑人学生为争取进入高等学府在各级法庭上演的大戏如数重演，只是剧情出现 180 度的翻转。这回的原告不再是 NAACP 代表的黑人学生，而是因"肯定性行动"失去入学机会的白人学生。

加州大学戴维斯分校医学院（The Medical School of the University of California at Davis）设有两个招生委员会——正常招生委员会和特殊招生委员会。走正常途径的申请人大学平均分数必须达到 2.5，其中大约六分之一的入选者能够参与面试，再通过医学考试、推荐信、个人陈述等其他条件接受挑选。但是，假如申请人在申请表上标明自己属于"经济或教育上的弱势群体"（economically and/or educationally disadvantaged）的话，他们就由特殊招生委员会审理。一旦被确认为少数族裔或特困家庭的申请人，上述所有要求都可以相应降低。特殊招生委员会每年从众多申请人中挑选 16 名录取，招满为止。1971-1974 这四年中，共有 44 名申请人通过正常途径进入医学院，63 名少数族裔学生通过特殊途径被录取，没有任何家境贫困的白人通过这个途径被录取。[①]

巴基（Allan P. Bakke）是一位白人退伍军人，在 1973 年和 1974 年接连两年申请戴维斯医学院均未被录取，而成绩远低于他的少数族裔学生却被录取。巴基于是将加州大学告上州法院，声称大学拒收他的原因是基于他白人族裔的身份，因此违反了宪法

---

① Regents of the University of California v. Bakke, 438 U.S. 265 (1978).

第十四条修正案"平等保护条款"及1964年民权法案第六条反歧视条款。[1] 州法院与上诉法院在审理此案时争论激烈，最后法院裁决禁止大学在招生过程中考虑种族因素，并责令大学提供原告即便在种族中立政策下也不会被录取的证据。大学承认自己无法提供这样的证据，因此法院下令该校接纳巴基入学。

加州大学戴维斯分校向联邦最高法院请求暂缓巴基入学，对州法院的判决予以审查。有鉴于此案在公众心目中的重要性，联邦最高法院同意受理此案。1978年6月28日，联邦最高法院公布了对"加州大学董事会诉巴基"一案的裁决。9名大法官一共起草了6份意见，其中没有任何一份拥有多数大法官的支持。鲍威尔（Lewis F. Powell, Jr.）大法官执笔的裁决得到来自两个不同阵营的四名法官分别赞成他意见中的不同部分。

鲍威尔大法官在判决意见书中引用了弗兰克福特大法官在1957年审理"斯威齐案"时就大学教授的学术活动所阐述的"四大基本自由"，特别是第四大基本自由所保证的大学自主选拔学生的自由。而多元的学生群体是"已经证实的"、大学"为猜想、实验和创新提供一种适宜的氛围"的重要前提；少数族裔的学生对于"健康的思想交流"（robust exchange of ideas）的作用不可或缺。从这个意义上说，大学招收少数族裔的自由受到宪法第一条修正案的保护。

鲍威尔大法官提出的这个"多元化理据"（diversity rationale）在当时的情形下，与其说是解决招生中种族问题的办法，不如说是没有办法时的办法。"肯定性行动"在大学招生中的运用确实

---

[1] Regents of the University of California v. Bakke, 438 U.S. 265 (1978).

能够在一定程度上矫正历史错误，帮助黑人及其他少数族裔利用高等教育实现弯道超车。但是，在招生决定中考虑种族因素对其他族裔来说却是以新的不公来矫正旧的不公。虽然这样的不公在历史与社会的大视角里是一种公正，但对于一生只有一次机会的任何个人来说都是无法原谅的不公。鲍威尔大法官对此应是心知肚明的，所以他判定加州大学戴维斯分校为黑人考生预留名额的做法违法，但提出种族因素可以是诸多"加分因素"（plus factor）之一。换言之，大学在招生中可以将种族因素考虑在内。鲍威尔的理据是，大学享有自主选择学生的自由，而学生群体的多元化（diversity）以至大学校园的多元文化（pluralism）作为大学教育的一个重要理念，受到宪法第一条修正案的保护。

最高法院的裁决包含了两个"未超过半数的最多票数"（plurality）。有四位大法官认为加州大学戴维斯分校医学院的特殊招生政策其实是对种族实行配额，违反宪法第十四条修正案"平等保护条款"，因此判定大学应当录取巴基；巴基终于如愿入学。另外四位大法官则赞成鲍威尔"肯定性行动"可以在大学招生中使用的意见，认为将种族作为招生审查过程中的一个因素加以考虑符合大学对学生群体多元化的追求，也符合政府制定的种族平等政策。这个判决推翻了州法院有关学校招生时不得考虑种族因素的决定。然而，由于这个意见是基于"未超过半数的最多票数"，它也为日后更多以"肯定性行动"为争论焦点的大学招生诉讼打开了大门。

果然，在接下来的四分之一世纪中，美国大学因援用"肯定性行动"的原则进行招生而官司缠身。最具有代表性的是涉及密歇根大学的两宗诉讼案:"格鲁特诉鲍林杰"[①]和"格拉兹诉鲍林杰"[②]。

在"格鲁特诉鲍林杰"一案中,原告芭芭拉·格鲁特(Barbara Grutter)是密歇根州居民,白人,大学毕业后申请密歇根大学法学院未被录取,尽管她大学成绩平均绩点(GPA)达到3.8,法学院入学考试(LSAT)分数为161。格鲁特因此提起诉讼,指控大学拒绝她的申请是基于种族歧视,已违反了宪法第十四条修正案、1964年民权法案第六章及民权法第42条。的确,校方在录取过程中除了看学生的大学积分和法学考试成绩而外,还考虑一些"软变量"(soft variables),比如推荐人的推荐力度、本科大学的质量、申请人的自述,等等。大学还将黑人、南美西裔和美国原住民等列为受到特别关注的少数族裔,给予更大的录取机会。密歇根大学校长李·鲍林杰是本案中的被告。

在"格拉兹诉鲍林杰"一案中,密歇根大学为追求多元化,在录取本科生时采用了一个评分制度,即在一个150分的量表上,申请人必须在学术及其他方面的分数达到100分才有录取的可能。但若申请人属于黑人、南美西裔和美国原住民中任何一个族裔就可以自动先得20分。这就意味着少数族裔的申请人只需80分就可以入学。詹妮佛·格拉兹(Jennifer Gratz)和帕特里克·哈马切尔(Patrick Hamacher)都是密歇根州的白人居民,两人分别于1995年和1997年申请进入密歇根大学本科学院但未被录取。两人于1997年将鲍林杰校长告上法庭。

2003年联邦最高法院同意对两案同时开庭、分别审理。

[①] Grutter v. Bollinger, 539 U.S. 306 (2003).
[②] Gratz v. Bollinger, 539 U.S. 244 (2003).

最高法院对于"格鲁特案"的判决是，密歇根大学法学院以"肯定性行动"为由录取少数族裔学生并不违宪。大法官奥康纳（Sandra Day O'Connor）在代表 5∶4 的多数撰写的法庭意见书中援引鲍威尔大法官关于多元化是"令人信服的政府利益"（compelling state interest）的说法，支持大学在录取学生时考虑种族因素。而为了达到多元化，大学对那些"代表性偏低的族裔"（underrepresented minority）予以适当的倾斜并不违宪。更重要的是，大学在审阅申请人资历时，既对考生作个别的、综合的评定，也对他们进入大学后对多元化的教育环境可能作出的贡献加以考量，因此在这个过程中种族仅仅是一个"加分因素"。

"格拉兹案"则不同。大法官伦奎斯特（William Hubbs Rehnquist）代表 6∶3 的多数认为，密歇根大学的招生政策违宪，因为大学给每一位"代表性偏低的族裔"成员自动加 20 分，事实上是将录取总分的五分之一归因于种族因素。这种做法与鲍威尔大法官提出的"多元化理据"是背道而驰的。

总之，在大法官们眼里，这两个案例的根本区别在于，为了增加少数族裔以实现学生群体多元化，大学必须对于申请人的个人资质进行考察，同时加入了对于少数族裔身份的考量，而不能将少数族裔作为一个群体资格给予优待。

四

行文至此，我们不得不暂停片刻，自问：本章以学术自由开题，怎么一不留神全成了种族问题？学术自由与大学招生中的种族问题有必然关联吗？

答案是肯定的，而这两个问题的交集点就是鲍威尔大法官在"巴基案"中引用弗兰克福特大法官关于大学"四大基本自由"中的最后一项，即大学"录取谁"的自由："大学必须有权选择那些能够对'健康的思想交流'作出最大的贡献的学生。"[①] 然而，鲍威尔大法官虽然将"四大基本自由"理念用来处理"巴基案"，但他对学术自由理念的阐述，特别是对大学"录取谁"的自由的坚持，却不无自相矛盾之处。按照他提出的"多元化理据"，多元化是"令人信服的政府利益"；既然是政府利益则未必是大学的利益，即便两者部分重叠，实现多元化的方法也未必是大学之首选。由于历史的原因，少数族裔在学术水准方面并无与白人竞争的可能：这是一个无可辩驳的事实。于是乎，大学开始陷入了一个两难之地。为了追求"政府利益"，满足联邦政府"肯定性行动"的要求，大学不得不将学术标准暂时搁置，在选择学生的自由方面有所让步，从而出台一些有利于招收少数族裔的政策。他们在这第四大基本自由上妥协了：这是路人皆知的事实，也是那么多"反向歧视"的案例涌向法庭的原因所在。

时隔25年，奥康纳大法官在"格鲁特案"中终于第一次得以用多数派的意见确认鲍威尔大法官的观点。奥康纳指出宪法第一条修正案对于大学"教育自治"（educational autonomy）权利的维护：

> 我们早就认识到，鉴于公共教育以及与大学环境相关的

---

① Regents of the University of California v. Bakke, 438 U.S. 265, 312–313 (1978).

广泛的言论与思想自由的重要目的,大学在宪法传统中占有特殊地位。鲍威尔法官宣称学生群体多元化原则是不可否认的政府利益,援引了有关教育自治的案例,其基于第一条修正案的宪法层面已经得到认可……我们的结论是,法学院录取多元化学生群体的理由令人信服,取得学生群体的多元化作为合适的法学院使命的核心亦早已为我们所熟知。①

然而,即便大学经过 25 年的实践已经认识到多元化原则对大学教学环境的积极影响,亦希望通过多元化学生群体间的互动来扩展视野、提升能力、促进交流,但在决定"录取谁"这个问题时,大学的想象力却极为贫乏,除了成绩而外他们手上能出的牌极为有限。奥康纳大法官赞许密歇根大学法学院运用"综合评定"的方法录取少数族裔学生,并以此为据判定大学胜诉。但由于"综合评定"带有太多主观的、不确定的因素,光是申请人与审议人之间由于生活经历的不同就会产生巨大差异,从而影响到"综合评定"的可信度。我在《大学国际化的历程》一书对于"综合评定"在过去一百多年里的风风雨雨作了详尽的描述。②以史为鉴,我们很难想象这个方法能在今后为大学所制定的多元化招生政策增加多少可信度。对此,奥康纳大法官是再清楚不过了。她在"格鲁特案"的判决意见书中写道:"第十四条修正案的核心目的就是要摆脱所有政府推行的基于种族的歧视……据此,考虑种族因素的录取政策也必须有其时限。"因此,

---

① Grutter v. Bollinger, 539 U.S. 306, 329 (2003).
② 程星:《大学国际化的历程》,商务印书馆 2014 年版,第 102—123 页。

自从鲍威尔法官首次批准使用种族来推进公立高等教育中的学生群体多元化,至今已经25年过去了。其间成绩优异的少数族裔学生申请人数确有增加。我们期待着接下来的25年里,今天所允许的种族优先的方法不再需要。

奥康纳大法官在此无异是对未来大学基于种族的录取政策发出警告:最高法院将不会像现在这样允许大学对某些少数族裔网开一面。但是,假如不同族裔间的思想交流是大学自由的学术环境中不可或缺的一部分,那么,从大学手中夺走"肯定性行动"这一工具,是否就能保证大学所享有的第四大基本自由不受侵犯呢?其实大学比谁都清楚,指望通过少数族裔学生的成绩不断提高来减少并最终取消"肯定性行动"的录取政策,既不现实,亦无可能。

五

在美国,每一次联邦最高法院开庭之前,整个社会都呈翘首以待状。最高法院接手的案例往往涉及这个社会在某一方面的价值取向,而低级法庭更多关注案例的俗务细节,难以在哲学的层面上通过判案对未来有所指引。后者是最高法院大法官的"工作"。正因如此,社会大众对最高法院大法官的期待,与中国古代(现代又未尝不是如此?)对青天大老爷的期待并无二致。从弗兰克福特到鲍威尔到奥康纳,大法官的智慧并不在于他们能够超越凡人,而在于他们审时度势,将学术自由的原则恰到好处地用在具体的法律纠纷上,为处于两难之境的大学指出一条比较可行却远非最佳的道路。

不可否认,用"四大基本自由"的最后一条来处理大学招生中的种族问题,虽不尽完美,但个中逻辑却前后一致,现实与未来的利益、个人与国家的利益在此达到某种暂时的妥协与平衡。本来种族问题应当是大学招生中的特例而非常态,但由于社会与历史的原因,特例变成了常态。假如我们能够退后一步,将"种族"代之以其他变量,比如地域、性别、特长、兴趣、社会地位、经济能力,等等,那么第四大基本自由其实是美国大学特有的、几乎是天赐的特权。在宪法的保护下享受录取学生的自由:这是美国的大学能够在学术上保持独立、办学上创出特色的一个重要前提。而带着不同的思想、宗教、文化与历史背景的学生在校园里交流与碰撞,这才是美国大学为什么能够充满活力、创新不断的秘密所在。

最高法院既然赋予大学"录取谁"的自由,那么教授们在行使其权力时,便少了一层后顾之忧。所谓"君子有所恃而不恐",法庭为其后盾也。

鲁比娅·威尔逊是亚利桑那大学(University of Arizona)美术学院的毕业生,曾在哥伦比亚大学、南方卫礼公会大学(Southern Methodist University)和华盛顿大学密苏里分校等大学进修美术课程。作为一个成熟的艺术家,她在1973年60岁那年申请回到亚利桑那大学攻读美术专业的硕士学位,但没有得到研究生院的录取。艺术系主任在给她的信中指出,未能录取她的原因是学额已满,建议她下一年再申请。另外,她在美术上已达到"专业水平"（professional level），但招生委员会认为，她的"作品与[该校的]艺术系所持的美学态度并不特别和谐"。①

按照亚利桑那大学研究生院的规定，艺术系系主任任命一个由五位教授组成的招生委员会对每一位申请人提交的作品进行审核。教授们在审核过程中并没有一个既定的录取标准清单（check list），而是由每一位教授按照自己的标准进行评判，然后通过投票决定取舍。只有三分之一的申请人有机会被录取。

地方法院在审理此案时对于亚利桑那大学拒收威尔逊的理由提出质疑：其一，招生委员会在审核作品时既无标准亦无指引，纯粹按照个人趣味决定是否录取申请人；其二，招生委员会以学额已满为由拒收原告不合常理，因为他们将申请分成几组，先审先取，而原告属于最后一组，由于前面录取太多才导致后面学额不足；其三，招生委员会认为原告作品与艺术系所持的美学态度并不特别和谐，但这不能成为拒收原告的理由：这样的录取标准在法庭看来是不理性的、随意的、变化莫测的和带歧视性的。根据这三条理由，法庭判决原告胜诉。

此案进入上诉法庭后，双方的争辩围绕威尔逊"作品与艺术系所持的美学态度并不特别和谐"这个问题展开。威尔逊认为，她之所以未被录取是因为自己的作品展现出某些不同寻常的东西，正如当年莫奈的作品因独树一帜而遭到法国皇家学院的排斥。但是，招生委员会成员恩施提斯（Wayne Enstice）教授在法庭作证时却指出，她的作品在技巧上虽有所成就，但未能在形式、

---

① Arizona Board of Regents v. Wilson, 539 P.2d 943 (Ariz. Ct. App. 1975).

构图或表达方面有真诚和原创的呈现。她的绘画落入俗套、程式堆砌、平庸乏味,而且停步不前,属于百货店或旅游景点经常售卖的那一类。而这正是招生委员会用了"专业水平"这个评语的含义所在。换言之,其作品致命的弱点就在于缺乏原创性。其他教授,包括威尔逊在亚利桑那大学念本科时的教授都出庭作证,认为她在艺术上的追求完全是误入歧途,而且不太容易接受不同意见。用我们老祖宗的话说,就是"竖子不可教也"。

威尔逊未能向法庭提交任何艺术教授、艺术批评家或专业人士的意见。她只是认为,自己在艺术展览上得过奖,出售过作品,而且本科成绩不错,凭这些条件足以进入美术专业硕士学位项目。招生委员会的成员对她自诩的这些条件并不以为然,他们的录取决定完全基于对申请人所提交作品的判断。

上诉法庭最后推翻了地方法院的判决。在判决意见书中主审法官这样写道:

> 这是法庭为何不应干预大学学术项目的最佳案例。……法庭无权以自己对[威尔逊]作品的看法来取代教授委员会成员对其提交作品质量的判断。……虽然法律界或军队里的人士对标准清单颇为着迷,我们却并不认同教授委员会不使用标准清单或列出客观标准就意味着他们的决定是随意的、变化莫测的,或是不理性的。……教授委员会主席李特尔教授过去曾试图列出标准清单,但最终发现这样的清单毫无帮助:"将标准列为清单会让使用它们的人曲解标准,而且会成为套在委员会成员身上的紧身衣,让他们无法行使其

应尽的职权。"

的确，这是一个关于大学招生的教科书式的经典案例。这个案例剔除了种族、性别、家庭等外在因素，将大学教授所享有的第四大自由发挥到了极致。从案例的陈述中我们可以看到，亚利桑那大学艺术系的教授们果真是生活在艺术的象牙塔里，对于市井里恶俗的艺术趣味嗤之以鼻，对百货店或旅游景点兜售的作品不屑一顾。换了任何其它场景，如此公然地将学院派艺术与市民文化对立起来都难免惹来众怒，但法官们在此却不惜动用法律武器，在维护大学自主选择学生的自由的同时，也顺便为教授们特立独行的美学趣味站了一回台、背了一回书。

并非所有大学、专业都能如亚利桑那大学艺术系那样设立如此主观的录取标准。但是，一旦需要设立任何"客观"的标准，大学教授也应当掌握绝对的自主权，将标准的制定视为禁脔，不容他人插足。

从1884年起，加州大学（University of California）就由教授组成的学术评议会（Academic Senate）制定大学本科录取标准。大学要求招生办公室的职员对申请人在中学上过的宗教和伦理方面的课程进行审核，以决定这些课程是否符合高中毕业必修课程的要求。换言之，学生可以选修宗教课程，但不能从学术上算成满足中学毕业的要求，更不能用来申请加州大学。2005年8月，国际基督教学校联合会（Association of Christian Schools International）将加州大学告上法庭，指控大学的课程审核违宪。他们认为，大学制定的课程审核标准是对中学课程中宗教内容的歧视，因而违反了宪法第一条修正案所保障的言论自由和第十四条修正案中的"平等保护条款"。①

2008年地区法院毫不犹豫地驳回了原告的指控。在法院看来，加州大学根据学术评议会制定的标准审核宗教课程，有的课程得到批准，也有的课程未得到批准，并未在不同宗教之间厚此薄彼，因此不构成歧视。原告又到上诉法庭去控告大学在审核课程是对某一种宗教观点加以排斥。大学的答辩是，在审核课程的过程中，大学排斥的是那些旨在灌输宗教观点而未传授知识的课程。充满嘲讽意味的是，国际基督教学校联合会以违反宪法第一条修正案所保障的言论自由将加州大学告上法庭，但法庭在此所捍卫的恰恰就是大学在宪法保障下所享有的言论与学术的自由。美国大学教授协会（AAUP）为此向法庭联合提交一份书状（Amicus Brief），其中写道：

> 大学学术自由的前提是让教授们做他们该做的事，而让教授们能够真正参与大学的学术决策就是对这种自由最好的保护。在这个案例中，原告所挑战的是加州大学对有意就读的学生资历作出基本的、教育方面评判的自由，而这种评判是教授们以其专业知识为指导形成的学术决策过程的一部分，应当得到法庭的尊重。②

2010年1月12日，美国联邦第九巡回上诉法庭宣布维持地

---

① Association of Christian Schools International, et al. v. Roman Stearns, et al., 362 Fed. Appx. 640 (9th Cir. 2010).

② AAUP amicus brief, available at: https://ncse.ngo/files/pub/legal/stearns/Appeal%20docs/2009-04-21_D%20amicus%20brief--aaup.pdf.

区法院的原判,并再次强调审核课程是大学的"基本自由",其目的是保证其录取的学生能够具备足够的资历以应对加州大学严谨的学术要求。

六

假如你认为美国大学在宪法保护下取得了"录取谁"的自由,就可以在招生时为所欲为,那就大错特错了。相反,面向多元化的社会群体招生,大学颇有一点在布满暗礁险滩的航道行船的感觉。原因在于,政府在1960年代推出的"肯定性行动"不仅仅是一个保护少数族裔的政策,而且荫及社会上几乎所有的弱势群体。有点出人意料的是,后来在法庭上祭起"肯定性行动"大纛挑战大学录取决定的居然很少是来自黑人或其他传统上受到歧视的族裔,反倒是许多白人考生指控大学"反向歧视"。对于此类案例,法庭通过"巴基案"提出"多元化理据",为大学的第四大自由站台。这样的判决虽不能一锤定音,却也自圆其说,并为后来案例提供指引。

真正对大学招生形成挑战的其实是政府在"肯定性行动"的保护伞下出台的一系列援助弱势群体的法规条文。国会通过的"1973年康复法案第504节"(Section 504 of the Rehabilitation Act of 1973, 即 29 U.S.C. § 794)是联邦政府第一次立法要求所有接受联邦资助的机构必须保证残疾人享有与其他人同等的权利。而"1990年美国残疾人法案"(Americans with Disabilities Act of 1990)及2008年残疾人法案修正案,规定了残疾人所应享有的权利，特别是就业方面不应受到歧视。联邦政府的这两项旨在保护残疾人的法律，在大学招生这个奉行"优胜劣汰"原则的丛林里，影响不可低估。具体来说，这些法律要求大学在招生中不得为残疾人设置名额限制，不得制定任何对残疾人有限制的招生标准，也不得在录取前查询申请人是否残疾。[1]

1979 年，最高法院通过"东南社区学院诉戴维斯"[2]一案首次对"1973 年康复法案第 504 节"进行解读。弗兰西斯·戴维斯（Frances Davis）患有"双侧感觉神经性耳聋"，即便戴上助听器也只能依靠读唇才能"听见"。她申请东南社区学院护理专业未被录取，因为学校认为她学护理或将来从事护理工作都存在安全隐患。即便学校为戴维斯提供听力方面的协助，她也无法完成学业的要求。戴维斯将学校告上法庭，控告其违反宪法第十四条修正案"平等保护条款"和"1973 年康复法案第 504 节"。

地区法院认为，作为护士在工作中必须戴口罩，而原告需要读唇方能"听见"；再加上护士需要及时地为医生提供从传递医疗器械到配药等各种协助，原告显然无法行使其职能。因此学校拒绝录取戴维斯进入护理专业学习既有对未来病人安全的考量，也有对学生完成课程要求的担忧。但是这个判决在上诉法庭被推翻，因为法官认为，按照"504"的精神，残疾人只要符合入学的"学术和技术标准"就有资格被录取。联邦最高法院在审阅这个案例后表示，学校在此案的答辩中已经给出充分的理由，为什

---

[1] W. A. Kaplin, and B. A. Lee (2014), *The Law of Higher Education, 5th Edition: Student Version,* John Wiley & Sons, p.390.

[2] Southeastern Community College v. Davis, 442 U.S. 397 (1979).

么进入并完成这个科目学习的学生不能依靠"读唇",对此"504"对大学在录取学生进入某种专业提出"合理的体能资格"并无加以限制的必要。

当然,由于护理专业需要临床培训,因此最高法院虽然判决东南社区学院胜诉,但这对于残疾申请人来说也许可算一宗特例。在审理涉及"504"的纠纷时,各级法院努力地界定残疾人在申请大学时受到的歧视,既为大学提供指引,也为残疾人维护权利。在"普希金诉科罗拉多大学"①一案中,第十巡回上诉法庭提出,原告是否因残障受到"歧视"而被拒收,可从下列三个方面来举证:其一,原告必须呈现"表面证据确凿"(prima facie case),即除了身体残障之外"完全符合其他标准"(otherwise qualified),因此被拒的原因只能是残障;其二,被告必须提出证据证明原告并非"完全符合其他标准",因此拒绝录取原告的理由是除残障以外的其它原因;其三,原告必须对被告提出的拒收理由进行反驳,证明这些理由是基于误解或毫无根据的认定,进而证明学校提出的残障以外的理由其实是对残障的不合情理的考量。

事实上,自从"美国残疾人法案"颁布后,大学在校园设施、教学辅助等各个方面为残疾人作出了许多特别安排,使得残疾人在大学的正常学习和生活不会遭遇太大的障碍。谢丽尔·费舍(Cheryl Fischer)在凯斯西储大学(Case Western Reserve University)念本科期间双目失明,学校为她配备了实验室助理、

---

① Pushkin v. Regents of University of Colorado, 658 F.2d 1372 (10th Cir. 1981).

用口试代替笔试、延长考试时间、将课本录成音带，等等。费舍最后以优等成绩从大学毕业。她随即向凯斯西储大学医学院递交申请，却未被录取。按照美国医学院协会（Association of American Medical Colleges）的要求，医学院的学生必须能够"观察"（observe）实验室活动、病人的症状与行为，而失明的费舍显然无法做到，当然也就无法完成医学课程的要求。费舍在下一年再次申请仍然没有收到录取通知书，便向俄亥俄州民权委员会（Ohio Civil Rights Commission）提出申诉，而后者认为凯斯西储大学医学院涉嫌违反"504"和"美国残疾人法案"，歧视盲人，因而将大学告上法庭。①

法庭辩论围绕原告是否除了身体残障之外"完全符合其他标准"。地区法院的答案是肯定的，因此判定原告胜诉；上诉法庭与州高等法院则推翻了下级法院的决定。按照"504"和"美国残疾人法案"的要求，原告首先必须符合入学条件，而在此案中大学为了录取费舍则必须改变其入学条件——这不符合法律的原意。因此大学拒收费舍合法。

1972年国会通过的教育法修正案第九条（Title IX of the Education Amendments of 1972）是另一项对大学招生产生深远影响的法律。该法案规定任何人都不应该因为性别原因被排除在由联邦资助的教育和活动计划之外，不能被剥夺这个计划和活动提供的待遇，也不能受到这个计划和活动的歧视。这项被简称为"第9条"的法律大概是美国大学迄今为止实施最为成功的一

---

① Ohio Civil Rights Commission v. Case Western Reserve University, 666 N.E.2d 1376 (Ohio 1996).

条了,四十多年后的今天,美国大学包括顶尖大学中男女比例明显的"阴盛阳衰"现象就是明证。

当然,"第9条"的实施也给一些传统的特色大学带来一些也许并不在预期之中的结果。比如说,单性别大学曾经是美国高等教育中一道独特的风景线,但在"第9条"的挑战下面临进退两难的困境。始建于1839年弗吉尼亚军事学院(Virginia Military Institute, VMI)向以培育"公民战士"(citizen-soldiers)为使命,而其独特的训练方法"反常手段"(adversative method)也成为学校教育的一个鲜明特色。但由于学院仅招收男性学员,因而被联邦政府以违反宪法第十四条修正案的"平等保护条款"为由告上法庭。有趣的是,尽管军校和传统的单性别大学不受"第9条"规定的限制,联邦政府还是以"性别歧视"为由起诉VMI,而且在整个诉讼过程中,"第9条"的影响无处不在。最初地方法院驳回了政府的诉讼,但这个判决在上诉中被第四巡回法庭推翻。为此弗吉尼亚州专门成立了一所仅招收女性学员的弗吉尼亚女子领导学院(Virginia Women's Institute for Leadership),被上诉法庭接纳为合宪的补救措施。但即使是这样妥协,最后还是被联邦最高法院推翻。[1]

被告VMI在最高法院庭审中的抗辩,真实地反映了大学招生的自主权和政府所推行的性别平等政策之间难以调和的矛盾。大学认为,男校政策是这所大学的传统,在教育上具有自身独特的意义,既符合国家利益,也有利于发挥教育方式的多样性

---

[1] United States v. Commonwealth of Virginia, 766 F. Supp. 1407, vacated, 976 F.2d 890 (4th Cir. 1992), 518 U.S. 515 (1996).

（diversity）。假如为了性别平等的原因开始招收女生，VMI不得不对现有的校园设施、教育方式和文化传统作出改变；也许连原本钟意于VMI的女生也会对改良后的学校兴趣不再。但最高法院却不为所动。他们并不认为设立另一所专收女性的学院是对女性无法进入VMI的补偿；两所学校在校园设施、投入资金等方面上并不相等，而且女校的学生无法分享男校悠久的传统和名誉，因而女校只不过是男校"苍白的影子"（pale shadow）。

七

假如弗兰克福特大法官是一个历史感很强的人，那么他在1957年审理"斯威齐诉新罕布什尔州"一案时，将"录取谁"作为美国大学的"四大基本自由"之一公告天下，内心一定充满着创造历史的自豪感。大学从此能够按照自己的理念从组建、塑造，到最终为社会输送一代又一代的毕业生，而且这些人才走到哪里都带着"这所"大学的教育为他们留下的印记：这无疑是一项让人感到无比骄傲的成就。

然而，过去60年在各级法庭上围绕大学招生展开的一拨又一拨诉讼，把高傲的大学整得土头灰脸。大学好像在招生政策上并不能完全自主，反而还成了各种社会力量争相攻讦的沙袋：大学不能歧视黑人，也不能歧视白人；不能忽略考生的艺术特长，更不能无视课程的宗教倾向；要为残疾人提供方便，也要让女生能够进入传统的男校。当大学最后好不容易面面俱到地满足了政府法令法规的各种要求，他们从弗兰克福特大法官那里得到的

"录取谁"的大礼包里还剩下什么？啊，差点忘了：既然是学术自由，大学起码能够在学术上或者说是考生的成绩上有所要求吧？

答案是，也不一定。

迈克尔·王（Michael Wang）是旧金山湾区詹姆斯·洛根高中2012届的毕业生。王申请了哈佛、哥伦比亚、斯坦福、耶鲁、宾夕法尼亚和普林斯顿，信心满满，自觉定能收到他所心仪大学的录取通知书。他的信心不是没有根据的：高中GPA 4.67、ACT成绩满分、SAT百分位数达到99。他还是学校辩论队的成员，数学俱乐部的创始人，弹一手好钢琴，与学校合唱队一起参加旧金山歌剧院的演出，还曾出席奥巴马总统的就职典礼。然而，来年春天，除了宾夕法尼亚大学之外，他没有收到其他常青藤大学的录取通知书。同时，他那些其他族裔的同学，成绩虽不如他却如愿进入这些名校。[1]

王开始研究亚裔在美国的历史，也接触到此前由于亚裔背景在大学申请时遭到不公待遇的相关人和事。2013年6月，王向教育部民权办公室（The Office for Civil Rights, OCR）投诉，指出自己作为亚裔在申请耶鲁、斯坦福和普林斯顿时遭遇不公（当时他还在哈佛和哥伦比亚的候补名单上）。他还投书当地报纸，批评名校在录取亚裔学生方面的双重标准。他为亚裔学生发声的行动受到著名政治活动家爱德华·布卢姆（Edward Blum）的关注。布卢姆自己不是律师，但由他牵头的诉讼案中有六桩最

---

[1] Hua Hsu (2018), "The Rise and Fall of Affirmative Action," *New Yorker*, October15, 2018 issue. https://www.newyorker.com/magazine/2018/10/15/the-rise-and-fall-of-affirmative-action.

后打进联邦最高法院，其中四桩以胜诉告终。2014年11月，布卢姆发起成立公平录取学生组织（Students for Fair Admissions, SFFA）并提起诉讼，将哈佛大学告上法院。[1]

这桩诉讼案最大的看点在于，之前打着"肯定性行动"旗号挑战大学招生中的种族问题时，作为原告，少数族裔特别是黑人的诉求是用成绩以外的其他条件来弥补学术上的短板，白人的诉求则是成绩面前人人平等。这两点对于亚裔学生都很不利。试想，和其他族裔相比，亚裔在申请大学上最大的优势就是成绩优异。也难怪，我们的老祖宗在科举的道路上已经跋涉一千多年，什么样的考试没见过？假如成绩面前人人平等的话，在美国人口中比例低于6%的亚裔能够轻而易举地拿下顶尖大学里40%以上的名额。大学固然不希望看到某些种族"代表性偏低"（underrepresentation），但"代表性偏高"（overrepresentation）同样不如人意。事实上，连亚裔家庭都不希望自己的孩子进入亚裔比例太高的学校。但是，要用成绩以外的条件来拼名校的话，亚裔学生知道自己早就输在起跑线上了。所谓"综合评定"，与亚裔处境相似的犹太人早在20世纪初已经吃过一回亏，而今天的亚裔所面临的困境较之他们犹太裔的前辈是有过之而无不及。有鉴于此，布卢姆和他的SFFA团队在诉讼策略上设计了一个新的切入点：他们没有指责哈佛的招生政策不公平，而是提出，"肯定性行动"的招生政策原意是为了帮助少数族裔，包括亚裔考生，但在实际执行的时候却伤害了这些弱势群体。因此，原告希

---

[1] Students for Fair Admissions v. Harvard, Civil Action No. 14-cv-14176-ADB.

望大学在招生过程中不再确认并考虑种族因素，而是专注于考生本身的个人素质。

不难看出，布卢姆和SFFA在此挑战的已经不是哈佛对于迈克尔·王及其他亚裔在招生政策上的歧视行为，而是鲍威尔大法官的"多元化理据"，以及沿用至今的关于种族因素可以作为"加分因素"之一的做法。如前所述，"多元化理据"的核心是为了保证大学能够"为猜想、实验和创新提供一种适宜的氛围"，而大学多年的实践已经证实多元的学生群体对于校园内"健康的思想交流"有着不可或缺的作用。就是在这个意义上，鲍威尔大法官将允许大学招生中考虑种族因素纳入宪法第一条修正案的保护范围。哈佛坚持认为，他们实行多年的"综合性评定"是保证"肯定性行动"在大学招生中得到贯彻的最好的工具。这个工具既能帮助大学挑选到他们眼中最优秀的学生，又能保证每一届学生群体的多元化——多元包括学生的经济、文化、社会等各种背景因素，而种族只是其中之一。

2019年10月1日，麻省联邦地区法院宣布哈佛胜诉，这个结果没有让任何人感到惊讶。正如很多分析所指出的，布卢姆在设计这个诉讼时早已将目光锁定联邦最高法院，他的目标是推翻鲍威尔大法官40年前确立的多元化的大学招生政策。因此，他选择了美国大学中的最高学府哈佛作为被告、美国考生中最具争议的群体亚裔作为原告。

从某种意义上说，布卢姆和SFFA的诉讼将大学招生问题推到了一个近乎哲学的层面：究竟是大学的学术自由（在此是"录取谁"的自由）更重要，还是公平更重要？假如是前者的话，那么大学首先必须知道并明确表述他们心目中的"自由"究竟是什么：是维持种族"多元化"的自由、提高学术水准的自由，还是其他什么自由？假如是后者的话，那么大学首先必须确定公平的标准是什么：是分数面前人人平等，各族裔在大学里代表性的平等，还是其他什么平等？更重要的是，每一所大学都有其独特的历史、现状和对未来发展的愿景，这些变量从很大程度上决定了他们的招生策略和方法。当大学根据自己的使命和愿景选拔学生时，他们在多大程度上可以行使"录取谁"的自由？他们有义务就每一个录取决定向考生和公众解释吗？

起码到目前为止，上述这些问题是无解的，也不能指望最高法院下一次开庭会给出一个圆满的答案。作为华裔，不管生活在世界上哪一个角落，我们的身上都带着积淀千年的考试文化的烙印。我们对考试成绩的痴迷会将我们的大学、我们的孩子带入歧途。试想，如果大学招生只能一种模式、一个标准，那么大学的产品——培养出来的学生也会产生趋同化的倾向。将未来社会比作一个大舞台，我们怎能想象这个舞台上只上演同一类戏，每出戏都出自同一类导演之手，而且演员也长得千人一面？

弗兰克福特大法官授予大学"四大基本自由"，其中所包含的智慧，由此可见。

第四章

正当程序：大学如何处罚学生？

对于大学校长来说，培养好学生需要的是他的理念，但对付坏学生需要的是他的智慧。

——作者

一

如我们在第一章看到的，很长一段时间内，能够进入大学接受高等教育是一项特权，而非我们今天所理解的是一项权利。在这种情况下，大学对学生从录取到开除都掌握绝对的生杀大权便不足为奇了。大学有权像家长一样指导和管教学生，而学生仅是父母托付给学校管教的学童，并无自身的权利。这种以"替代父母"为依据的大学与学生之间的关系在1960年代开始面临挑战，"迪克森诉亚拉巴马州教委"一案[①]是转折点：法庭以正当法律程

[①] Dixon v. Alabama State Board of Education, 186 F. Supp. 945 (M.D. Ala. 1960), *rev'd* 294 F.2d 150 (5th Cir. 1961), *cert. den'd* 368 U.S. 930 (1961).

序的概念来界定学生在高等教育中的宪法权益,大学替代父母的权威因此受到颠覆。

"正当法律程序"(due process of the law)也许是英美法中最广为人知、最深入人心的一个法律概念了。未经正当程序不得剥夺任何人的生命或自由:这个概念源于英国大宪章,要求任何面临诉讼的公民都必须得到法律的充分保护。美国宪法第五条修正案及第十四条修正案规定,未经正当法律程序,不得剥夺任何人之生命、自由或财产。第五条修正案适用于联邦,第十四条修正案则拘束各州。

然而,自从"迪克森案"之后,"正当程序"之于大学官员们就像孙猴子被套上紧箍咒,稍有不慎就会触发诉讼;一旦被自己的学生或教职员工送上被告席,大学栽在"正当程序"上的概率就会很高。这一点我们在本书其他章节所引的案例中都会碰到。将这个题目单列一章进行解读,是因为它涉及大学管理者最具挑战性的一项工作:处罚犯错违规的学生。

1960年代的民权运动给学生带来的一大利好是推翻了压在他们头上多年的大山,即"替代父母"原则,从而为他们争得宪法保护的个人权利。但"正当程序"能否成为学生在受到大学处罚时万能的保护伞呢?当然不能。在此我们还须引入另一个司法概念或传统,即所谓的"司法尊重"(judicial deference)。按照这个原则,法官对任何学术决定都抱着一种敬而远之的态度,除非涉案的人或事踩踏到法律的底线。关于这个原则我们在第五章"解聘教授"中还会谈到。在此我们需要记住的是,当涉及学术问题时,法官并不乐意看到学生挑战教授的权威,将本当由教授所作的学术判断带进法庭,由法官来裁决。毕竟,在大多数情况下,学术评估是由教授在对学生的学术表现深思熟虑之后作出的。因此,当学生引用"正当程序"的原则来与校方的处罚决定抗争时,他们首先必须搞清楚学术处罚与纪律处罚的区别。一般来说,学生以"正当程序"的理由挑战纪律处罚较之学术处罚的胜算要高许多。

密苏里大学堪萨斯城医学院(University of Missouri-Kansas City Medical School)评估委员会定期评估学生的学业进展,如需作出留校察看或开除学籍的决定,须经教授协调委员会审查并得到院长最终批准后方能生效。在医学院的学习期间,霍洛维茨(Charlotte Horowitz)总的来说是个好学生,平时成绩和考核成绩都很优秀。但是,她在儿科临床实习时表现不佳,与同事和病人的关系有点紧张,而且个人卫生方面也存在问题。因此,评估委员会决定将她的最后一年设为留校察看期。委员会在年中再次评估了她的学业表现后决定,除非她在剩下的时间里有"根本性的改善",学院不应考虑让她在当年6月毕业,届时她将被开除学籍。为了再给霍洛维茨一次机会,学院决定允许她在七名执业医师的监督下参加一项考核。考试结果是,只有两名执业医师建议让她按时毕业,两人建议立即让她退学,其余三人建议让她继续留校察看。霍洛维茨在接下来的手术临床实习中仍然表现不佳,评估委员会因此决定开除她的学籍。霍洛维茨在其上诉被教务长驳回后入禀法院,辩称她在被开除之前没有获得正当程序。地区法院认为霍洛维茨已经获得宪法第十四条修正案所保障的所有权利,但上诉法院推翻了这个判决。[1]

联邦最高法院决定受理此案,伦奎斯特（William H. Rehnquist）大法官代表多数派发表法庭意见。他认为,大学开除霍洛维茨学籍的整个过程并未违反宪法第十四条修正案的正当程序条款,而且因学业表现不佳开除学生也不需要举行听证会。鲍威尔（Lewis F. Powell, Jr.）大法官补充说,霍洛维茨被开除是因为学术表现不佳,而不是纪律上的原因,在这种情况下,她被赋予了正当的程序。总之,最高法院通过此案告诫下级法院要恪守司法尊重的原则,尽可能不要干涉大学的学术事务,因为"法院在评估学术表现方面尤其缺乏能力"。

但是,在学术处罚和纪律处罚之间作出区分并不是一件容易的事,连霍洛维茨被开除究竟是因为学术表现不佳还是非学术性的个性或行为问题,都存在争议。

伯恩斯（Doyle Byrnes）是约翰逊县社区学院（Johnson County Community College）护理专业的学生。2010年11月10日,她在德尔菲娅（Amber Delphia）老师的指导和监督下,在堪萨斯州的一个医疗中心参加了妇产科临床课程。伯恩斯和其他三名护理学生在获得老师的许可后,拍摄了自己检查胎盘标本的照片。德尔菲娅同意学生们对器官拍照,但条件是照片上没有识别标记。课后在更衣室里,德尔菲娅询问学生们打算如何处理这些照片。一名学生回答说,她们打算把照片发到社交媒体网站。德尔

---

[1] Board of Curators of the University of Missouri v. Horowitz, 435 U.S. 78, 98 S. Ct. 948 (1978).

菲娅回答说:"哦,你们这些姑娘啊!"伯恩斯和其他三名护理学生随后将照片发到"Facebook"上。学校在得知此事后以侵犯病人隐私与违反职业伦理为由对三名学生作出开除学籍的处分。学校并未就此举行听证会,因为他们认为这完全是一个学术决定。伯恩斯为此入禀法院,控告学院没有向她提供适当的申诉程序,也没有指定一名公正的仲裁人来主持她的复审要求,从而侵犯了她正当程序的权利。[1]

法庭在听取双方证词后表示同意伯恩斯的抗辩。法官在此看不到学生违反职业操守的任何理据:既然病人身份从照片上无从辨认,当然也就无隐私可言;倒是学院在作出开除决定前后并未给学生一个申辩的机会。法官拒绝认可学院的决定是学术决定,而且作出这个决定的过程明显剥夺了学生的正当程序权。因此,法庭最后裁决学院必须恢复学生的学籍。

上述两个案例从某种程度上代表了法院在处罚学生问题上的态度。在以正当程序为由提起的诉讼中,法院倾向于用司法尊重的态度来对待学术处分,以此表达其对大学自治、教授判断的尊重。相比之下,假如是纪律处分,法庭则会更严格地审视大学在处罚过程中是否走足了程序,是否给予学生足够的申辩机会。当然,法院也会根据大学施加的处分对于学生利益影响的严重程度来决定处罚的必要性及其程度,并给大学以足够的回旋余地。

---

[1] Byrnes v. Johnson County Community College, Civ. Act. No. 10-2690-EFM-DJW (D. Kan. 2010).

二

细读宪法第五条修正案和第十四条修正案的条文规定,我们可以看到,正当程序可拆分成两个要点:一是必须经过法定的正当程序,二是不得剥夺生命、自由或财产。作为一个法律概念,前者属于"程序性正当程序"(procedural due process),是指一个人在其宪法规定的权利或利益被剥夺之前在程序上应当受到保护;而后者属于"实质性正当程序"(substantive due process),是指在剥夺一个人的自由和财产之前必须采用适当的法律程序。假如您觉得这也太绕口了,我为您准备了一个简单化的大学版本:程序性正当程序要求大学在处罚学生之前做足功课,一步也不能少;实质性正当程序要求大学在影响到学生"自由和财产"这样实质性的纠纷上走足程序。

对于一个非法律专业的人士来说,"程序性正当程序"比较容易理解,但"实质性正当程序"中学生的"自由和财产"听上去有点神秘,太过抽象。学生究竟有什么样的利益可以视为"自由和财产"需要加以保护呢?联邦最高法院在1923年审理的"迈耶尔诉内布拉斯加州"[①]一案虽然与高等教育无关,却对"自由"的权利作出了最好的解释。第一次世界大战结束后,内布拉斯加州议会以维护国家利益为名通过法案禁止在学校教授德语,而迈耶尔(Robert T. Meyer)因在一所小学校里教授德语被告上法庭,结果被定罪并罚款。联邦最高法院推翻了下级法院的裁决,

---

① Meyer v. Nebraska, 262 U.S. 390 (1923).

认为内布拉斯加州的立法实际上剥夺了德语教师教授一门学科的"自由",而这种自由关系到他所从事的职业及其教育生涯。麦克雷诺兹(James Clark McReynolds)大法官进而对"自由"在法律上的意义加以阐述:

> 毫无疑问,这[自由]不仅意味着身体上不受约束,而且还意味着个人有权签约、从事任何普通的职业生涯、获得有用的知识、结婚、建立家庭和抚养子女、按照自己良心的指引崇拜上帝,总之,享受普通法认可的自由人循序渐进地追求幸福的基本特权。既定的原则是,[任何人]不得在保护公共利益的幌子下,为了某种目的通过国家权力任意地或无理地干预[他人的]自由。……我们认为,[教师]教书的权利和家长聘请他来教孩子的权利,都在[宪法]修正案[提到]的自由的范围之内。①

因为大学对学生的处分有可能影响到他未来从事某种职业,所有正当程序的目的就是为了保障学生的这种"自由"不受侵犯。在最高法院受理"霍洛维茨案"之前,上诉法院曾驳回初审法院的判决,而他们的理据是,霍洛维茨被医学院开除后,此生将很难在医学领域就业,也无法去到另一家医学院完成学业,因此学院的这一决定剥夺了她受到宪法第十四条修正案保护的"自由"权利。② 正因如此,学院应该为她举行听证会,给她一个听取

---

① Meyer v. Nebraska, 262 U.S. 390 (1923).
② W. A. Kaplin, and B. A. Lee (2014), *The Law of Higher Education, 5th Edition: Student Version*, John Wiley & Sons, pp.466-467.

相关证据并答辩的机会。当然我们已经看到,最高法院驳回了上诉法院的判决,但并未否定开除霍洛维茨是剥夺了她"自由"的权利。最高法院只是认为这是一个学术决定,而且之前学院已经多次对她的实习表现作过评估,包括留校察看一年的处分,从程序上来看学院已经做足功课。

假如说"自由"的概念可以理解为一个人追求职业、知识、婚姻、家庭、宗教等自由的权利,那么相比之下"财产"的概念则更加具体一些。在此我们可以援引两宗最高法院在1972年受理的涉及解雇教授的案件来说明"财产"的概念。

1968年罗斯(David Roth)在威斯康星州立大学奥什科什分校(Wisconsin State University-Oshkosh)得到一个合约为期一年的教职。次年大学通知罗斯,合约期满后学校将不会和他续签。按照威斯康星州的法律,大学教员只有连续四年合约得到续签之后才能被认定为"永久雇员",从而得到终身教职(tenure)。因此,学校有权随时解雇尚未取得终身教职的教员。罗斯向地区法院提起诉讼,控告大学未经"正当程序",从而剥夺了他的"财产权益"。[1]

从1959年至1969年整整十年,罗伯特·辛德曼(Robert Sindermann)一直在得克萨斯州立学院系统任教。虽然他每年都必须和学院续签合约,但他连续四年成功续约,而且还曾担当系主任职务。1968-69年度,辛德曼当选学院教师工会主席,在专科是否应当升本的问题上与校董会的意见发生分歧。作为工

---

[1] Board of Regents of State Colleges v. Roth, 408 U.S. 564 (1972).

会主席,他也曾应召去州议会听证,因此误了一些课。1969年5月,校董会决定不再与他续约,并发布新闻稿批评他与大学对抗,却没有给出任何不再续约的理由,也没有给他听证或答辩的机会。辛德曼向联邦地方法院提起诉讼,认为不续约是校方对他作为工会主席反对校方意见的报复,而且不举行听证也侵犯了他宪法第十四条修正案所赋予的权利。①

这两位大学教授被解雇之后都以宪法第十四条修正案所赋予的"财产权益"(property interest)要求得到"正当程序"的保护。在"罗斯案"中,最高法院认为,大学并未侵犯教授的宪法权利,因为大学在与后者签订一年的工作合约时并没有给他续约的许诺,他也不应当有理所应当的指望。因此,他没有"财产权益"上的损失,学校当然也没有义务在解约前为他举行听证。"辛德曼案"则不同。由于之前他已经在年度续约的条件下工作多年,因此法院认为教授可以合理地假设他的合约会得到续签。一旦终止,他的"财产"利益会受到损害,因此他享有"正当程序"的权利,而学校则有义务对他说明合约终止的原因,并给予他一个申辩的机会。由此可见,财产权益不是一个抽象的概念,是一个人对其已经拥有的合法权利的诉求,而不只是一厢情愿的期待或理所应当的要求。②

从两例解雇教授的诉讼来看,大学里的"财产"权益必须是一个人已经拥有的某种权利及其相关利益;一份教职显然是大学教授已经拥有的"财产"。正因为此,要剥夺这个"财产"就需要

---

① Perry v. Sindermann, 408 U.S. 593 (1972).

② Board of Regents of State Colleges v. Roth, 408 U.S. 564 (1972).

"正当程序"。我们从第二章"危机四伏"中引用的"密歇根大学诉欧文"① 一案中可见,学生要想证明大学侵犯其"财产"权益其实很不容易。欧文因为考试不及格被大学从本科加医学院一共六年的联合培养项目中除名,因而提起诉讼。初审法院认为,欧文在这个联合项目中继续就学(continued enrollment)是他的"财产"权益,因此受到宪法第十四条修正案的保护。然而,联邦最高法院却不认同。在大学继续学习并不能构成学生的"财产"权益,而是取决于学生的成绩能否得到教授的认可。换言之,大学教授在学术上对于学生的评价和裁决必须受到尊重。在此,斯蒂文斯大法官(John Paul Stevens)强调的是学术自由的原则:"对于学生的学术表现及其能否升级或毕业的判断,大学教授必须享有最广泛的自行决定权。"②

一方面是大学学术自治的权利,另一方面是学生在大学应当享有的"财产"权益:法庭在这一对矛盾面前经常左右为难。对于一名研究生来说,继续就学直至完成学业能否构成宪法保护的"财产"权益,法院之间意见分歧。比如在"哈里斯诉布莱克"③ 一案中,第十巡回法庭的法官就承认研究生的"继续就学的财产利益"。在"赫伯特诉赖因斯坦"④ 一案中,法官指出,"一个州一旦承诺提供教育服务,就读的学生在接受教育时就获得了受到宪法保护的财产权益。"从这个逻辑推演开去,有学者认为,因为学分

---

① Regents of University of Michigan v. Ewing, 474 U.S. 214, 106 S. Ct. 507, 88 L. Ed. 2d 523, 1985 U.S. LEXIS 149.
② Ibid.
③ Harris v. Blake, 798 F.2d 419 (10th Cir. 1986).
④ Herbert v. Reinstein, 976 F. Supp. 331 (E.D. Pa. 1997).

构成了学位的基石,因此学生从大学挣得的学分本身也可能是受到宪法第十四条修正案保护的"财产"权益。①

三

其实"正当程序"既不神秘也不复杂,直译成中文就是应得的程序。那么,什么样的程序是学生应得的呢?我们在第一章"替代父母"中提到,联邦最高法院在审理"迪克森案"时就大学开除学生所必须履行的"正当程序"提出过四点基本要求。②以此为基础,有学者将"正当程序"的最低要求总结为四点:(1)大学必须通知学生并告知对他的指控;(2)大学必须告知学生对其不利的证据及其性质;(3)大学必须给学生一个申辩的机会;(4)除非证据确凿,大学不得处罚学生。③从以往的案例来看,法庭从未在具体的程序步骤上锱铢必较,他们更希望能给大学多一点自主权。但在面对具体案例时,程序究竟要走到什么程度才算足够呢?

弗莱姆(Sean Michael Flaim)是俄亥俄医学院(Medical College of Ohio)三年级的学生,因持有多种非法毒品被捕。医学院在他被捕两天后给他发出停学通知书,但告知他有权要求学院举行校内听证会。为了避免自证有罪,弗莱姆提出在走完刑事程序之

---

① Dutile, F. N. (2001). Students and due process in higher education: Of interests and procedures. *Florida Coastal Law Journal*, 2(2), p.255.

② Dixon v. Alabama State Board of Education, 186 F. Supp. 945 (M.D. Ala. 1960), *rev'd* 294 F.2d 150 (5th Cir. 1961), *cert. den'd* 368 U.S. 930 (1961).

③ Charles Alan Wright, "The Constitution on the Campus," *22 Vand. L. Rev.* 1027, 1071-1072 (1969).

后再要求大学举行听证会。按照大学规定，在完成内部听证会之前，他不得返回校园。弗莱姆最终在法庭上选择认罪，被判两年缓刑。弗莱姆的室友也在同时被捕，但因指控较轻，之后被允许在没有举行听证会的情况下重返课堂。弗莱姆提出同样要求，并希望大学允许他参加美国医学执照考试，但大学法律顾问重申，在完成有关此事的内部听证会之前大学不会允许他返回校园。

在弗莱姆的请求下，医学院的学生行为和道德委员会为他举行听证会。按说这样的听证会弗莱姆的律师不允许在场，但学校还是答应让律师陪同，只是不能参与提问，也不能和弗莱姆交谈。拘捕弗莱姆的警官到会作证，但弗莱姆不允许盘问（cross-examine）他。委员会成员向弗莱姆提了许多问题，也曾答应会将听证结果形成书面材料交给学院院长。但听证会后弗莱姆只收到院长的书面通知，委员会决定将他开除，但并未允许他上诉。

弗莱姆对俄亥俄医学院发起诉讼，声称事前没有充分了解对他的指控；在听证会上被剥夺了律师代理的权利、盘问证人的权利、收到书面调查结果的权利，以及对委员会开除决定提出上诉的权利。[①] 法院在听取双方陈述后裁定，由于弗莱姆的犯罪事实在之前的司法程序中得到确认，因此医学院在随后的处罚过程中已经给足了正当程序：他事先收到了通知；他有权出席听证但无权由律师代理，因为听证会不是刑事审判；他也有权对指控作出回应，并获准传唤证人。法庭认为，正当程序并未要求大学提供书面记录，弗莱姆也无权获得判决理由陈述书，因为理由已经"显而易见"。法庭认为，只要听证过程"基本公平"，正当程序也

---

① Flaim v. Medical College of Ohio, 418 F.3d 629 (6th Cir. 2005).

不要求大学给予他上诉的权利。

尽管法庭裁决俄亥俄医学院胜诉,但法官对学校在正当程序上的具体做法却颇有微词。法官指出,学院的听证会及其决定完全是基于法院对弗莱姆的犯罪事实所作出的裁决。假如法院在他刑事案件的审理过程中有任何的不确定之处,那么学院在听证会及其前后过程中给予他的程序性保护其实并不充分。比如说,虽然按照正当程序被开除的学生并无上诉权,但多数大学还是会"明智而公正地"允许受到处罚的学生提起上诉。

对于学生中的"麻烦制造者",学生事务管理者并不陌生,但能否应对自如就要看各人的经验、智慧加上运气了。阿巴拉契亚技术学院(Appalachian Technical College)护理专业的卡塞尔(Sara Castle)就是这样的麻烦学生。她经常在课堂上惹是生非,包括涉嫌威胁同学人身安全。因其"恶劣的不当行为",学校决定给她停学处分。然而就在这个处分即将生效之前,卡塞尔伙同其他学生将一位老师告到校方,指控她在教授一门全天的临床课程时经常允许学生一小时后就可以离开。学校在核实事实后将该名老师开除,而卡塞尔的停学处分也随即生效。卡塞尔声称学校对她的处分是因为她投诉了教师的行为,并指控未经听证而停学违反了她享有的正当程序权利。[①]

在法庭上,学院辩称他们在对卡塞尔作出停学处分之前曾经给她开过听证会,但法院发现所谓"听证会"其实只是校方与学生的一次会面,在会上学院将停学决定通知卡塞尔,而且学院在对她的行为进行调查时并未与她见面,听取她的证词。不过学院

---

① Castle v. Appalachian Technical College, 631 F.3d 1194 (11th Cir. 2011).

的确在会上告知卡塞尔她可以提出上诉,她也这样做了,只是她的上诉无果而终,处分照常执行。陪审团在听取事实陈述后认定卡塞尔的正当程序权利受到了侵犯,但因为阿巴拉契亚技术学院作为一所州立大学享受豁免权。[①]上诉法院也同意初审法院的决定。总之,大学输了判决却赢了诉讼,虽胜犹败。

有时学生的行为会有暴力倾向。在这种情况下,为了学生自身或他人的安全,大学可以采取果断措施立即将肇事学生停学或开除。然而,即便是为了安全起见,学校也不能忽略学生的正当程序权利,否则会惹火烧身。1998年秋希尔(Erik Hill)作为新生进入密歇根州立大学(Michigan State University),不久就因未及成年在学校宿舍酗酒并阻挠举报,被学校处以"警告察看"两学期的处分。次年春天,密歇根州立大学在男篮四强决赛中输给杜克大学,校园里发生骚乱。希尔不仅参与其中,而且他毁坏车辆的行为还被警方录像在案,随后因煽动暴乱罪被捕。因为希尔已经身负"警告察看"的处分,负责学生事务和服务的副校长在收到警察报告后立即下令让他暂时停学,认为他继续留在校园会对他人安全构成威胁,并安排在一星期后举行听证会。希尔在听证会上请求让他回到校园被拒,会后再次请求校方,仍得到同样结果。希尔随后提起诉讼,以侵犯其实质性和程序性正当程序权利将大学告上法庭。[②]

在正常情况下,大学对学生的停学处罚必须在事前有口头或

[①] 关于政府机构的豁免权问题我们会在本书第十章"爱的付出"中详细交代。

[②] Hill v. Board of Trustees of Michigan State University, 182 F. Supp. 2d 621 (W.D. Mich. 2001).

书面通知，而且最好在听证会之后开始执行。但是，法庭认为，大学有权在紧急情况下先行实施处罚而不必事先通知。对于法庭来说，希尔的行为构成对大学财产和他人安全的威胁，因此在一星期后举行听证会完全可以满足正当程序的要求。

问题是，法庭并不能就如何应对学生的暴力倾向或行为提供任何指引，因此前述所谓学生事务主管必需的经验、智慧加上运气还真非戏言。阿西格布（Cletus O. Ashiegbu）是俄亥俄州立大学（Ohio State University）学生，"因其对大学社区连续不断的威胁和骚扰行为"，大学决定立即将他逐出校园，直到经过精神病评估并获得大学同意之后才可以返回。负责学生事务的副校长威廉姆斯（David Williams）将阿西格布叫到办公室，面交一封对他实行停学处分的信。阿西格布随即以侵犯其正当程序权利为由将大学告上法庭并索取赔偿。[1] 在这一次的诉讼中，俄亥俄州立大学就没有密歇根州立大学那么幸运了。法庭认为，学校对阿西格布作出的无限期停学决定相当于永久开除，因此必须事先提供指控通知，而学生有权就停学的原因举行听证会。阿西格布没有得到这些最低限度的程序保障，因此法庭判决大学侵犯了学生正当程序的权利。

表面看来，这两个案例的情节并无太大区别，肇事学生对大学社区可能造成的破坏或威胁都非常真实，而他们受到处分后要求正当程序在正常情况下也不过分。但是，由于大学学生事务千变万化，紧急状况又各不相同，法庭事实上也不可能为此类案

---

[1] Ashiegbu v. Williams, 1997 U.S. App. LEXIS 32345 (6th Cir. 1997).

件的处理提供任何清晰的指引，只能具体情况具体分析。既然如此，学生事务主管在处分学生问题上除了慎之又慎而外，剩下的也只能自求多福了。这样看来，管理者在学生事务这个领域所掌握的专业知识及其经验积累变得更为重要——这就解释了为什么当今美国大学学生事务的主管越来越专业化、很少让讲座教授来客串的原因所在。我们经常听到大学领导就大学的理念夸夸其谈——他们心目中的理念大多是关于如何培养优秀人才的，却很少听到他们分享如何应对、惩处并改造不那么优秀甚至有点邪恶的学生的经验。其实，对于大学校长来说，培养好学生需要的是他的理念，但对付坏学生需要的是他的智慧。

四

行文至此，我们稍息片刻，先就下列陈述做一个小小的测验："大学必须为每一位受到指控的学生提供正当程序的保护。"请选择：(a)对；(b)不对；(c)不全对。

假如您选择(c)，祝贺您，答对了。为什么？

我们先要追溯初心。宪法第五条修正案对联邦政府说，任何人不得"未经正当法律程序而被剥夺生命、自由或财产"。第十四条修正案，即所谓的"正当程序条款"，以同样语言描述所有州政府的法律义务。"正当程序"要求美国各级政府都依法运作，提供公平的程序。在此需要注意的关键词是"各级政府"，包括作为州政府高等教育功能的延伸——州立大学。因此严格说来，正当程序的要求并不能延及私立大学。

第四章 正当程序：大学如何处罚学生？ 143

1967 年霍华德大学（Howard University）邀请了一位政府官员来大学讲演，引起部分师生的不满。他们在校园里举行一系列抗议和破坏活动，使得讲演最后无法进行。校方在决定开除肇事学生之前试图举行听证会，但学生的破坏和骚扰行动使得听证会根本无法进行。校方随后发出书面通知，命令肇事学生在下一个学年不得返回学校。被停学的学生入禀法院，抗议大学剥夺其正当程序的权利。① 法庭在听取案情后指出，原告以违反宪法第十四条修正案所保障的正当权利来控告大学，是基于对权利法案的误解。作为一所私立大学，霍华德大学并不受宪法第十四条修正案的约束。② 地方法院法官霍尔佐夫（Alexander Holtzoff）对于宪法第十四条修正案为什么不能用来约束私立大学作了如下解释：

> 仅仅因为政府提供财政资助就允许它对高校实施任何程度的控制，这是一种危险的信念……结果将是无法容忍的，因为这往往会阻碍和控制高等教育和科学研究的进展。高等教育只有在自由的气氛中、在任何程度上都不受政府影响的条件下才能繁荣。③

那么，私立大学的学生难道不受任何正当程序的保护？理论上说，选择上私立大学不是一项权利，而是一项特权。既然是特权，那么私立大学就有权随时决定终止学生享受的这份特权。因

---

① Greene v. Howard Univ., 271 F. Supp. 609 (D.D.C. 1967).
② 作为一所由国会资助的黑人大学，霍华德大学每年的教育经费来自国会拨款，但其性质仍然是私立大学。
③ Greene v. Howard Univ., 271 F. Supp. 609 (D.D.C. 1967).

此,在法律上,私立大学并不非要给予学生公平程序的承诺。然而,几乎所有的大学都有学生手册,其中规定了对学生进行纪律处分应当遵守的规则和标准。法院认为,这些规则和标准构成大学与其学生之间的一种契约。在一般情况下,大学必须信守这些规则和标准。关于契约我们在第九章"囿于契约"还会专门谈到。

我们可以先看一个案例。布兰代斯大学(Brandeis University)生物系学生舍尔(David Allen Schaer)被一名女生指控强奸。据这名女生说,她在与舍尔前戏之后拒绝性交,但后者坚持进入。女生并未提起刑事诉讼,但向校方投诉,大学因此将此案交给了学生行为委员会处理。1996年4月,大学就舍尔的案件举行听证会。舍尔承认发生性行为,但认为是双方自愿的。委员会认定舍尔未经许可的性行为给女生营造了一个敌意的环境,处罚决定包括停学三个月、在剩余的就学期间留校察看并接受专业咨询。舍尔就听证结果提出上诉,但被驳回。舍尔随后向马萨诸塞州高等法院提起诉讼,要求法院对大学的停学处分发出禁令并赔偿损失。[①]

舍尔指控大学对他施行处罚却未能提供公平的纪律程序,甚至没有遵守它自己制定的规则。法庭认为,大学虽然为学生举行了听证会,但未能严格遵守《学生手册》中权利和责任部分规定的纪律处分程序。按照《学生手册》的规定,听证委员会必须认真评估事实及其举报人的可信度,但听证记录中似乎没有任何证

[①] Schaer v. Brandeis Univ., 48 Mass. App. Ct. 23, 716 N.E.2d 1055 (1999).

据表明听证委员会作了这样的评估。例如，听证会过程中委员会没有作详细记录，被传讯警察的证词仅有印象而无事实，等等。最大的问题是，大学听证委员会似乎对于什么样的行为构成"约会强奸"（date rape）并无标准可依。大学对约会强奸的定义是否应比法院的刑事标准更为严格？如果是的话对原告和被告是否公平？大学是否可以减轻强奸定罪所需的举证责任，以表明大学校方对于性犯罪的零容忍？这些问题其实不是大学所能回答的，因为听证委员会由学生和教师组成，他们并不能对强奸或约会强奸这样严重的指控作出专业的判断。

布兰代斯大学几经上诉之后赢得诉讼，因为法庭无法确认大学违反了与学生之间的契约。但是，学校在执行处罚学生的纪律程序上显然漏洞百出，理所当然地受到原告的挑战和法庭的质疑。

不受正当程序的约束，却又必须遵守正当程序几乎所有的要求：私立大学就像是在一条没有画线的道路上按照交通规则行车。原来没有规则也可以是一件很恐怖的事，而拥有自由有时比没有自由还要令人痛苦。既然法庭会检视私立大学自订的规则及其执行情况，以此判断大学在处罚学生过程中是否遵守既定的程序，那么，和州立大学一样，私立大学也必须知道，程序究竟要走到什么程度才算足够。"泰德斯基诉瓦格纳学院"[①]一案也许能够帮助我们对学校纪律程序作出界定，而这一界定将被用来判断私立版本的正当程序是否充分。

---

① Tedeschi v. Wagner College, 49 N.Y.2d 652 (1980).

泰德斯基（Nancy Jean Tedeschi）1976年9月进入瓦格纳学院（Wagner College）后在学术和社交方面都很不适应，不仅有两门课得到"未完成"的结果，而且还有扰乱课堂秩序的行为。1976年12月20日晚上，泰德斯基参加拉丁语考试，但在结束时戏剧性地撕毁了她的考卷。汤普森教授（Dr. Thompson）告诉她，如果没有考试成绩，她的课程成绩将是不及格。泰德斯基从次日凌晨4点开始到12月22日深夜连续不断地给汤普森打电话，反复威胁说要自杀和"修理"汤普森，并一度出现在他家门口。直到汤普森报警，警察告知她可能的犯罪后果时，骚扰方才停止。

1977年1月10日，教务院长温德尔教授（Dr. Wendel）通过秘书与泰德斯基及其母亲联系，希望安排会面并讨论她的学业情况，遭到拒绝。泰德斯基的母亲坚持要学院通过正式信函向她报告女儿的问题。温德尔随后口头通知泰德斯基，她因品行不端已被勒令停学。1977年1月13日学生辅导长古塔教授（Dr. Guttu）书面通知泰德斯基，校方决定让她从1977年春季学期退学，学费退还。如果她愿意，可以在秋季重新申请。泰德斯基的母亲后来在法庭作证时倒打一耙，说是她打了几次电话给学校安排听证会没有成功。泰德斯基随后起诉瓦格纳学院，要求法院下令恢复她的学籍并赔偿损失。瓦格纳学院的《学生手册》中规定面临停学或开除的学生有权参加由学生和教师组成的听证会，并将调查结果交由学院院长作最后裁决。初审法院及上诉法院都表示学院没有任何违反宪法的行为。

然而，纽约州上诉法院却推翻了下级法院的裁决。法庭认为，私立大学必须遵守自己作出的关于学生停学的规定，而瓦格纳学院在给泰德斯基停学处罚时显然未能按照他们自己制定的政策执行，因此法庭判定大学败诉。这个判决对于私立大学的影响非同小可：法庭以此告诫大学，它将私立大学自订的规则作为学生所享有正当程序的界限，并以此为标准来裁决他们的纪律处分程序是否合法。

有法律学者提出，既然私立大学和州立大学的学生一样享有正当程序的权利，有什么必要继续维持这两者之间的区别呢？①

五

如前所述，法庭在 1960 年代开始摆脱"替代父母"的原则，将大学与学生的关系界定为契约关系，并承认学生在宪法保护下享受公民的基本权利——正当程序。据此，大学通过与学生订立契约，向他们提供教育服务，以换取学生支付学费并遵守某些规则。② 当代美国大学最通常的做法是制定学生纪律守则（student conduct code），并设立大学的准司法制度（university judicial system）。对于学生来说，这是一个受教育的过程，意在告诉学生作为一个学术团体的成员他们应当遵守的基本行为准则。

这里需要强调的是，大学设立的只是一个"准"司法制度而非真正的司法制度。事实上，法庭对将刑法原则包括举证要求

---

① L. Keller, and V. P. Meskill (1974), "Student Rights and Due Process," *Journal of Law & Education*, 3(3), p.398.

② E. Stoner, and J. Lowery (2004), "Navigating past the spirit of insubordination: twenty-first century model student conduct code with model hearing script," *Journal of College and University Law*, 31(1), pp.8–11.

滥用于大学纪律处分程序的做法极为反感。布莱克蒙（Harry A. Blackmun）法官在审理"艾斯特班诉中部密苏里州立学院"①一案时明确指出："学校规章不应以刑法和刑事诉讼程序所适用的标准来衡量。"他的解释是，大学生的学术造诣高于人口平均水平，因此大学在确立行为标准时也要有更高的道德考量。大学的行为规范应当超越刑法的标准。

有法律学者认为，大学从一开始就不应该将"司法"（judicial）这个词用在学生纪律程序上。这种用词不当的后果是，纠纷双方都以真正的司法审判程序作为参照系，将关注点放在一些技术性的细节上，却忘掉了这个过程的教育意义。"基于这些原因，一个健全的21世纪学生的行为准则应该避免使用'司法'一词。"②这个建议显然未能得到大多数学校的认同和采纳。

将大学纪律处分程序与真正的司法程序混为一谈，会引发一些本来完全可以避免的诉讼。比如说，在司法程序中被告一般由律师代理，但这能在学校的纪律听证会上照搬吗？一般大学在这个问题上给被控告的学生提供三个选项：（1）大学与被指控学生双方都不带律师；（2）律师可以在场甚至为学生提供咨询，但不能参与答辩；（3）律师可以全程参与听证并答辩。前引"弗莱姆诉俄亥俄医学院"一案中，大学虽然足够宽容，允许选项二，但在法庭上还是被学生指控程序不足。而北伊利诺伊大学（Northern

---

① Esteban v. Cent. Mo. State Coll., 415 F.2d 1077, 1090 (8th Cir. 1969), *cert. denied* 398 U.S. 965 (1970), *aff'g* 290 F. Supp. 622 (W.D. Mo. *1968*), *following new hearing order,* 277 F. Supp. 649 (W.D. Mo. 1967).

② E. Stoner, and J. Lowery (2004), "Navigating past the spirit of insubordination: twenty-first century model student conduct code with model hearing script," *Journal of College and University Law,* 31(1), p.15.

Illinois University）则因为这个问题被学生以侵犯其正当程序权利为由告上法庭。①

奥斯汀（Thomas Osteen）是北伊利诺伊大学的学生,在一次斗殴中打伤两名学生,学校为此启动纪律程序。奥斯汀在与校方会面时签署了一份表格,承认指控,但要求就校方提出停学两年的处分举行听证会。听证委员会在审议了奥斯汀的陈述、品格证明及其他文件后得出结论,两年停学的处罚是适当的。奥斯汀在向负责学生事务的副校长提出上诉未果之后起诉学校,状告大学在没有遵守正当程序的情况下剥夺其财产权益。奥斯汀的理据之一便是,大学在律师代理问题上采用了选项之二——允许律师在场但未允许其发言,因此侵犯宪法第十四条修正案所赋予他的权利。著名法学家、联邦第七巡回上诉法院波斯纳（Richard Allen Posner）法官为此撰写了一段严谨缜密、高屋建瓴的法庭意见:

> 最有趣的问题是,学生在纪律处分程序中是否具有获得律师代理的权利,一项似乎源于第十四条修正案正当程序条款的权利。……即使学生享有宪法赋予的咨询律师的权利……我们也不认为学生有权让律师代理,即允许律师询问或盘问证人、提交和反驳某些文件、在法庭上发言,以及用其他方式履行诉讼律师的传统职能。承认这一权利将迫使学生纪律的聆讯过程进入对抗诉讼的模式。大学必须聘请自己的律师来处理这些案件,毫无疑问,律师也会被拖进来

---

① Osteen v. Henley, 13 F.3d 221 (7th Cir. 1993).

担任法官。这将增加此类诉讼的成本和复杂性,既不利于维护纪律,也不利于大学财务。人们经常对教育的官僚化表示担忧,例如,当今美国各级教育中行政人员与教师的比例很高。我们不愿意通过将大学纪律处分程序司法化来鼓励进一步的官僚化,再说我们也充分意识到学术自由的维度之一就是让学术机构在不受包括司法在内的高压政府干预下进行运作的权利。[①]

将大学纪律处分程序与真正的司法程序混为一谈,另一个常见的结果是对禁止"一罪两罚"(double jeopardy)原则的误用。宪法第五条修正案禁止所谓的"一罪两罚",即对同一罪行的重复起诉,或因同一原因实施两次惩罚。在司法程序中,一个人被控某项罪行受审并得到裁决结果之后,不得因同一罪行再次受审。但在大学纪律处分中,学生因某种行为触犯法律进入刑事诉讼程序的同时,也违反了学生纪律守则,学校必须启动既定的纪律程序对其加以处分。这时大学的纪律处分是否构成"一罪两罚"呢?对于这个问题有时连"身经百战"的法官们都会犯迷糊。

2000年11月19日,西北密苏里州立大学(Northwest Missouri State University)学生穆勒尼克斯(Micah Mullenix)开车穿过校园时冲进了一座建筑前的草地。校园警察到场后闻到穆勒尼克斯身上的酒味,经询问,穆勒尼克斯承认喝了酒。在接下来的酒精测试中穆勒尼克斯没有通过,随即因醉酒驾驶被捕。2000年

---

① Osteen v. Henley, 13 F.3d 221 (7th Cir. 1993).

11月28日,穆勒尼克斯收到法庭传票,被控犯有醉酒驾车罪。就在等待出庭的同时,穆勒尼克斯收到大学师生纪律委员会传讯,指控他违反大学政策醉酒驾车。委员会接受了穆勒尼克斯的认罪,决定给予留校察看的处分、参加饮酒教育课程、从事5小时指定服务,并支付150美元的罚款。

在接受了学校的处分之后,穆勒尼克斯向法庭发起动议,要求撤销对他的刑事指控,理由是他受到宪法第五条修正案禁止"一罪两罚"原则的保护。[①]换言之,大学已经对他实施处罚,法庭就不能"一罪两罚"了。多么精明的操作!可最为奇葩的是,初审法院居然同意穆勒尼克斯提出的理据,当庭宣布撤销指控!

上诉法庭毫不犹豫地驳回了下级法庭的判决。此案的关键在于,容许法庭追究穆勒尼克斯的刑事案件是否会让他因同一行为再次受到刑事处罚:上诉法庭的答案是否定的。如法律学者所指:"一罪两罚只适用于同一司法管辖范围内的刑事诉讼。根据定义,依照学生行为准则对违法行为的裁决不是刑事诉讼。"[②]而法学界亦早已达成共识,当学生触犯刑法时,大学的纪律处分程序和法庭的刑事处罚程序往往同时进行,但并非"一罪两罚",因为纪律处分根本就不是刑事处罚。[③]

---

① Missouri v. Mullenix, 73 S.W.3d 32, 33 (Mo. Ct. App. 2002).
② Lucien Capone, III (2003). Jurisdiction Over Off Campus Offenses: How Long Is the University's Arm? 43rd Annual Conf., Nat'l Ass'n of Coll. & Univ. Att'ys, p.7.
③ E. Stoner, and J. Lowery (2004), "Navigating past the spirit of insubordination: twenty-first century model student conduct code with model hearing script," *Journal of College and University Law,* 31(1), note 46, p.13.

六

最让大学管理者感到无奈的是,纪律处分与刑事审判一样可以对当事人造成严重伤害,但在程序上却不可能具有司法意义上的严格性。这个问题在涉及校园性骚扰和性侵害的案例中尤为突出。如我们在第二章"危机四伏"中所说的,国会为保障性别平等在 1972 年通过教育修正案第 9 条。根据这项法律,大学必须对性侵犯的指控进行裁决并处罚,将校园里的两性平等作为学生的一项公民权利加以保障。然而,在接下来的几十年中,美国大学执行这项法律的情况并不理想。由于校园性侵案的查证多在"他说、她说"之间徘徊,而社会习俗又不鼓励受害者挺身而出,从而在校园里形成一种沉默的文化。[①]

多数校园性侵害事件不涉及凶器或陌生人,也没有明显的身体伤害,因此关于朋友或同学之间不当性行为乃至强奸的指控常常会带来怀疑的眼光,而这种质疑本身已经足以伤及受害人的可信度。这就是为什么性侵和强奸的指控很少被起诉、不易被定罪的主要原因。据估计,大学里经历过性侵害的人中只有 4%-8% 向校方举报,只有约 2% 的人向警方报案。[②] 不报告的原因之一是害怕无法证明所发生的事情,或不被别人相信。而大学常用的

[①] B. A. Baker (2017), "When Campus Sexual Misconduct Policies Violate Due Process Rights," *Cornell Journal of Law and Public Policy*, 26(3), p.534.

[②] M. H. Moore (2020), "The Proposed Title IX Regulations on Evidentiary Burdens of Proof (Part 5), Legal News," *RPJ News & Publications*. Available at: https://rpjlaw.com/proposed-title-ix-regulations-evidentiary-burdens-of-proof/.

"明确和令人信服"(clear and convincing evidence)的举证标准只能加重受害人的心理负担,降低其报案的可能性。

为了改变现状,奥巴马总统要求联邦政府在打击校园性侵害方面采取更加强硬的立场。2011年4月4日,负责执行第9条的教育部民权办公室(The Office for Civil Rights, OCR)给各大学发信,明确要求在裁决校园性侵指控时采用"证据优势"(preponderance of the evidence)的举证标准,用以取代"明确和令人信服"的标准。这意味着大学对此类案件的调查听证只需认定51%的可能性就可以对施袭者定罪。OCR在信中还信心满满地说,使用"证据优势"的标准可以确保指控者和被指控者双方的正当程序,给每一方都有同样的机会提供相关的证据。[1]事实果真如此吗?

联邦政府良好的意愿无可置疑:他们希望通过降低举证要求来鼓励更多的受害者举报事件,从而达到遏制校园性侵害的目的。然而,现实远比坐在华盛顿办公室里善良的官员们所祈愿的要复杂得多、严酷得更多。OCR的新规在多大程度上成功遏制了校园性侵害案件,我们不得而知,但自2011年OCR给大学发信之后,短短五六年间,却有至少100例在校园纪律处分中被控性侵、随后受到处罚的男生以违反正当程序为由起诉大学。[2]这些诉讼尽管情节各不相同,但共同之处是挑战纪律处分的"正当程

---

[1] M. H. Moore (2020), "The Proposed Title IX Regulations on Evidentiary Burdens of Proof (Part 5), Legal News," *RPJ News & Publications*. Available at: https://rpjlaw.com/proposed-title-ix-regulations-evidentiary-burdens-of-proof/.

[2] B. A. Baker (2017), "When Campus Sexual Misconduct Policies Violate Due Process Rights," *Cornell Journal of Law and Public Policy,* 26(3), note 91, p.550.

序"中使用"证据优势"举证标准的正当性。

2012年7月7日清晨,泽维尔大学(Xavier University)学生威尔斯(Dezmine Wells)和其他同学聚集在一起,玩"真话或冒险"(truth or dare)的游戏,其中的冒险部分涉及性行为。游戏中,一位女生先露出了胸部,然后脱了裤子,给威尔斯表演"大腿舞"并吻了他几次。后来她邀请威尔斯去到她的房间,两人发生性关系。但当天晚些时候,女生向校园警察报告说威尔斯强奸了她。大学医院对她进行检查后没有发现性行为造成的外伤,当地检察官办公室在调查事件后也没有发现性侵犯的证据,因而建议大学不必立案追究。但是,泽维尔大学行为委员会还是在8月2日举行了听证会调查此事,结果认定威尔斯"严重违反"学生行为准则,决定将他开除。后者随之将大学告上法庭。①

事实上,泽维尔大学就在不久前由于对几起校园性侵案件处理不当,受到OCR的调查。最后大学和OCR达成一项协议,通过建立培训和报告制度,以解决校园内的性侵犯和性骚扰问题。威尔斯在法庭上声称,他与那位女生的性行为是双方自愿的,但大学官员们在证据不足、程序不够的情况下,通过使用"证据优势"的举证标准来裁定并处罚他,从而将这个案例当成了向OCR表态并执行其新规的一个机会。②法庭最后虽然没有判定原告完胜,但基本同意威尔斯对大学的批评。

---

① Wells v. Xavier Univ., 7 F. Supp. 3d 746, 747 (S.D. Ohio 2014).
② J. Dryden, D. Stader, and J. L. Surface (2018), "Title IX Violations Arising from Title IX Investigations: The Snake Is Eating Its Own Tail," *Idaho Law Review*, 53(3), pp.671-672.

当然，也不是所有大学都对政府的新规言听计从，但抗命的后果却要由大学和学生共同承担，而且代价不菲。名扬海内外的"床垫女孩"（Mattress Girl），让哥伦比亚大学、指控女生和被控男生三方都付出了惨痛的代价。①

苏尔科维茨（Emma Sulkowicz）是哥伦比亚大学 2011 级的学生，在一次户外活动中认识了同学纳格瑟（Paul Jonathan Nungesser），一位德国留学生，其间发生过两次性关系。2012 年 8 月的一个晚上，两人在苏尔科维茨的宿舍里两厢情愿的性爱过程中，纳格瑟突然抬起她的双腿抵在她胸口，掐住她并扇她耳光，且不顾她的挣扎和一再重复"不要"，坚持从肛门进入。苏尔科维茨在事发后并未立即向学校报告，而且两人还通过"Facebook"交换过看似友好的信息。苏尔科维茨是在得知另外两位同学亦曾与纳格瑟交往并遭受性侵之后，才决定向学校告发的。大学在收到苏尔科维茨的强奸投诉后，按照既定程序展开调查并举行听证会。在听证会上，纳格瑟和苏尔科维茨都承认之前有过两次自愿的性行为，8 月份的性交也是完全自愿的，但他否认暴力指控。听证会结果宣告纳格瑟免责，校方也拒绝了苏尔科维茨的上诉要求。

---

① 关于"床垫女孩"一案的叙述，我采用了报章和网站上的各种报道，包括：V. Grigoriadis (2014), "A Revolution Against Campus Sexual Assault: Meet the college women who are leading the charge," *New York Magazine*, September 21 issue. Available at: https://www.thecut.com/2014/09/emma-sulkowicz-campus-sexual-assault-activism.html；维基网站：https://en.wikipedia.org/wiki/Columbia_University_rape_controversy; Pérez-Peña, Richard (February 3, 2015), "Fight Against Sexual Assaults Holds Colleges to Account," *The New York Times*. Available athttps://www.nytimes.com/2014/05/04/us/fight-against-sex-crimes-holds-colleges-to-account.html; 等等。

讽刺的是,这场听证得到的结果并未如 OCR 所期待的那样,让施袭者脱罪变得更加困难,从而鼓励受害女生举报性侵。恰恰相反,也许是因为使用"证据优势"的标准,倒是被指控者有了同等的机会提供他对事实的陈述。从这个意义上说,OCR 的许诺得以实现,却并非其初衷。偏偏哥伦比亚大学校方的态度与泽维尔大学完全不同,哥大不急于向政府表达忠诚。结果是,哥大对听证程序与调查结果的坚持,将大学、苏尔科维茨和纳格瑟三方都推上了舆论的风口浪尖。校园里来自学生和教授们的抗议风起云涌,国内外媒体对校方的指责铺天盖地。苏尔科维茨在投诉无门的绝望之下开始了她充满创意的行为艺术项目:在校园里扛着 23 公斤重的床垫示威,直到校方将纳格瑟开除。而纳格瑟则因学生校报将他作为性侵嫌疑人公开姓名,一怒之下将哥大告上法庭。[1]

哥伦比亚大学校长鲍林杰(Lee Bollinger)在一次采访中谈到苏尔科维茨和她的床垫抗议时难掩痛心至极的感受。"这是我的学生之一,我关心所有的学生。只要他们中有一个人觉得自己是虐待的受害者,我就难以释怀。这一切都非常令人痛苦。"但是,鲍林杰指出,"我的观点是院长们对学生的保护和照顾负有最终责任,他们应该作出决定。"[2] 不难看出,鲍林杰对"床垫女孩"充满同情,在"他说、她说"之间亦不乏纠结。但作为校长,他信任下属;作为法学家,在他心中高于一切的显然是"正当程

---

[1] Nungesser v. Columbia University et al, No.1:2015cv03216-Document 71 (S.D.N.Y. 2017).
[2] V. Grigoriadis (2014), "A Revolution Against Campus Sexual Assault: Meet the college women who are leading the charge," *New York Magazine*, September 21 issue. Available at: https://www.thecut.com/2014/09/emma-sulkowicz-campus-sexual-assault-activism.html.

序"的权威,而不是政府的指令。

纳格瑟在对大学的诉讼中列举了多项指控,其中之一是指责哥大教授不仅支持"床垫女孩"的行为艺术,而且还授予学分,构成对他的性别歧视。对此鲍林杰校长的回应是:"学术自由的法律和原则允许学生就公众争议的问题发表意见;同时,我们的法律和道德责任是公平和公正地保护学生的权利,并在这些问题上顾及所有学生的关切。"①

2017年7月14日,哥伦比亚大学和纳格瑟就其诉讼达成庭外和解,哥大给予纳格瑟一定的赔偿。② 大学在一份声明中说,纳格瑟是"在经过认真彻底的调查之后"被宣告免责的,大学坚持这一立场。大学意识到,听证调查之后纳格瑟在学校的处境变得非常艰难,而大学不希望看到任何学生有如此痛苦的经历。"哥伦比亚大学将继续检视并更新其[有关学生纪律处分的]政策,以确保每一个学生——指控者和被指控者,包括那些像保罗[纳格瑟]那样被脱罪的——作为哥伦比亚大学社区的一员都受到[应有的]尊重。"③

显然,这是一场没有赢家的角力。那场发生在两人之间不欢而散的性爱究竟是否构成强奸,除了当事人谁也无法判断。这就是为什么对于大学来说,程序正当有时比真相大白更为重要:如

---

① "Columbia student cleared of rape sues school," *AOL News*. April 25, 2015.

② T. Rees Shapiro(2017), "Columbia University settles Title IX lawsuit with former student involving 'mattress girl' case," *The Washington Post*, July 14. Available at: https://www.washingtonpost.com/news/grade-point/wp/2017/07/13/columbia-university-settles-title-ix-lawsuit-with-former-student-involving-mattress-girl-case/.

③ Ibid.

果你反正无法知道真相,因为此中包含太多的个人感受,那么你能做的就是尽量向"公平公正"靠拢。你也许永远也不能达到真正的公平公正——因为这是法律行业或是整个人类孜孜以求的终极目标。承认这一点的话,我们怎能进而要求大学扮演那个一手天平、一手宝剑、双眼紧闭的"正义女神"(Lady Justice)的角色呢?

第二部
教 授 篇

第五章
解聘教授：明知不可为而为之

美国大学界享有自由的必要性几乎是不言自明的。无人能够低估那些指导与培养青年的人在民主社会中所起的必不可少的作用。为学院与大学的知识界领袖套上紧身衣会置我们的国家于危险的境地。人类尚未在任何教育的领域里穷尽所有的知识，以致新的发现变得没有可能。社会科学领域尤其如此，在那里，几乎没有任何原则是绝对的。在怀疑与不信任的气氛中，学术之花不可能盛开。老师与学生应当永远具有探索的自由、学习与评估的自由、取得新的完善和认知的自由；不然的话，我们的文明就会停滞与灭亡。

——沃伦大法官

一

有一则关于教授终身制（tenure）的幽默在美国学界广为流传。为什么上帝永远也不可能从任何大学取得终身教职？理由包括：他只写过一本书；他在书中没有引用其它学术著作；他没有作品在同行评审期刊（refereed journal）上发表；有人甚至怀疑他是否是原作者；他在发表这本书之后并无任何新的研究问世；他在用人类做实验之前并未通过伦理委员会（Institutional Review Board）审核批准；其他科学家无法重复他的实验结果；他让他的儿子代他教课……也有人为这则幽默狗尾续貂：为什么上帝尽管拿不到终身教职却仍然在大学教书？因为他就是老板！

是的，教授就是大学的老板；教授就是大学。你听说过老板把自己解聘吗？还真不常见。原因在于，大学的老板们早早地为自己打造了一顶保护伞，使得解聘教授变得非常困难。

1913年霍普金斯大学教授洛夫乔伊（Arthur O. Lovejoy）倡议成立一个全国性的教授联合组织，制定保护教授终身职位的原则和解聘教授的法定程序。1915年他和哥伦比亚大学教授、著名哲学家和教育家约翰·杜威（John Dewey）共同发起成立美国大学教授协会（American Association of University Professors, AAUP），公布了《关于学术自由和教授任期的原则声明》。[1] 声明在阐述了学术权利的基础、学术职业的性质和学术机构的职能之后，提出实行学术自由的原则，即保障教授教学和研究的自由权利，在专业领域探讨深奥和有争议的问题并以个人名义发表思想观点的自由，以及就一般的社会和政治问

---

[1] American Association of University Professors (AAUP), "1915 Declaration of Principles on Academic Freedom and Academic Tenure," http://www.aaup-ui.org/Documents/Principles/Gen_Dec_Princ.pdf.

题以体面的、适于教授身份的方式发表意见的自由。为了保证研究和教学自由,声明建议,在解聘和处罚大学教师之前,应先由学校的专业人员,即教授、副教授和所有讲师以上职位的人员组成适当、公正的委员会进行审议,并主张讲师以上职位的专业人员任职 10 年以上均应永久聘用。[①] 这个文件在 1940 年经过美国大学教授协会和美国学院协会(Association of American Colleges,即现在的 Association of American Colleges and Universities)确认后,以《关于学术自由与教授终身制原则的陈述》再次发表。[②]

这是一个里程碑式的文件,它让美国的大学教授在通过试用期之后再不用为失去饭碗而担忧:"在通过试用期之后,教师和研究者应当取得永久、持续的任期;除了因年龄关系而退休,或是由于[大学]财务紧急状态(financial exigency)引起的特殊状况,他们[在大学]的服务须有足够的理由方能终止。"[③] 而建立教授终身制的目的是:(1)为了保障教授教学、研究及从事其他活动的自由(2)为了在经济上提供足够的保障使得[大学教授]这个行业对于富有才华的人们具有吸引力。

那么教授是如何在大学取得老板资格的呢? 早在 1920 年美国大学教授协会就组成专门委员会讨论大学治理问题,并发表一份文件阐述教授参与人事决定、财政预算和教学决策的重

[①] 李子江:《学术自由的危机与抗争: 1860 至 1960 年的美国大学》,《清华大学教育研究》2003 年第 5 期,第 22—23 页。

[②] AAUP, "1940 Statement of Principles on Academic Freedom and Tenure," https://www.aaup.org/file/1940%20Statement.pdf.

[③] Ibid.

要性。①1966年美国大学教授协会在另一份文件②中指出，大学的管理决策由三个相互依存的部分组成：董事会（the board of trustees）、行政（the administration）及教授。美国大学共同治理（shared governance）的基本原则由此得到确立。1980年联邦最高法院在裁决一桩涉及大学的劳资纠纷③时表态说，大学教授属于"资方"或管理阶层，而非劳方，因为他们在日常高校的管理和运作过程中拥有对课程设置、学术标准、学生录取、学习成绩、课时安排等一系列重大问题的决定权，而且现任教授直接参与新教授的招聘、录用、提升等管理过程，所以，按照《国家劳工关系法》（National Labor Relations Act）的规定，私立大学教授没有资格享受集体谈判（collective bargaining）的权利。最高法院的这项裁决从根本上否决了私立高校教授加入工会、与校方进行集体谈判交涉的任何可能性，虽然公立高校的教授仍然保留通过工会与州议会谈判交涉的某些权利。④换言之，在最高法院眼里，教授并不是被动的、在校长和大学管理层领导下的大学雇员，他们本身就是领导。

正是由于教授在大学特别是大学管理体制中所占据的特殊地位，法庭在审理与大学教授相关的案件时常常诉诸另一个基本原则，即司法尊重（judicial deference）。按照这个原则，法官对

---

① AAUP, "Shared Governance," https://www.aaup.org/our-programs/shared-governance.
② AAUP (2006), "1966 Statement on government of colleges and universities," in *AAUP: Policy documents and reports* (10th ed.) (pp.135-140). Baltimore, MD: The Johns Hopkins University Press.
③ NLRB vs. Yeshiva University, 944 U.S. 672.
④ 程星：《细读美国大学》（第三版），商务印书馆2015年，第61-62页。

于任何学术决定都抱着一种敬而远之的态度,除非涉案的人或事踩踏到法律的底线。换言之,法庭对涉及大学的纠纷网开一面,除了本着对学术独立、学术自由和大学共同治理原则的尊重,也是对于复杂的学术问题缺乏专业知识与判断的承认。①

于是乎,在教授、大学和法庭之间一种奇妙的三角关系便形成了:教授享有言论和学术自由,但必须遵守大学的规章制度;大学在外界眼中虽然享有学术独立,但对内却是董事会、行政和教授共同治理;法庭对教授和大学则恪守司法尊重的原则,尽管在处理学术纠纷时享有一锤定音的权威。有趣的是,坊间熟知的大学教授特别是终身教职享有的言论自由让人产生一种无冕之王的错觉,以为教授因此可以知无不言、言无不尽。殊不知教授在大学里只是共同治理三方之一方,并不能为所欲为。恰恰相反,尽管在法庭眼里,大学的学术决定与教授的言论自由同等重要,但只要大学在"共同治理"的游戏中不露出明显的破绽,在"正当程序"上也做足功课,那么,法庭在司法尊重的原则下支持大学行政一方的几率其实是很高的。

二

正是在共同治理和司法尊重这双重原则制约下,法官对学术纠纷的裁决有时全然是一副优柔寡断、愁肠百结的态势,法庭的威风荡然无存,外人看来简直惨不忍睹。这种近乎戏剧性的场面

---

① R. M. O'Neil (2010), "Judicial deference to academic decisions: An outmoded concept?" *Journal of College and University Law*, 36(3).

在"丘吉尔诉科罗拉多大学"①一案中表现得尤为充分。

2001年9月11日基地组织在美国本土发动一系列自杀式恐怖袭击事件。当天早晨，19名基地组织恐怖分子劫持4架民航客机，其中两架分别撞上纽约世界贸易中心双塔，造成两座建筑倒塌，并导致邻近的其他建筑被摧毁或损坏。另外劫机者亦迫使第3架飞机撞向美国国防部的五角大楼，而第4架飞机则于宾夕法尼亚州坠毁。"9·11"事件中死亡或失踪的总人数达到2996人。这是第二次世界大战珍珠港事件后，外国势力首次袭击美国领土并造成重大伤亡。作为对这次袭击的回应，美国发动反恐战争，入侵阿富汗，以消灭藏匿基地组织恐怖分子的塔利班，并在国会通过《美国爱国者法案》（USA PATRIOT Act）。②

正在这举国上下同仇敌忾、爱国热情空前高涨之时，科罗拉多大学波德分校伦理研究系系主任瓦德·丘吉尔（Ward Churchill）教授撰文，将"9·11"发生的原因归咎于美国错误的外交政策。丘吉尔将在世贸中心死难的金融界精英与希特勒手下的杀人魔王阿道夫·埃克曼（Adolf Eichmann）作比，说前者为美国的霸权主义鞠躬尽瘁，死而后已，与埃克曼对希特勒的效忠有其相同之处。这种不伦不类的比喻，无疑是对无辜死难者的大不敬，也有悖于一般美国大众对于"9·11"事件的认知。2005

---

① Ward Churchill v. University of Colorado at Boulder, 293 P.3d16 (61. App. 2010) aff'd 285 P.3d 986 (Col. 2012).

② 2001年10月26日由美国总统乔治·沃克·布什签署颁布的国会法，正式的名称为"Uniting and Strengthening America by Providing Appropriate Tools Required to Intercept and Obstruct Terrorism Act of 2001"，中文意为"通过使用适当之手段来阻止或避免恐怖主义以团结并强化美国的法律"，取英文原名的首字缩写简称为"USA PATRIOT Act"，而patriot也是英语中"爱国者"之意。

年1月丘吉尔教授应汉密尔顿学院（Hamilton College）之邀发表演讲，学院的学生在准备这一活动的过程中发现了丘吉尔的这篇文章，并在校报上公开了他的观点，随即在学生中引发抗议浪潮。丘吉尔的演讲最后被迫取消，但他的观点却在全国性媒体上曝光，引起轩然大波。

科罗拉多大学波德分校的斯泰凡诺（Philip DiStefano）校长处理这个事件的方法耐人寻味。他宣布，经过调查丘吉尔教授关于"9·11"事件的言论受到美国宪法第一条修正案的保护；但与此事"无关"的是，有人投诉丘吉尔教授学术行为不端，主要涉及他的伦理学研究。因此，校长已经将丘吉尔教授的问题交给学术不端常务委员会（Standing Committee on Research Misconduct）调查处理，并在不久之后宣布解聘丘吉尔的决定。丘吉尔于是向教授评议会属下的权益与终身教职委员会（Privilege and Tenure Committee）提出申诉。

2007年4月11日，权益与终身教职委员会宣布调查结果：丘吉尔教授学术行为不端属实，不过多数成员不赞成因此将他开除。尽管如此，科罗拉多大学总校校长汉克·布朗（Hank Brown）还是向大学董事会提出开除丘吉尔并得到批准。丘吉尔随即向地区法院提起诉讼，认为大学开除他的理由是学术行为不端，但背后真正的原因还是他对于"9·11"事件所发表的观点。一场旷日持久的法庭角力由此拉开帷幕。

丘吉尔向丹佛地区法院提出申诉，指大学作出开除他的决定是对他所享有的言论自由权利的侵犯。法官将此申诉交由一个陪审团审议。2009年4月2日，陪审团宣布他们的审议结果，认为大学虽然拒不承认他们对丘吉尔的惩罚是基于他关于"9·11"事件的言论,但随之而来的关于他学术行为的调查的确是由他的言论所引发的。光是因为这一点,法庭就应当要求大学撤回开除丘吉尔教授的决定,但在如何赔偿丘吉尔的损失问题上,陪审团只愿意象征性地给他1美元的赔偿费。陪审团对于此案的纠结可见一斑。

法官其实心知肚明:大学在宣布开除教授之前已经做足了功课。两个由教授组成的委员会对丘吉尔的学术行为作出调查,而大学董事会最后的裁决完全是基于教授委员会的决定。大学在得出最后结论之前给予了丘吉尔教授充足的正当程序,也没有违反共同治理这项基本原则。法官在陪审团对教授言论自由权利的认同和大学所拥有的学术独立的权利之间举棋不定。2009年7月7日,法官宣布推翻陪审团的决定,裁定大学胜诉。法官认为,法庭不应该要求大学董事会撤回其决定,因为后者的决定是基于大学教授委员会作出的判断。再说,陪审团对原告象征性的赔偿表明他们并不认为他受到实质性的伤害,而逼迫大学撤回开除决定无异于干涉学术程序。丘吉尔随之提起上诉。

与此同时,美国大学教授协会、美国公民自由联盟(American Civil Liberties Union, ACLU)和全国反审查联盟(National Coalition Against Censorship, NCAC)向法庭联合提交一份书状(Amicus Brief),抗议法官推翻陪审团支持原告行使言论自由权利的裁决,提出对于原告唯一公平的裁决是恢复其教授职位。这份书状据理力争:既然陪审团认定教授言论受到宪法保护,而大学对丘吉尔学术行为的调查是由他关于"9·11"事件的言论所引发,那么法庭就应当判决恢复其教授职位。何况权益与终身教职委员会的多数成员也并不赞成开除丘吉尔教授。

2010年11月24日，科罗拉多上诉法庭宣布维持地区法院的原判，并指出大学董事会在裁决学术纠纷时所具有的"准司法"（quasi-judicial）权力，与真正的司法程序具有同等效力，地区法院推翻陪审团的裁决无可厚非。2012年9月10日上诉法庭的裁决在科罗拉多高等法院的决定中得到最后的认可。

后退一步来看"丘吉尔诉科罗拉多大学"一案，我们几乎可以得到些许在观赏悲剧时所产生的那种悲壮感。按照黑格尔的悲剧理论，悲剧之所以不可避免，原因在于冲突双方都代表某种合理却又片面的伦理要求，都同样有辩护的理由，但又都必须毁灭对方才能实现自我。丘吉尔一案的悲剧色彩在于，一方面是大学教授受到宪法保护的言论自由的权利，而另一方则是他那受到保护的言论本身给社会、给大学带来的伤害力。大学开除教授是为了惩戒这类令人不齿的言行，但为了捍卫教授言论自由的权利，它又不得不顾左右而言他，用学术行为不端作为开除教授的借口。为此大学校方做足了"共同治理"与"正当程序"这两项功课。但他们的功课做得越彻底，法庭就越为难，因为"司法尊重"的要求捆住了法官的手脚。法庭既不愿干预学术程序，更无法挑战教授委员会所作的专业结论。特别是当大学将学术行为不端作为惩罚的理由时，法官对此完全无从置喙。

记得鲁迅在《再论雷峰塔的倒掉》[①]一文中说过："悲剧将人

---

① 本文最初发表于《语丝》周刊第15期（1925年2月23日）。

生的有价值的东西毁灭给人看。"教授的言论自由、大学的学术独立和法庭的司法尊重：这三方都是"有价值的东西"，但在"丘吉尔诉科罗拉多大学"一案中却无法做到"三全"。人生之无奈，可见一斑。

三

其实，法庭为维护大学的学术独立和自治而发声，并非始于1920年代美国大学教授协会的关于共同治理的讨论。我在《美国大学小史》[①]一书第四章中就提到，法庭第一次就大学自治问题作出裁决可以追溯到马歇尔大法官在1790年听审"布拉肯诉威廉与玛丽学院监事会"[②]一案。

威廉与玛丽学院（The College of William & Mary in Virginia）于1693年2月8日根据英国国王威廉三世和玛丽二世颁发的王室宪章建校，是英国在美洲殖民地创立的第二所古典学院。1776年，弗吉尼亚州宣布独立后，校长职务由詹姆士·麦迪逊（James Madison）接任。[③]

上任伊始，麦迪逊校长就说服了监事会（Board of Visitors）与他一起在学院推行大刀阔斧的改革。他们在课程中加入现代语言、法律、医学等课程，给予学生选修课程的自由，关闭学院

[①] 程星：《美国大学小史》，商务印书馆2018年版，第75—96页。
[②] The Rev. John Bracken, v. The Visitors of Wm. & Mary College, 7 Va. 495, 3 Call 495, (1790).
[③] A. Gajda (2010), *The Trials of Academe: The New Era of Campus Litigation*. Cambridge, MA: Harvard University Press, pp.22−50.

附属的语法学校（grammar school），并解雇学院人文学教授兼语法学校校长约翰·布拉肯（John Bracken）。1787年布拉肯一纸诉状将监事会告上法庭，要求法院下达执行令状（writ of mandamus）[①]，命令威廉与玛丽学院监事会按法律程序恢复自己的教授职位。

布拉肯的理据是，根据威廉三世和玛丽二世颁发的王室宪章，学院由教授、董事会和监事会三方组成。教授只有在经过既定的法律程序证明其犯有严重错误才能被解雇，而监事会解雇教授构成越权。[②] 听审此案的马歇尔大法官认为，学院与其他慈善机构一样，其监事会或董事会具有最终的管理权，法院无权干涉。在涉及布拉肯的决定中，监事会只是行使其正当的权力对学院进行重组并取消其先前的职位。至于这个决定是否正确，法院并无任何理据作出追究或评判。因此，马歇尔大法官的判决是：常设法庭不应下达执行令状，恢复原告作为学院人文学教授兼语法学校校长的职务。布拉肯铩羽而归。

但布拉肯一案的后事比这个案件本身有趣得多。他在输了官司后不久，再次将学校告上法庭，这一次是想让大学赔偿他失去的工资，可惜官司又输了。此后他就一直在当地教会担任牧师，办公室离学校只有500多米远。1812年麦迪逊校长去世，这位在二十多年前被威廉与玛丽学院扫地出门的教授居然当选为

[①] 也译训令状，在英美普通法中指有管辖权的法官对下级法院、政府官员、机构、法人或个人下达的要求其履行法定职责行为的命令。

[②] The Rev. John Bracken, v. The Visitors of Wm. & Mary College, 7 Va. 495, 3 Call 495, (1790).

该校的第九任校长。①

布拉肯作为个人虽然结局不算差,但作为大学教授,他从言论到职位都没有得到任何保障。为什么需要额外的保障呢?在当时人看来,学院教授的本职工作就是教书,而且他们的教学还需符合社会普遍接受的道德准则。因此,作为教书匠,学院的教授在那个年代既无学术可做,当然也无自由可言。

19世纪中叶,随着德国研究型大学的模式开始影响美国古典学院,教授的学术自由问题开始进入人们的视野。德国大学的教授除了从事教学而外,还须以探索真理为目的从事研究。对于当时在美国大学任教的一大批德国"海归"来说,要仿照德国模式,将研究当成大学的使命,那么执行这一使命的教授就不能继续做宗教道德的传声筒了,而必须是一群能够"究天地之际,通古今之变,成一家之言"的独立的研究者。既然是探索,必然会犯错,因此,如何鼓励大学教授在探索真理的同时,不必为保住饭碗而小心翼翼,就成为当时大学管理上的一道难题。

1900年斯坦福大学教授罗斯(Edward A. Ross)对大学参与修建联合太平洋铁路及其雇用中国劳工的问题发表看法,与"大学之母"、斯坦福先生的遗孀(Jane Lathrop Stanford)发生冲突。罗斯随之被大学解雇,引发许多教授的不满与抗议;五名教授愤然辞职以示抗议。以马歇尔大法官在布拉肯诉讼案中设定的标准来看此案,斯坦福太太的行为并不过分;她作为大学董事会主席要求解聘罗斯,甚至没有越权。1900年5月9日,斯坦福太太

---

① A. Gajda (2010), *The Trials of Academe: The New Era of Campus Litigation*. Cambridge, MA: Harvard University Press, p.26.

给乔丹（David Starr Jordan）校长的信中说：

> 斯坦福大学不是政治机器；学校的教授也不应该为政治组织站台表达自己的偏见或喜好。……作为普通公民，每人都可以投票并坚持其选择，但不能允许像罗斯教授那样利用自己［斯坦福大学教授］的地位来影响他人。……我认为他应该被解雇。①

在此斯坦福太太指出，解雇罗斯并不仅仅因为他的言论，而是后者违背了大学不参与党派之争、保持政治中立的基本原则。为大学设立这样的原则即使在今天也不算为过，也许还具有相当大的合理性。但是，大学教授是否可以因言得罪，特别是在他们发表与社会规范或共识不尽一致的言论时，谁有权对之加以评判，乃至将其从大学解聘？这个问题不得到解决，任何学术独立或言论自由都无从谈起。

于是便有了我们在本章开始提到的洛夫乔伊和杜威两位教授共同发起成立的美国大学教授协会及其重要文件《关于学术自由和教授任期的原则声明》的问世。

四

尽管美国大学教授协会早在 20 世纪初就提出了大学教授的学术自由问题，并通过建立终身教职制度来保障其自由，但之后

---

① W. J. Samuels (1991), "The Firing of E. A. Ross from Stanford University: Injustice Compounded by Deception?" *The Journal of Economic Education,* vol. 22, no. 2, p.186.

几十年美国社会风起云涌的政治事件却无时不在干预教授的学术与言论自由。① 人世间处处有不平之事，但各个社会的解决方法却截然不同。也许是因为美国从来就没有出现过大一统的局面，因此，再好的政策都需要经过几场打得死去活来的官司才能得到贯彻。大学也不例外。从这个意义上说，美国大学之有今天，法官的贡献绝对不可轻视。

一直到1950年代初，虽然美国大学教授协会的两个文件早已存在，而且学术自由的重要性起码在学术圈内也可谓深入人心，但由于美国宪法及其修正案中从来没有明确提到过学术自由，因此，涉及学术自由的纠纷都是以大学是否自愿执行而告终。这样的局面直到1957年美国最高法院开庭审理"斯威齐诉新罕布什尔州"上诉案② 才开始出现转机。

斯威齐（Paul M. Sweezy）③ 在哈佛上学时学业优异，活动能力超强，曾任校报《哈佛深红报》（Harvard Crimson）的主席。毕业后师从著名经济学家熊彼德（Joseph Schumpeter），于1937年获得博士学位，随后留校任教。在美国经济大萧条年代，斯威齐去伦敦经济学院待了一段时间，迷上了马克思主义和社会主义，而如此左倾的思想显然无法见容于美国学界。在哈佛取得教授职位的希望破灭后，斯威齐回到家乡新罕布什尔州，创办了宣扬社会主义思想的杂志《每月评论》（Monthly Review），并在新罕布什尔大学兼课。1950年代冷战正酣，麦卡锡（Joseph

---

① 程星：《美国大学小史》第四章，商务印书馆2018年版。
② Sweezy v. New Hampshire, 354 U.S. 234 (1957).
③ 关于斯威齐生平的叙述主要取自 A. Gajda (2010), *The Trials of Academe: The New Era of Campus Litigation.* Cambridge, MA: Harvard University Press, pp.40–42。

Raymond McCarthy）参议员和非美活动调查委员会在知识界展开大规模的猎巫行动。1954年1月5日与6月3日，新罕布什尔州检察总长维曼（Louis Crosby Wyman）两次传讯斯威齐。斯威齐拒绝透露自己的政治信仰，否认自己是美共党员，亦不愿透露在大学讲座的内容。州高等法院为此断定斯威齐藐视法庭，将他投入县监狱。[①]

1957年联邦最高法院开庭审理斯威齐的上诉案，最终以6：2的比分判定斯威齐胜诉。首席大法官沃伦（Earl Warren）在陈述多数派观点时，以狭义的正当程序不够周全作为判决的根据，但他也在一个更加宽泛的基础上认定，斯威齐在大学作讲座是他的"学术自由"，属于宪法第一条修正案保护的范围："我们认为上诉人（指斯威齐）在学术自由和政治表达方面的自由毫无疑问地受到了侵犯——政府在涉足这个方面的时候必须极其谨慎。"沃伦大法官进而指出：

> 美国大学界享有自由的必要性几乎是不言自明的。无人能够低估那些指导与培养青年的人在民主社会中所起的必不可少的作用。为学院与大学的知识界领袖套上紧身衣会置我们的国家于危险的境地。人类尚未在任何教育的领域里穷尽所有的知识，以致新的发现变得没有可能。社会科学领域尤其如此，在那里，几乎没有任何原则是绝对的。在怀疑与不信任的气氛中，学术之花不可能盛开。老师与学生应当永远具有探索的自由、学习与评估的自由、取得新的完

[①] R. M. Lichtman (2012), *The Supreme Court and McCarthy-Era Repression: One Hundred Decisions*. Baltimore: University of Illinois Press, 2012, pp.98–99.

善和认知的自由；不然的话，我们的文明就会停滞与灭亡。①

同属多数派的弗兰克福特大法官则进一步指出，宪法严格禁止政府干预大学的学术生活，因为一个自由的社会必须有自由的大学。"对于自由的［学术］活动的追求是基于一个明智的政府及其人民的福祉，除了有紧急的、明显不可抗拒的理由，政治权力必须避免介入。"其实之前弗兰克福特在其他案例中也曾引用宪法以保护学术自由，但这是第一次最高法院以多数派的观点明确地陈述宪法对学术自由的保护。②借此机会，弗兰克福特大法官就大学教授的学术活动阐述了如今看来堪称经典的四项基本自由："大学的职责就是为猜想、实验和创新提供一种适宜的氛围。在此氛围中畅行无阻的是大学的'四大基本自由'——以学术为依据自行决定谁来教、教什么、怎样教以及录取谁。"③

"斯威齐案"的判决对大学教授言论与学术自由的保护可谓一锤定音：之后在各级法庭上虽然由于终身教职被拒或终身教授被开除所引发的诉讼时有发生，但数量极少，而且绝大多数的争议焦点并不在于原告受到惩罚是否因言得罪。有学者对1972年至2011年美国最高法院、美国上诉法院和州高等上诉法院所有与终身教职被拒引发的案例进行研究，在33件诉讼案例中，仅有4例将言论自由列为终身教职被拒的理由。④

---

① Sweezy v. New Hampshire, 354 U.S. 234 (1957).
② W. Van Alstyne (1990), "Academic Freedom and the First Amendment in the Supreme Court of the United States: An Unhurried Historical Review," Law and Contemporary Problems, Vol. 53: No. 3, pp.105-109.
③ Sweezy v. New Hampshire, 354 U.S. 234 (1957).
④ J. T. Flood (2012), "Judicial Influence on Academic Decision-Making: A Study of Tenure Denial Litigation Cases in Which Higher Education Institutions Did Not Wholly Prevail," PhD diss., University of Tennessee, 2012. https://trace.tennessee.edu/utk_graddiss/1293.

联邦最高法院法官的判词一言九鼎，对大学教授言论自由的保护具有如此威严与效力，本是一件可喜可贺之事。但是，正如每一枚硬币都有正反两面，大学教授言论自由的保护伞也无可避免会荫及无能之辈。解除任何人的教职都是一个代价高昂的过程：现任教授必须搭上宝贵的时间来完成"正当程序"；而一旦进入司法程序，光是诉讼费用就让大学难以承受。因此，除非万不得已，大学会尽力避免卷入这样的纠纷，他们甚至愿意提供巨额补偿以换取涉事教授自动离职。据哈佛大学文理学院院长罗索夫斯基（Henry Rosovsky）估算，哈佛和其他研究型大学任教的教授中大概有 2% 是"枯木"（deadwood）。[1] 另外两位学者的估算是 5%。[2] 这么小比例的"枯木"教授混迹于大学，算不算是一个问题呢？有人这样认为，假如这个比例的"枯木"存在于医生或客机驾驶员之中，恐怕大多数教授自己都无法承受。[3]

五

　　尽管大学极不情愿卷入任何与解雇教授相关的诉讼，但面对"枯木"问题还是有大学挺身而出，启动严格的程序以清除极不称职的教授，而这样的行动几乎注定会给大学惹来官司。案例虽

---

[1] H. Rosovsky (1991), *The University: An Owner's Manual*. W. W. Norton & Company, pp.210–11.

[2] Ralph S. Brown & Jordan E. Kurland, "Academic Tenure and Academic Freedom," 53 *Law & Contemp. Probs.* 325, 332 (1990).

[3] D. M. Rabban (2015), "The Regrettable Underenforcement of Incompetence as Cause to Dismiss Tenured Faculty," *Indiana Law Journal*: Vol. 91: Iss. 1, Article 4. http://www.repository.law.indiana.edu/ilj/vol91/iss1/4.

然不多，却给尸位素餐的教授以足够的警示，在学校采取行动之前自己先离职。这也许从另一个方面解释了为什么真正进入司法程序的案例并不太多。

明尼苏达大学是少数愿意直面问题并采取行动的大学之一，尽管这样做代价不菲。

阿加瓦尔（Som P. Agarwal）是明尼苏达大学物理系一位印度裔副教授，1965年加入明大，次年取得终身教职和副教授的头衔。1973、1974、1975和1977年他四次被系里推荐提升正教授，但每一次都遭到教务长英霍尔德（John Q. Imholte）或大学校方反对。1977年2月有人投诉阿加瓦尔涉嫌剽窃，英霍尔德教务长主持调查，结果证实指控属实，因而对他提出强烈警告并撤销其当年的涨薪。1977年12月，物理系八位学生对阿加瓦尔提出正式申诉，指控他在剽窃事件中表现出的道德败坏、未经许可偷窥有关其他教授的私密文件、经常对学生进行骚扰，以及对待同事的行为违反职业道德。英霍尔德教务长在收到学生投诉后任命一个教授委员会进行调查，结果委员会发现每一项指控都证据确凿，因此提出解除阿加瓦尔的教授职位。英霍尔德随即按照学校规定通知阿加瓦尔关于终止其教授职务的决定。教授评议会在审议阿加瓦尔提出的申诉后，表决支持学校的决定。他们的结论是："阿加瓦尔教授不是一位称职的教师，其能力水平之低下已经严重损害他在大学的效用。"而他以欺骗为目的的剽窃行为对大学造成的伤害构成足够理由将他开除。阿加瓦尔随之将大学告上法庭。①

---

① Agarwal v. Regents of University of Minnesota, 788 F.2d 504, 505-6 (8th Cir. 1986).

金（George D. King）教授是非裔美国人，1970年带着终身教职加入明大，成为非裔美国人研究系正教授，并在1970—1974年间担任系主任。从系主任的位置上下来之后，关于金的投诉不绝于耳，他的同事、学生和接任的系主任都对他教学质量差、无故旷课、缺席教授会议、选课学生数超低、研究缺乏证据等一系列问题提出抱怨。1982年3月12日非裔美国人研究系教授开会讨论金教授的问题，以9∶2的多数投票决定将金从系里除名。之后人文学院院长卢克曼（Fred Lukermann）多次与金沟通，却无法看到他有任何改进的意愿和行动。1983年2月15日，卢克曼院长通知金，他已经正式在明大教授终身教职委员会启动解除他教职的程序，并告知大学对他的指控。金要求大学教授评议会的司法委员会对他的案例进行听审，并请了律师为他辩护。教授司法委员会引用大学终身教职条例中关于教授因不能称职而损害其在大学效用的条例，裁决解除金的教职。

明大校长马格拉斯（C. Peter Magrath）同意教授评议会的决定，并将此案交由大学董事会审议批准。但大学董事会却以7∶2的投票结果否决了开除的决定，而是对金作出留校察看一年的处分。马格拉斯校长对大学董事会的决定提出异议。1984年1月12日大学董事会召开听证会，给了金一个自我辩护的机会。最后董事会以8∶4的投票结果宣布开除金。金随之将大学告上法庭。①

阿加瓦尔和金这两个案例有很多共同之处。两人都已取得终身教职，都有少数族裔的背景，而且他们都是因为不能胜任教

① King v. University of Minnesota, 774 F.2d 224, 229 (8th Cir. 1985).

职的原因被大学开除,而"不能胜任"(incompetence)是明尼苏达大学在关于终身教职的规定中明确列出可以解职的理由。① 大学在作出对两位教授解职决定之前也都严格地遵守了"正当程序",因此在后来的法庭辩论中这一点并未受到挑战。和几乎所有因不能胜任职位而受到解职的案例一样,两位教授也当然不会承认自己不称职,而是不约而同地拿族裔背景来说事。1964年美国国会通过的民权法案第七条(Title VII of Civil Rights Act of 1964)公平就业条款是美国在民权和劳动法上的标志性立法进程,它禁止任何因种族、肤色、宗教信仰、性别或出生国而产生的歧视行为。对于大学来说,教授不够称职却已得到终身教职,解除其教职本来已经比登天还难了;而少数族裔的教授比一般教授还又多了一重保护,那就是民权法案第七条。

阿加瓦尔在法庭上辩称,大学开除他是对其印度族裔和宗教信仰的歧视,而金更是引用统计数据来证明非裔的教授和学生在大学所占比例上的绝对劣势,加上院长、教授委员会成员和大学董事会成员中占绝对多数的白人都曾对他表现出偏见。两人都声称,假如是白人教授,即便有和他们同样的工作表现,也不会受到和他们同样的对待。

法庭最后判定大学胜诉,其依据来自被解雇教授的同僚所提供的关于他们在教学、研究和服务方面的日常表现。阿瓦加尔说,有其他教授得到的学生评分比他还低,但法庭认为,虽然有其他教授在个别项目上分数不如他高,但他的总体评分在系里明

---

① Agarwal, 788 F.2d at 507 n.3; King, 774 F.2d at 227 n.3.

显是叨陪末座。金用明大非裔教授和学生较低的统计数据来证明大学对他的歧视，但法庭指出非裔教授和学生在明大的比例与非裔在美国人口中的比例大致相同。

本来在任何一个行业中，雇员因不能胜任遭到解职是天经地义的事。然而，大学教职的专业性，加上美国宪法对言论自由的保护，使得解聘教授成为每一位大学管理者的梦魇。特别是当解聘的原因涉及"胜任"问题，虽然举证责任（burden of proof）在投诉方，但大学作为被告却必须向法官或陪审团呈现他们解聘原告的理由从内容到程序上都无懈可击。很多学术研究本来就没有一个恒定的标准（不是正因为没有定论才需要研究吗？），教学效果更是因人而异，因此法庭上很多争辩其实都在教授的科研和教学范围以外。有学者统计，在所有因终身教职被拒引发的诉讼中，有62%的原告引用民权法案第七条来为自己辩护，而其中性别歧视占大多数。[1]

林恩（Therese Ballet Lynn）1969年加入加利福尼亚大学尔湾分校（University of California at Irvine）时是讲师，两年后被提升为助理教授。1971年她在一次学术评估中表现不佳，未能得到当年的绩效涨薪。在接下来两次的学术评估中她的结果都不理想，而后者是她的中期评估。按照学校规定，如果助理教授不能在八年中得到终身教职就必须离职。为了帮助林恩提高学术产出，系里在1974-1975学年还给她放了学术假。1976年6月学

---

[1] J. T. Flood (2012), "Judicial Influence on Academic Decision-Making: A Study of Tenure Denial Litigation Cases in Which Higher Education Institutions Did Not Wholly Prevail," PhD diss., University of Tennessee, 2012. https://trace.tennessee.edu/utk_graddiss/1293, p.208.

校正式通知她终身教职未能通过,林恩于 1977 年 6 月离职。

　　林恩引用民权法案第七条提起诉讼,指控大学拒绝她的终身教职是基于性别歧视。[①]UCI 的终身教职评审须经过五个相互独立的评审过程,包括:申请人所在系科的同僚、系科所属学院院长、一个专案委员会、大学学术评议会下属的预算委员会和大学学术事务处,而 UCI 校长有最后的决定权。林恩提交给法庭的文件包括了校外评委对她研究的赞誉之词,因此她认为大学在审阅她研究时的评价有欠公正,起码与评价其他男性同事时使用的标准不同。她进而出示已经取得终身教职、与她具有同样教育背景、工作经验、发表文章数目的同事统计数据,以此证明自己符合终身教职的要求,而且与她具有同样资格的男同事得到了终身教职。

　　从林恩一案可以清楚地看到,教授能否"胜任"的问题从来就不是一个孤立的问题;一旦大学以此为由解聘教授,与此相关的其它问题就会形成一张网络,而法庭要在这张复杂的学术与非学术问题交织的网络中,将"胜任"问题分离开来进行裁判,几乎不可能。林恩一案在法庭上牵扯的其它问题包括:大学在授予终身教职时是否存在性别歧视?参与终身教职评审的教授们匿名的观点能否在法庭上披露?大学领导对某些学科的偏见是否会影响教授得到终身教职?最后,统计数据在多大程度上可以用来证明大学存在歧视的倾向?而这一切问题的缘起都是因为"胜任"问题很难直接在法庭上证实,因此如何呈现间接证据便成为这类诉讼成败的关键。

---

　　① Lynn v. Regents of University of California, 656 F.2d 1337 (9th Cir. 1981).

尤其是统计数据。统计数据虽然不能当成大学在授予终身教职时实施性别歧视的直接证据,但在法庭眼里数据的运用起码有两个好处:一是帮助法庭了解被告平时的所作所为是否带有歧视的倾向,以此决定民权法案第七条在所审理的案件中是否适用;二是避免了将法官拽进有关学术标准的讨论中。换言之,统计数据使得法庭能够按照民权法案第七条的要求,"在对大学事务过分地干预和对非法行为无理地容忍这两极之间谨慎行事"。[1]

林恩一案在地区法院的败诉及其后在上诉法庭的胜诉,从一个侧面展示了大学在面对"枯木"问题时的窘境,以及要着手解决这个问题所需的勇气和运气。

六

既然解聘教授特别是有终身教职的教授如此艰难,那么绝大多数的大学管理者选择知难而退便不难理解了。翻遍过去半个多世纪的案例,像明尼苏达大学那么"勇敢"的学校还真不多。但明大之所以了不起,既不是因为它的勇敢,更不是因为它最后赢了官司,而是因为它成功地将"枯木"剔出了终身教授的队伍。这样的案例不多,正如著名学者麦茨格(Walter P. Metzger)所言:大学因解雇教授被告上法庭,最后得以全身而退的,多半是因为涉案教授"所表现出来的性格的邪恶而不是能力的低下"。[2]

---

[1] Lynn v. Regents of University of California, 656 F.2d 1337 (9th Cir. 1981).

[2] Walter P. Metzger, "Academic Tenure in America: A Historical Essay," in Commission on Academic Tenure in Higher Education (1973), *Faculty tenure: A report and recommendations* (The Jossey-Bass series in higher education), supra note 34, at 93, 158.

这些性格上的"邪恶"除了阿加瓦尔和金的那些与教授身份不符的行为而外，还包括不正当性行为、剽窃、伪造研究数据，等等。

当然，性格邪恶的教授毕竟还是少数，但大学想要或需要解聘教授的情况却不在少数。那么，是否有些理由与"胜任"问题相比，不那么难缠呢？还真有，那就是所谓的财务紧急状态（financial exigency）。如前所述，美国大学教授协会和美国学院协会在1940年发表的《关于学术自由与教授终身制原则的陈述》中，将大学财务紧急状态作为终身教授在大学的服务可以被终止的理由之一。

表面看来，法庭处理以财务紧急状态为由解雇教授的案例也许会较为轻松一点，因为它远离言论自由和胜任教职这两个最棘手的问题，而且平时闹上法庭的案例以钱财纠纷居多，想来判断大学财务官司对于法官来说应是小菜一碟，驾轻就熟。其实不然。任何事情只要和终身教授沾上边都轻松不了。法庭在定义财务紧急状态时，既要保证大学不因财务危机而破产，又要保证教授不被大学以财务紧张为借口随便解雇，加上各个大学财务状况千差万别，即便碰上危机，解雇教授是否是解决问题的良方亦大可商榷。反而时时调整学科布局是任何大学都需要面对的问题，而调整学科却不调整教授队伍于情于理都说不通，因此大学借财务危机来解除终身教职的嫌疑在法庭眼里倒是挥之不去。

1973年6月21日，位于新泽西的布卢姆菲尔德学院（Bloomfield College）宣布，大学面临财务紧急状态，将开始裁减现任教授队伍。校长阿尔休斯（Merle F. Allshouse）随即在6月29日发信给13名教授，通知终止他们在学校的任职，并通知其余已经取得或尚未取得终身教职的教授,他们的雇佣合约在一年到期后都需重新续约。换言之,大学之前的终身教职制度从此不复存在。与此同时,学校转身又聘请一批共 12 名非终身制的教授。按照学校的说法,聘请这批新人是为了对学校现有的学科布局进行调整。①

从法庭文件来看,布卢姆菲尔德学院的财务状况的确堪忧。学校自 1972 年起连续三个年度现金赤字超过 10 万美元,而 1973-1974 年度的入学新生从前一年的 1069 下降到 867。对于一个学费收入占到学校营运经费四分之三的大学来说,这是一个极其严重的问题。虽然学校拥有 322 英亩土地,其资产超过负债,但流动性有限,导致信用降低,学校发完工资后就已经捉襟见肘。

如此财务状况,是否构成足够的理由解聘教授特别是终身教授呢?姑且不论大学铤而走险的动机何在,光是在人走茶还未凉之际就急不可耐地抛出学科调整计划,并聘请新人,就已让人感到疑云陡生。大学的解释是,他们希望对现有专业与课程进行整合,纳入 12 个大的学科领域,以便于课程规划和行政管理。其最终目的是通过以下三方面的改革来提高布卢姆菲尔德学院对学生的吸引力和与此相应的入学率:(1)为职业取向的学生提供坚实的人文基础;(2)强化学校作为小型文理学院的特色;(3)回应学生的需求。

这个案例有两个看点:其一,如何定义财务紧急状态?一个大学的财务究竟要糟糕到什么状态才构成财务紧急状态?其二,大学解聘教授是否真是因为财务紧急,还是另有企图?

---

① AAUP v. Bloomfield College, 129 N.J. Super. 249, 322 A.2d 846 (1974).

法庭显然并未轻易接受布卢姆菲尔德学院校方的说辞，当然也没有贸然宣布大学的确已经进入财务紧急状态，因为那样就等于宣布大学解聘教授合情合理。"除非我们可以认定布卢姆菲尔德学院现在的财务紧急状态已经成为常态，不然依据任何定义都难以将目前的状况宣布为财务紧急状态。"[1] 有人会问，如果大学真的亟需流动资金来解决日常营运问题，那它为什么不能变卖其322英亩的固定资产，其中包括两个高尔夫球场、两个私人俱乐部、一个游泳池和一些民居，以解燃眉之急呢？为什么要通过解聘教授来缓解财务状况呢？法庭认为，一个大学是否已经进入财务紧急状态并不能光看它是否缺少营运资金，更重要的是它未来的生存与发展是否已经受到威胁。比如说，大学在缺少营运资金的同时也面临入学新生数量下行，而学生减少教授却不减少，意味着很多教授将面临无学生可教的局面。一旦这样的局面出现，支出大于收入，长此以往，再富裕的大学也无法支撑，那么宣布财务紧急状态并裁减教师也许是一个可以考虑的选项。换言之，法庭并没有一味地要求大学在穷尽了其他所有可能之后方才可以考虑解聘教授，而是选择让大学的管理者以自己的专业判断来决定有利于大学长远发展的策略。但是，假如财务情况不好而学生数量并未下降，那么法庭的看法是，大学必须首先寻找其他途径解决问题；解聘教授只能是穷尽其他可能之后的最后一招。

尽管布卢姆菲尔德学院符合资金短缺和学生数量下降这两个条件，法庭还是不同意大学可以宣布财务紧急状态，并以此为据裁减教授。这是因为法庭需要证据证明解聘教授这个决定"真

---

[1] AAUP v. Bloomfield College, 129 N.J. Super. 249, 322 A.2d 846 (1974).

诚合法"(Bona Fide),背后没有其他企图。事实是,当校方将所有教授的合同改为一年到期后需重新续约,他们在大学撤销终身教职制度的意图已经是司马昭之心路人皆知了。大学也没有采取其他可能的措施来缓解经费紧张的问题,比如变卖固定资产、全员减薪、先解聘非终身教授,等等。更重要的是,他们在整合现有课程并增加新课程的过程中根本没有征求教授们的意见,这实在是犯了教授治校原则之大忌。而这些都是大学能否通过"真诚合法"这个测试的关键所在。[①]

总之,虽然美国大学教授协会在《关于学术自由与教授终身制原则的陈述》中认可大学财务紧急状态为解聘终身教授的合理解释,但是,由于大学教授是当今世界所剩无几的铁饭碗之一,任何解聘的决定都注定会是一场大学与教授之间锱铢必较的恶战。法庭作为这场恶战唯一的仲裁人,肩负着保卫言论自由的神圣使命,因而一刻也不敢懈怠。这就是为什么大学即使扛着财务紧急状态的牌子来解聘教授,都免不了要在法庭上鏖战无数回合方能决得胜负。

我在哥伦比亚大学工作时听到一则关于艾森豪威尔将军的故事,后来写进《细读美国大学》一书,[②]在国内广为流传。话说家喻户晓的"二战"英雄艾森豪威尔将军1952年接受了哥伦比亚大学的聘请,担任这家著名常青藤大学的校长。上任伊始,将军在下属的陪同下巡视校园,会见校董会、行政人员和学生,最

[①] J. L. Petersen (1976), "The Dismissal of Tenured Faculty for Reasons of Financial Exigency," *Indiana Law Journal*, Vol. 51: Iss. 2, Article 13. Available at: http://www.repository.law.indiana.edu/ilj/vol51/iss2/13.

[②] 程星:《细读美国大学》(第三版),商务印书馆,2015年,第51页。

后参加了学校教授为他举行的欢迎大会。在一阵热烈的掌声之后,将军致辞。他首先谦恭地对有机会会见在场的全体哥伦比亚大学的"雇员"表示万分的荣幸。这时,只见哥大德高望重的物理学教授、诺贝尔奖得主 I. I. 拉比教授站了起来,自负却又不失风度地说:"先生,教授们并不是哥伦比亚大学的'雇员'。教授们就是哥伦比亚大学。"[①]

假如拉比教授对本章所述关于教授去留的法庭纠纷略有所闻,不知道他是否在艾森豪威尔校长面前还能如此底气十足。不错,理论上说,教授就是大学;但在现实中,教授也是雇员。或者更准确地说,教授与董事会、行政一起构成大学治理的三足鼎立之势,三方之间谁也不能过于强势,更不能一意孤行。

套用一句网红时代的流行语:理想很丰满,现实很骨感。

[①] 这个故事的另一个版本来自 John S. Rigden (2000), *Rabi, Scientist and Citizen*. Boston. MA: Harvard University Press, p.238。艾森豪威尔听说拉比教授得到过诺贝尔奖,将他叫到办公室,表示祝贺:"我很高兴看到大学的雇员得到诺贝尔奖。"拉比答道:"先生,教授们并不是哥伦比亚大学的'雇员'。教授们就是哥伦比亚大学。"

第六章

无冕之王：自由无边何处是岸？

　　大学应该是一个不会受到专制统治侵扰的庇护所。它应该是一个智力实验站，在那里新的想法有可能萌发，尽管这种想法结出的果实仍被整个社区嗤之以鼻，但假以时日，最后成熟的果实或许可以成为国人乃至世界共同接受的精神食粮之一部分。

——美国大学教授协会

一

　　当美国大学教授协会（AAUP）的先行者在1915年写下上面这段铿锵有力的话语时，他们正在制造一个童话。这个童话的故事情节大致如下：小王子十年寒窗，终于戴上博士帽；然后从助理教授做起，科研、教学、发文章；三年小审、六年大审，最后终于过五关斩六将，取得终身教职，加冕为王；从此和美丽公主一起过上了幸福的生活（happily ever after）。

作为专业人士协会，AAUP 的成就实属罕见。20 世纪初的美国，蛮荒的西部开发尘埃甫定，学术探究的热浪已经在大学校园悄然掀起，蓄势待发。面对毫无规则约束的学术荒野，AAUP 的创始人高瞻远瞩，于 1915 年发布《关于学术自由和教授任期的原则声明》，[①] 成为之后一百年美国大学学术发展当之无愧的规则制定者。而这个规则所造就的一个群体——大学教授，因此顺理成章地成为所有专业人士中的"无冕之王"。至 1940 年这个文件再次修改发表，[②] 美国大学几乎如数加入 AAUP，"学术自由"的概念亦已深入人心。而跻身这个队伍的每一个成员都在"学术自由"的保护伞下享受着看似无边的自由，拥有可以维持终身的教职。由此看来，将 AAUP 称为"造王者"也不算过分。但是，这种王者之威究竟来自何方？

其实，童话中的小王子最后之所以能够成功加冕，一个心照不宣的假定是他能够取得终身教职，而取得终身教职的假定是他能够自由探索并收获学术成果。但这是一个关于鸡和蛋孰先孰后的悖论：是能够自由探索才能取得学术成果并得到终身教职呢，还是有了终身教职才能自由探索并取得学术成果？恰恰是在这个悖论的隙缝间，深藏着一个手持毒苹果的老巫婆，随时有可能将美丽的童话演绎成莎翁的悲剧。

爱德华·维加（Edward Vega）是纽约海事学院（New York

[①] American Association of University Professors (AAUP), "1915 Declaration of Principles on Academic Freedom and Academic Tenure". Available at http://www.aaup-ui.org/Documents/Principles/Gen_Dec_Princ.pdf.

[②] AAUP, "1940 Statement of Principles on Academic Freedom and Tenure". Available at https://www.aaup.org/file/1940%20Statement.pdf.

Maritime Academy）的教授，因为没有终身教职，理论上随时可能走人。1994年夏天他教授一门作文课，班上男女学生大多十七八岁。7月21日，维加让学生在课堂上做一个"聚类"（clustering）练习：学生可以自由挑选一个题目，然后高声喊出相关词语，其目的是帮助学生在作文时减少重复用词。[1]

学生选择的关键词是"性"，于是维加将题目定为"性与关系"，并将学生们喊出的词语写在黑板上。一开始学生们还比较文明，用维加的话说相对"安全"，比如"婚姻""孩子"等，但游戏很快就变味了：学生们开始喊出很多与性器官和性交相关的下流词语。维加还在继续录写学生们喊出的词语，除了将个别实在不堪入目的用缩写代替，并无意停止这个练习。当时也没有学生提出抗议。后来校方从其他渠道听说此事，校长米勒（Floyd Miller）海军上将便责令分管学术事务的副校长英吉利（Howard L. English）展开调查。维加将教案交给副校长，其中的确包含一些极不合适的作文题目，比如"妇女被强奸常常是自找的""脑残者应该用毒气杀死"等。英吉利向维加指出，他所做的"聚类"练习很不合适，有可能引起性骚扰的投诉，并决定下一年学校不再与他续约。

米勒校长同意英吉利的决定，并在与维加见面时明确告诉他解聘的原因是他在课堂上所做的"聚类"练习，粗俗、色情、令人难以接受，会给学校惹来麻烦。1997年8月3日维加在地区法院对米勒校长及其他几位行政管理人员提起诉讼。初审法院在驳

---

[1] Vega v. Miller, 273 F.3d 460 (2d Cir. 2001).

回维加提出的一些不甚相关的指控后，允许原告就其余指控进行诉讼：(1) 学校侵犯原告受到宪法第一条修正案保护的学术自由权利；(2) 以性骚扰政策为由解聘原告属于违宪；(3) 学校侵犯原告受到宪法第十四条修正案保护的"正当程序"；(4) 将他开除对其声名的损害。

对于大学解聘维加的决定，上诉法庭多数派意见认为"客观合理"；大学与未取得终身教职的教授之间只是合约关系，因此他们完全有权在不违反合约的条件下作出聘用决定。但是，少数派意见却对解除维加教职是否侵犯教授言论自由表达严重关注。这个案例的吊诡之处在于，故事的主人公简直就是童话中小王子的反派人物（antagonist）：小王子修得正果，成为终身教授，而维加只有一纸合同，随时可以走人；小王子学有专长，术有专攻，因此得到同行认可，而维加则流于低俗，阴沟翻船，污言秽语只能用缩写代替；前者享有言论自由似乎天经地义，但后者的言论与严肃的学术讨论相距甚远，学术自由从何谈起？其实，这个案例凸显了法庭在仲裁学术纠纷时所面临的种种困惑，而其中的核心问题是：法庭在关乎学术自由的法律纠纷中应该扮演一个什么样的角色？在捍卫大学教授言论自由的道路上可以走多远？

正如我在前面一章中提到的，虽然美国大学教授协会的两个文件早已存在，而且学术自由的重要性起码在学术圈内也可谓深入人心，但由于美国宪法及其修正案从来没有明确提到过学术自由，因此，这类纠纷的解决方法基本上由大学自行诠释，各行其是。直到联邦最高法院在1957年开庭审理"斯威齐诉新罕布什尔州"① 上诉案,才第一次以多数派的观点明确地陈述宪法对学术自由的保护。1978 年联邦最高法院在审理"加州大学董事会诉巴基"② 一案时,通过法庭意见为今后裁决学术纠纷设定了一些基本的原则与方法。鲍威尔大法官引用了弗兰克福特大法官在 1957 年审理"斯威齐案"时就大学教授的学术活动所阐述的"四大基本自由",提出大学应当基于学术的理由而非政治的考量对其内部纠纷作出裁决,而同样的原则也适用于法庭对于学术自由问题的裁决。

问题是,在现实生活中,学术与政治、高尚与粗俗、自由与冒犯等之间并无清晰的楚河汉界;正如真理与谬误之间有时仅隔一步之遥。著名法学家波斯纳(Richard Allen Posner)法官在审理"皮亚洛夫斯基诉伊利诺伊社区学院"一案时,对于法庭的尴尬处境描述如下:"大学在追求其[学术]目标时不受政府干扰的自由……与个别教师……在追求其[学术]目标时不受大学干扰的自由:这两种自由在这个案例中针锋相对。"③ 主审法官需要掌握原则、方法、技巧,更需要一种出乎其中、超于其上的智慧。

二

原则可以制定,方法和技巧可以学习,但智慧却不是能够顺手拈来的。有些案例,特别是关乎学术自由的案例,在原则与

---

① Sweezy v. New Hampshire, 354 U.S. 234 (1957).
② Regents of the University of California v. Bakke, 438 U.S. 265 (1978).
③ Piarowski v. Ill. Cmty. Coll. Dist., 515, 759 F.2d 625, 629 (7th Cir. 1985).

方法俱全的情况下，却因审理法官的智慧不幸缺席，其结果让人扼腕。

1995年弗吉尼亚州议会通过法令禁止政府雇员使用公家电脑浏览带有色情内容的网站。以弗吉尼亚联邦大学（Virginia Commonwealth University）教授乌洛夫斯基（Melvin Urofsky）为首的六位州立大学和学院的教授为此提起诉讼，认为这个法令剥夺了他们受到宪法第一条修正案保护的言论自由权利，也违反了学术自由的原则。① 顺便一提，乌洛夫斯基教授自己的研究课题就包括网络色情；其他参与诉讼的教授的研究领域包括妇女研究、同性恋研究、猥亵法研究和性学研究。地区法院赞同原告的立场，认为他们学术探讨的权利应该受到保护。但是，2000年6月第四巡回法庭的法官以8∶4的投票结果推翻了下级法院的判决。上诉法庭认定弗吉尼亚州的禁令合法：州立大学的教授就是州的雇员，因此限制他们在州政府拥有的电脑上浏览色情网站的规定与第一条修正案并无冲突。"政府有权控制［教授］言论的内容，因为从某种意义上讲，政府通过拨款或支付工资已经'购买'了有争议的［教授］言论。"法庭进而宣称："学术自由仅仅是教授的一种职业规范，而不是宪法权利。"法庭承认他们这样说也许违背了AAUP对于学术自由的陈述，但在威尔金森（James Harvie Wilkinson III）法官看来，宪法第一条修正案只是意在保护大学的学术自由，而不是保护每一个教授个人的学术自由。在此威尔金森引用乔治城大学法学院教授拜恩之前的一些

---

① Urofsky v. Gilmore, 216 F.3d 401 (4th Cir. 2000).

观点。[1]

但是,拜恩教授对于威尔金森法官的说法并不以为然。表面看来,威尔金森法官的担心是,宪法保护学术自由,而教授言论自由的权利不应当大于一般民众。拜恩反驳道,赋予教授们学术自由的权利,受益的并不是教授们自己,而是整个社会。换言之,赋予教授们在研究与表达方面多一些自由,使得我们在遇到人世间更加博大而复杂的问题时就多了一层指引,总比让民众在街角和电视上辩论这些问题要好得多。[2] AAUP亦对第四巡回法庭的判决极度失望,认为这个判决是对之前最高法院关于学术自由和"公众关心事项"(matters of public concern)的曲解,而认同弗吉尼亚州的禁令对于受到宪法第一条修正案保护的学术与言论自由将造成极大伤害。

2001年1月,联邦最高法院决定对"乌洛夫斯基案"的上诉不予受理。

假如在"乌洛夫斯基案"中,大学教授有可能因"研"获罪,那么他们因言获罪的几率其实更高。怀揣学术自由的美好理想,教授们有时根本无法面对严酷的现实。

哈迪(Kenneth E. Hardy)是杰弗逊社区学院的白人兼职教授,自1995年起教授"公共讲演"和"人际交流"两门课,始终受到学生的好评和校方的赞赏。1998年夏天选修"人际交流"课的22名学生中有9名黑人学生。7月16日,哈迪教授讲授的课题

---

[1] Urofsky v. Gilmore, 216 F.3d 401 (4th Cir. 2000).
[2] J. P. Byrne (2004), "The Threat to Constitutional Academic Freedom," *Journal of College and University Law,* Vol. 31, No. 1, p.138.

是语言与社会建构论,他要求学生举例说明在历史上语言是如何被用来打压少数民族和其他受压迫群体的。正如后来班上学生所言,这样的练习在学术和哲学的层面上都具有挑战性,但其中一名黑人女生对同学所举出的例子中"黑鬼"和"母狗"两个词感受到冒犯,便向哈迪提出抗议。尽管哈迪已经对此表示歉意,她还是向当地一位牧师兼民权领袖告发了哈迪,指控他在课堂上使用种族和性别辱称。这位牧师随即找到校长,扬言绝不允许"我们的孩子"在课堂上受到侮辱。7月21日,校方召见哈迪,要求他解释事件,并告诉他当地一位"杰出的市民"已经就此事件代表黑人社区向学校提出抗议,并威胁校方如果不对此采取行动的话,他们会让社区学院已经低迷的入学率雪上加霜。校方在哈迪完成夏天的课程后通知他,学校将不会再聘用他教课。

1999年7月23日,哈迪提起诉讼,状告杰弗逊社区学院侵犯其宪法保障的言论自由和正当程序的权利,并以州法律起诉学校诽谤、合谋、毁约及侵害商业关系。[1] 在此,哈迪作为州立学院雇员的身份再次成为他败诉的原因之一,因为法庭认为,公立大学教授的言论不能与"公众关心"的事项产生对立,而且学校进行言论规管的利害得失远大于教授言论自由的利害得失。[2]

嘉吉达教授在分析"哈迪"一案时,感叹美国大学在现代法律环境下进退两难的困境。规管教授有伤大雅特别是"政治不正确"的言论,甚至解聘教授,大学有可能触犯教授的宪法权利,而由此引发的诉讼也会给大学带来巨大的经济损失;但若挺身而出

---

[1] Hardy v. Jefferson Community College, 260 F.3d 671, 674–75 (6th Cir. 2001).
[2] Ibid.

保护教授的宪法权利，大学又有可能纵容了对于女性和少数民族等弱势群体的歧视行为，而且教育修正案第 9 条也禁止接受政府资助的教育机构有任何基于种族和性别的歧视行为。[1]

面对如此困境，法庭似乎和大学管理层一样束手无策。上述两案中，当法官以"公众关心"作为裁决理据时，他们并未对下列问题作出令人信服的回答：公立大学教授在课堂上的言论在多大程度上是"公众关心"的事项？拜恩教授对法官在法庭上临时起意，动不动以"公众关心"为由打压教授极为不满。他指出，很多法官眼里的"公众关心"，其实仅仅关乎某些言论在课堂上使用是否合适，大可由学术同行作出专业判断。然而，当校方从学校的利益出发介入此类纠纷时，行政权力一般不会容许言论自由的空间。[2] 而法庭出于对大学管理及其内部事务的尊重，尤其是鉴于学校行政人员所享受的豁免权，更不容易站在教授一边为其言论自由发声。

看来法庭在介入大学言论自由的案例时急需一些有法可依的测试标准，而"乌洛夫斯基"和"哈迪"两案中的法官在权衡公众舆论与教授言论两者之间孰轻孰重时，都作了一些探索。他们以言论内容是否为"公众关心"的事项作为裁决标准，而这个标准得益于联邦最高法院之前通过的所谓"匹克林/康尼克"测试。

---

[1] A. Gajda (2009). *The Trials of Academe: The New Era of Campus Litigation*, Harvard University Press, p.91.

[2] J. P. Byrne (2004), "The Threat to Constitutional Academic Freedom," *Journal of College and University Law*, Vol. 31, No. 1, p.109.

在"匹克林诉教育理事会"[①]一案中,中学教师匹克林(Marvin Pickering)在当地报纸上发表读者来信,批评乡镇教育理事会关于增加税收的提案。文章对于理事会过去几年的债券提案及拨款方法等其它相关政策提出意见。理事会质疑匹克林文章中的一些说法与事实不符,认为他的言论"对学校的运行和管理造成伤害",将他从学校开除。匹克林随之入禀法院,控告理事会侵犯其言论自由,但地方法院和州上诉法院的判决都支持教育理事会。1968年联邦最高法院开庭审理"匹克林案",马歇尔大法官(Thurgood Marshall)认为,匹克林的信中所涉及的问题是"合理的公众关注的事项"(a matter of legitimate public concern),作为一个公民发表这样的言论当然受到宪法第一条修正案保护。马歇尔进而提出五个问题作为教师言论自由和教育主管部门有效管理这两方利益之间的测试:(1)批评者与被批评者之间有无关系?(2)批评信的内容是否为公众关心事项?(3)批评信是否对学校运行造成伤害?(4)批评者作为教师的日常工作是否受到影响?(5)作者是以专业身份还是公民私人身份提出批评?根据对以上五个问题的考量,马歇尔得出结论:"综上所述,我们认为,在这种情况下,如果没有证据证明教师故意地、罔顾后果地作出虚假陈述,教师对具有公共重要性的问题行使发言权,并不能作为其被开除公职的依据。"[②]

"康尼克诉迈尔斯"[③]一案则完全不同。迈尔斯(Sheila Myers)

[①] Pickering v. Board of Education, 391 U.S. 563 (1968).
[②] Ibid.
[③] Connick v. Myers, 461 U.S. 138 (1983).

是路易斯安那州奥尔良地区的助理检察官,在得知她的老板康尼克(Harry Connick Sr.)检察官将她调到另外一个部门工作后,心怀不满,擅自在同事中散发一个问卷,了解部门同事对办公室的相关政策和康尼克管理作风的看法。康尼克随即将迈尔斯解聘,并明确告知她散发问卷是犯上抗命的行为。迈尔斯因此将她的老板康尼克告上法庭。初审法庭认为,康尼克解雇迈尔斯的原因是她散发的问卷,而据此将她解雇侵犯了她作为一名公务员对于公共关心的事务发表看法的权利。在上诉法庭作出了同样的判决之后,康尼克向联邦最高法院提起上诉。引用"匹克林案"设立的原则,最高法院认为迈尔斯通过散发问卷所表达的并不是"公众关心事项",而是一个办公室的雇员出于一己私利所采取的行动和发表的看法。她的问卷除了干扰办公室内部同事间关系而外并无其他价值。因此康尼克将她解雇并未侵犯到她的言论自由。[①]

"匹克林/康尼克"测试为法庭裁决教授的言论是否受到宪法第一条修正案的保护提供了一项有效的测试工具,但工具的使用并不能保证结果的公正。"乌洛夫斯基"和"哈迪"的裁判结果可以为证。鉴于先例在普通法中对之后判案的影响,这两个案例对奉行学术自由的教授来说,其寒蝉效应可谓不言自明。当然,夹在保护言论自由和反对各种歧视这一对同等重要的联邦法令之间的,并非只是大学的管理者,连本当洞若观火的法官们面对各种错综复杂的案例,亦常常感到无所适从。

---

① W. A. Kaplin, and B. A. Lee (2009), *A Legal Guide for Student Affairs Professionals*. San Francisco: Josey-Bass, p.197.

1998秋季，哈于特（Inbal Hayut）在纽约州立大学纽博兹分校（State University of New York at New Paltz）注册上课，选修了扬教授（Alex Young）开的两门课。当时全民关注的是比尔·克林顿总统与白宫实习生莫妮卡·莱温斯基（Monica Lewinsky）的性丑闻。其中一些细节，如克林顿让莱温斯基用私处夹住雪茄烟，更是在民间流为笑谈。扬教授大概是一个爱搞笑却不知深浅的人，在课堂上不止一次拿哈于特开涮，给她起了个绰号叫"莫妮卡"，并在全班人面前调侃她："周末和比尔一起过得还好？""安静点，莫妮卡，我待会儿给你雪茄烟""你的唇膏和莫妮卡同样颜色"，等等。尽管哈于特一再提醒扬教授不要叫她莫妮卡，但后者仍置之不理。1998年11月，哈于特向学院和系领导抱怨扬教授对她的骚扰行为，并在次年2月向系主任递交了投诉信。扬教授在系主任召见他谈话后不久辞去大学教职。

1999年春季哈于特离开纽博兹分校，却没有及时注销她已经选修的课程，于是在学校的记录上显示她选修的所有课程都不及格，为此她必须完成一年的补习课程才能转入其他大学继续学业。2000年2月2日，哈于特基于教育修正案第9条反歧视条款和州的法律，将纽约州立大学和扬教授告上法庭。① 从事件的发展来看，虽然扬教授有错在先，但哈于特在学业上碰到的麻烦应当与教授无关，因此，这场诉讼的原因似乎是哈于特将自己的问题迁怒于教授。让人不可思议的是，初审法院表态说，大学不应对教授在课堂上的言论负责，但法官在撤销了大学在这场诉讼中的法律责任之后，却允许原告继续追究教授的个人责任。

---

① Hayut v. State University of New York, 352 F. 3d 733 (2003).

扬教授承认，他在课堂上关于"莫妮卡"的调侃既不是课程的一部分，也没有任何教育目的，纯属搞笑，因此也不值得动用第一条修正案保障的言论自由来为此辩护。但是，为了如此"无厘头"的原因大学教授因言获罪，被迫辞职，总有点让人难以释怀。上诉法庭法官卡拉布雷西（Guido Calabresi）本人是著名的法学家、耶鲁大学法学院前院长，但面对如此猥琐的事件也是一脸难以掩饰的无奈："因此，对于（a）这种抗辩是否可以提出，或（b）如果提出，这一主张是否会涉及事实或法律问题，我们不发表任何意见。"至于扬教授的行为是否构成性别歧视，造成敌意的环境，以致对哈于特的教育经历产生负面影响，卡拉布雷西法官并不愿意多加猜测，只是含糊其辞地让陪审团就此作出考量。[①] 如此判决，留下的是一潭浑水，没有给教授未来的课堂言论提供任何指引，只是保证了此类官司还会无休无止地打下去。

三

如果诸位看官不介意的话，我将学术自由的话题在此按下暂停键，先给大家分享一段发生在我身边的故事。话说离开家乡已经 30 多年，最近被拉进一个高中同班同学的微信群。一时间，儿时的玩伴跨越时空，突然鲜活地出现在我的日常生活里，"乡音无改鬓毛衰"，聊天字节间音容笑貌历历在目。其中一位当年的铁杆玩伴，如今是美国一家医疗公司的资深科学家，也热火朝天地加入神聊。没过多久，"奇迹"出现了。每天同一时间，风雨

---

① Hayut v. State University of New York, 352 F. 3d 733 (2003).

无阻,他都会给群里送上一段"最高指示"——一张带有圣经语录的画片。没有人对此有任何回应,但群里起初的热闹开始冷却了。如此状况维持约半年之久,终于有一位同学打破沉默,写了一段情商极高的话:"我终于领教了啥叫一己世界,啥叫锲而不舍,终于知道了哪里都有入魔之人,更想明白了多元的世界有多么重要。"但她连一个"呵呵"的回应都未挣到。群里的回应,尽在不言中。

不言是无奈。群中人大多受过多年西方教育,其中大约有三分之一在西方生活了大半辈子,却没人敢学西人大吼一声:"Shut up!"让这位走火入魔者闭嘴。撕不开的是一张面子。可见,一个轻松宽容的话语环境,只需一个偏执之徒,就能轻易地将言论自由的大门从此关上。

回到学术自由的话题,本来大学作为各种思想的交汇之处,言论自由这潭水就已经够浑,再加上宗教的元素就更是"剪不断、理还乱"了。颇为讽刺的是,当今社会人们习以为常的多元宗教文化及公民言论自由,在很大程度上是早期思想家们鼓吹宗教宽容的产物。但是,宽容的结果不一定是自由,因为对一种信念的宽容往往可能对其他信念构成侵犯。

在此有必要回顾一桩发生在82年前的公案。1940年纽约城市学院(College of the City of New York, CCNY)聘请英国著名哲学家、数学家和逻辑学家罗素(Bertrand Russell)担任讲座教授,却受到纽约圣公会大主教曼宁(William Thomas Manning)的强烈反对。曼宁认为罗素的著作淫秽下流,个人生活混乱,且对宗教充满怀疑与敌意。在他挑唆下,一群教会人士开始游说纽约市政府，要求撤销对罗素的任命。3月7日纽约高等教育理事会在收到反对意见后再次开会讨论罗素的问题，最后以11∶7的投票结果维持原来的任命。同一天布鲁克林的一个家庭妇女凯（Mrs. Jean Kay）入禀纽约高等法院，[①]反对聘任罗素。凯认为，她的女儿要是在CCNY上学选了罗素的课，就会道德沦丧。有趣的是，凯根本就没有也不可能有女儿在纽约城市学院上学，因为当时CCNY只收男生。

原告律师在法庭上提出的指控有三条：（1）罗素不是美国公民；（2）罗素没有参加公务员考试，所以不能在纽约州担任公务员的职位；（3）罗素的学说及其个人道德与此职位不符。对于第三点，原告提出，罗素在他的书中支持婚前性生活、同性恋、暂时婚姻等，而且他本人也曾数度离婚又结婚。主审法官麦克基汗（John E. McGeehan）是爱尔兰天主教徒，在判决中无条件支持原告的立场。他不仅不让罗素出庭申辩，而且还驳回了美国公民自由联盟（American Civil Liberties Union）提出的上诉。

对麦克基汗的法庭判决，《芝加哥大学法学评论》的主编逐条批驳。[②]第一条指控看似有法可依，按照纽约州的法律外国人的确不能在纽约的公立大学教书，但纽约高等教育理事会在任命合适人选时有权免除这项要求。至于第二条指控，鉴于罗素作为世界著名哲学家的身份，纽约高等教育理事会也有权决定免除对他的公务员考试。很显然，法庭支持原告的唯一理由是第三条指

[①] Kay v. Board of Higher Education of the City of New York, 18 N.Y.S.2d 821 (1940).

[②] Editors, Law Review (1940), "The Bertrand Russell Litigation," *The University of Chicago Law Review*, 8(2): pp.316-325.

控,即不赞同罗素的作品及其生活方式。麦克基汗法官指责纽约高等教育理事会的决定随意、武断,违背公共健康、安全与道德。他在此更像牧师而非法官,完全依据一己的宗教信条对大学聘任教授的决定进行干涉。

基于法庭的审判结果,纽约市政府下令高等教育理事会撤回对罗素的任命,并收回给这个职位提供的预算。这年秋天罗素应邀去哈佛讲学,在自己的简历上加了一条荣誉头衔:"经司法判决不胜其职的纽约城市学院哲学教授。"1941年杜威和哲学家卡伦(Horace M. Kallen)合编论文集《伯特兰·罗素案例》[1],谴责麦克基汗法官以宗教偏见来裁决学术案例。学界将此书看作是美国高等教育界捍卫学术自由道路上的一座里程碑。值得一提的是,尽管"罗素案"是"学术自由"的理念在其演进过程中的一个负面案例,但"学术自由"这个词却是在美国法庭的判决文件中第一次出现。[2]

其实,"罗素案"的结局并不出人意料。所有一神教都是排他的,而所有信仰都要求坚持己见。这就是为什么古今中外不同信仰之间,一言不合便会大打出手。因为在宗教偏执之徒眼里,允许罗素表达其学术观点本身就是对宗教信仰的冒犯,尽管他尚未登台、更未开口。所以,大学的使命并不仅仅是为教授提供一个自由探索和表达的空间,还需要及时有效地阻止任何极端的声音对这个自由空间的干扰。

马克斯·林奇(Max W. Lynch)是印第安纳州立大学(Indiana

---

[1] John Dewey (1941), *The Bertrand Russell Case*. New York: Viking Press.

[2] L. White (2010), "Fifty Years of Academic Freedom Jurisprudence," *Journal of College and University Law*, Vol. 36, No. 3, p.792.

State University）数学专业的副教授。他每一次都要在班上高声朗读一段圣经之后才开始上课。校方多次劝告他不要做，因为这有可能冒犯带着其他信仰的学生。但林奇争辩说，他已经给了学生在他朗诵圣经时离开教室的自由。万般无奈之下，校方启动相关程序，于1974年2月18日宣布开除林奇。林奇随即起诉大学侵犯他受到宪法保障的宗教自由。①

表面看来，我那位老同学给了群里其他人不念他帖文的自由，林奇也给了班上学生不听他朗诵圣经的自由。但正如法官在判决书中所指出的，林奇给学生的所谓自由是远远不够的。同侪的压力、对老师的敬畏、对成绩的担心，以及站在教室门外等他念完圣经的那种尴尬，都在很大程度上限制了学生坚持他们自己信仰的自由。林奇指控大学解聘他侵犯了他受到宪法保护的宗教信仰自由。但法官认为，大学解雇他并不是因为他的信仰，或是他从事的与信仰相关的活动，而是因为他的宗教活动是以印第安纳州立大学雇员的身份、用大学的场所、在上课的时间，而他推行的是一己的信仰，无视学生的信仰与感受，更与他教授的数学风马牛不相及。②

从"罗素案"到"林奇案"，其间跨度三十多年，法庭对学术自由态度之变化，有目共睹。但是，法庭在教授的言论自由与大学的学术独立之间毕竟有一个如何选边的问题。对此，"毕晓普诉阿罗诺夫"③一案为我们提供了一个解析的平台。

毕晓普（Phillip A. Bishop）自1984年起在亚拉巴马大学（Uni-

---

① Lynch v. Indiana State University Board of Trustees, 378 N.E.2d 900 (1978).
② Ibid.
③ Bishop v. Aronov, 732 F. Supp. 1562, 1568 (N.D. Ala. 1990), rev'd, 926 F.2d 1066 (11th Cir. 1991).

versity of Alabama）教育学院担任生理学助理教授。1984-1987年间，他不时在课堂上提到自己的宗教信仰，包括人类生理机制背后造物主的力量。他也曾与学生分享宗教高于学术的信念，以及自己如何以信仰的力量应对学术上的压力。1987年4月，毕晓普开设一门课后讲座，题为"人类生理学中关于上帝的证据"，对所有学生开放。他在这门课中讨论人类肌体设计与运行所具有的各种复杂性，以此引出结论：人是上帝的作品而非进化的副产品。他并未要求自己班上的学生参加课外讲座。

然而，毕晓普开设这门课外讲座的时间正好在期末考试之前，课程主管维斯菲尔德（Carl Westerfield）教授开始担心他的讲座内容有可能对学生在考试中如何表达观点造成心理压力，从而违反宪法第一条修正案中关于政教分离的原则（Establishment Clause）。此外，他还收到个别学生抱怨毕晓普在课堂上关于宗教信仰的言论。1987年9月维斯菲尔德在给毕晓普的一个备忘录中要求他：（1）停止在授课时加入有关他个人宗教信仰的言论；（2）停止通过课外选修讲座发表关于学术论题的"基督教观点"。1988年5月毕晓普给校长写信，要求学校撤回维斯菲尔德备忘录中给他的命令，但校方在回应时再次重申了对他宗教言论的禁令。但是，大学在其发布的各种规章条例中确实没有对教授在课堂上的言论有任何禁令，也没有对教授的课外言论作出明确的规定。于是毕晓普在联邦地区法院提起诉讼，要求法庭宣布维斯菲尔德备忘录是对他言论自由的侵犯。[1]

---

[1] Bishop v. Aronov, 732 F. Supp. 1562, 1568 (N.D. Ala. 1990), rev'd, 926 F.2d 1066 (11th Cir. 1991).

对于毕晓普的申诉，初审法院（联邦地区法院）和上诉法院（第十一巡回上诉法院）给出了全然不同的判决。初审法院认为，毕晓普的言行并未违反宪法第一条修正案中关于政教分离的原则。教授或学生自由表达个人的观念并不代表大学，因此无需担心这样的言论反映大学的政策或声誉。初审法院反而批评大学关于言论的限制过于宽泛，对于什么言论是合适的并无清晰的界定。比如说，在这样的言论限制下，毕晓普教授根本就不可能讨论中世纪的大学里生理学发展的历史状况。

然而，上诉法院完全推翻了初审法院的裁决。法官认为，亚拉巴马大学有权对师生在课堂上的言论加以限制，只要这种限制是基于合理的教学目的。毕晓普教授固然有权维护他的言论自由，但大学也有权在其管辖范围内对师生言论进行规管。法官进而提出，与其由法庭来对课堂言论制定严格的审查标准，不如由大学来决定什么样的言论更具有学术价值。上诉法院拒绝就毕晓普的言论是否违反宪法第一条修正案中关于政教分离的原则作出裁决，但指出毕晓普课外讲座的主题与科学创造论（scientific creationism）[①]的观点极为相似。关于这一点，联邦最高法院在"爱德华兹诉阿圭拉"[②]一案早已引用政教分离的原则，明确反对教师利用政府提供的场所来宣扬宗教观点。

"毕晓普案"凸显了学术自由诉讼案中最为棘手的一对矛盾：一方面是学生和教授自由探索与表达的权利，而另一方面则

[①] 科学创造论者普遍相信人类、生物、地球及宇宙是由超自然力量或超自然的生物创造，通常为神、上帝或造物主。与此对立的是达尔文主张的进化论，即生物界物种的进化及变异，系以天择的进化为其基本假设。

[②] Edwards v. Aguillard, 482 U.S. at 596–97 (1987).

是大学在不受外来干扰的情况下自主管理教学活动的权利。一般来说,前者往往被贴上"学术自由"或"言论自由"的标签,而后者实际上是"院校自主"或"学术独立"的问题。在"毕晓普案"中,初审法院就代表前者,而上诉法院则坚持后者。本来院校自主和学术自由之间并无冲突,因为大学自主的目的就是为教授和学生争取更大的言论空间,更好地保障他们在不受外来干扰,特别是不受来自政府干扰的情况下,自由地探索和发表。但事实上,院校与个人之间的这种和谐经常是短暂的、一厢情愿的。师生的言论与院校的政策"常龃龉而不合,亦稀阔而难遭"。在弗兰克福特大法官通过"斯威齐案"提出的大学的"四大基本自由"之后,法官在大学与教授之间对大学的偏向是显而易见的。这与1950年代之后法庭坚持的司法尊重(judicial deference)的态度基本一致。换言之,法官对于任何学术决定都抱着一种敬而远之的态度,除非涉案的人或事踩踏到法律的底线。而"毕晓普案"最让人纠结的问题是,宗教言论在大学教学中的底线究竟在哪里?

从大学的角度来看,他们对毕晓普言论的限制是基于两个方面的考量:一是教授在课程内容中不能掺入任何宗教偏见;二是课外讲座不会给学生造成不必要的压力。从法庭文件来看,毕晓普对这两个原则并未提出挑战,他只是辩解说,他在课堂上曾经提醒过学生,自己的基督教信仰有可能在讲课时形成偏见,希望他们注意辨别。另外他的课外讲座并没有要求学生参加,也没有证据显示他在给学生打分时考虑他们是否参加了他的课外讲座。初审法院接受了他的辩解,但大学却不以为然。而上诉法庭则是在接受了大学这两个考量的合理性,也同意毕晓普事实上违反了这两条原则之后作出判决的。不难看出,大学试图在容忍教授的言论自由的同时,为其宗教言论设一条底线,而这条底线完全基于学生的学习经验和心理承受能力。从这个角度看毕晓普的言论,他的错误在于选错了发表其言论的空间和时间。

上诉法庭的判决当然会对教授言论作出限制,法官对此心知肚明。为此他一再提醒大学,他们对教授的限制仅限于课堂言论,而教授在课堂外面可以就自己的宗教观点进行研究、发表言论,大学无权干涉。至于课外讲座,只要教授不对选修课程的学生造成任何压力,比如在考试成绩上有所反映,大学亦无权干涉。[1]

四

维加、乌洛夫斯基、哈迪、扬、罗素、林奇、毕晓普:这一长串名字在我们的面前穿梭而过,背后的主人公各有其喜怒哀乐、人生坎坷,却享有一个共同的身份——大学教授。只是之前那个美丽的童话、那个小王子对幸福生活的憧憬,在此踪迹难觅。原以为尽管无冕,至少为王,总还有那么一点任性的权利,皆因学术自由这个社会给予大学的承诺。然而,骄傲的王者终于发现,学术的天空依然开放,却不总能自由翱翔。飞行的航道不断地被划定又被修改,每一次尝试突破都是对自由疆域的开拓,又是对最

---

[1] W. A. Kaplin, and B. A. Lee (2009), *A Legal Guide for Student Affairs Professionals*. San Francisco: Josey-Bass, pp.217-218.

新限行规定无奈的接受。有法律学者抱怨说："学术自由是联邦法院经常使用但很少解释的一个术语。学术自由在很大程度上未经分析，未加定义，未能在有原则地使用上提供指引，导致援用时前后不一，令人疑窦丛生，或是质询不断。"[1]

或许，对于学术自由作如此不确定的阐述是最高法院有意为之，其背后另有深意？最高法院继1957年就"斯威齐案"作出重要判决之后，1967年就"凯西安诉纽约州立大学案"[2]发布了又一个里程碑式的判决。1960年代初，凯西安（Harry Keyishian）教授所在的私立大学与纽约州立大学合并。州立大学要求其雇员宣誓保证自己不属于任何颠覆政府的组织，而凯西安则因拒绝宣誓而被大学开除。1967年1月23日，联邦大法官们以5∶4的投票结果推翻了早前在"阿德勒诉教育理事会"[3]一案中要求公务员宣誓忠于政府的决定，裁定纽约州要求教员宣誓的法律过于模糊与宽泛。布伦南（William Joseph Brennan Jr.）大法官在陈述多数派观点时指出：

> 我们国家执着地致力于保护学术自由，其至高无上的价值不仅关乎涉及本案的教师，而且攸关我们全体人民。这一自由因此成为第一条修正案之特别关注，它不能容忍任何法律给课堂蒙上正统的阴影……课堂是一个独特的"思想观念的交换市场"（marketplace of ideas）。国家的未来取决于其

---

[1] L. White (2010), "Fifty Years of Academic Freedom Jurisprudence," *Journal of College and University Law,* Vol. 36, No. 3, p.813.
[2] Keyishian v. Board of Regents, 385 U.S. 589 (1967).
[3] Adler v. Board of Education, 342 U.S. 485 (1952).

[未来的]领袖能否在大尺度的健康的观念交换中得到训练,在"多元的声音"中,而不是由某种权威作出的选择中,发现真理。①

在此,最高法院确立了学术自由是一种受到宪法保护的法律权利,而大学则应当成为"思想观念的交换市场"。从这个思路出发,我们可否作如下推断:既然大学如市场,在其中各种观念和思想都可以自由交换,这当然也包括"学术自由"这个观念本身。事实上,我们本章所见到的所有因观念冲突而起的诉讼,几乎没有两件完全相同的案例,可见学术自由的观念本身就是大学这个"交换市场"中一个极为活跃的摊位。即便可能,联邦最高法院也不一定愿以其至高无上的权威将这个观念定于一尊。俗话说,真理越辩越明,学术自由的观念亦当如此。假如法院为学术自由写下一个清晰的定义,大学是否会失去一个不同观念交锋、交流的平台?

将大学作为"思想观念的交换市场"的理论是基于这样一个假设:在市场推动下,公众思想交流的质量会相应地提高民主政府的质量。②然而,关于思想观念交换市场的比喻来源于自由放任经济学(laissez-faire economics),而当代经济学界早已承认,市场沟通会产生失灵,而失灵的状况需要一个中央政府或机制来进行调节和管理。这种政府与市场相互制衡的观念不知为什么在"思想观念的交换市场"上被学术自由的鼓吹者省略了。当学

---

① Adler v. Board of Education, 342 U.S. 485 (1952).
② S. Ingber (1984), "The Marketplace of Ideas: A Legitimizing Myth," *Duke Law Journal,* 1984(1), p.4.

术自由成为当代社会对大学校园的美好想象，连身处其中的教授也不求甚解地全盘接受这种想象时，悲剧便离我们不远了。

本来，有交流便会有冲突，有冲突便会有诉讼，有诉讼便会有输赢。诉讼从来就是一个零和游戏，它给输家带来的只能是痛苦，而"happily ever after"的美好结局大多是为童话设计的。不是吗？从上面列出的一长串名字中，我们不难发现：所有涉案者都是公立大学的教授，诉讼的赢家往往都不是这些"无冕之王"。的确，在大学授权下，教授们在课程设计、课堂教学以及学生研究等方面享有掌控的自由，但当他们的想法与大学行政发生冲突时，教授们往往忽略了这样一个事实：公立大学的教授仍是政府公职人员；没有一个政府愿意看到它的公务员挑战自己设定的政策，而且没有政府不希望通过公务员之口表达其意愿。伊利诺伊大学法学院院长阿马尔（Vikram David Amar）教授提醒公立大学的教授注意他们与政府之间特殊的关系，[①] 并重提明顿（Sherman "Shay" Minton）大法官在最高法院审理"阿德勒诉教育理事会"[②] 一案时代表少数派发表的一段不太得到人们重视的反对意见：

> 很明显，根据我们的法律，[公职人员]有权按自己的意愿集会、讲话、思考和信仰。同样清楚的是，他们没有权利

[①] V. D. Amar, and A. E. Brownstein (2017), "A Close-up, Modern Look at First Amendment Academic Freedom Rights of Public College Students and Faculty," *Minnesota Law Review*, 101, pp.1943–1985. Available at: https://www.minnesotalawreview.org/wp-content/uploads/2017/05/AmarBrownstein.pdf.

[②] Adler v. Board of Education, 342 U.S. 485 (1952).

在学校系统中以自己设定的条件为州[政府]工作。如果他们不愿选择按[州政府设定的条件]工作，他们就有权保留自己的信仰和联系，但到别处去工作。①

显然，在为学术自由发声的法官中间，明顿大法官是为数不多的现实主义者。他的理据纯朴而简单：一仆不侍二主，公职人员不能与自己所服务的政府公开叫板。这段意见虽然没有成为最高法院的多数派意见，但明顿大法官早已预见到学术自由一旦成为主流意见，将会给那些不求甚解的大学教授带来多大的困扰。从本章所引案例来看，公立大学教授的学术自由是有限制而且不确定的。第一条修正案保护教授的表达自由，特别是当他们作为公民以私人身份所说的话得到宪法的保护。但是，当他们的意见与大学的使命不符、与政府的政策相左时，不管有几多胜算、何等自信，他们都必须作好败诉的心理准备。据此，阿马尔教授给大学教授的忠告是：

> 大多数人谈论学术自由是指表达思想的自由，但也许另一个重要的方法是把它看作是一种知道你能表达什么和不能表达什么的自由。②

在自由主义思潮占据主导地位的美国学界，发出这样的忠告

---

① Adler v. Board of Education, 342 U.S. 485 (1952).
② V. D. Amar and A. E. Brownstein (2017), "A Close-up, Modern Look at First Amendment Academic Freedom Rights of Public College Students and Faculty," *Minnesota Law Review*, 101, p.1984. Available at: https://www.minnesotalawreview.org/wp-content/uploads/2017/05/AmarBrownstein.pdf.

是需要勇气的。在那些将学术自由奉为神圣的学者眼里,这是他们最为不屑的所谓"自我审查"(self-censorship),比接受官方审查还令人不齿。但是,学术的天空再自由,现代飞行器要想在其中翱翔,必须遵守事先划定的航线,听从指挥台的调度,否则后果难以预料——更准确地说,不难预料:本章案例可以为证。

五

当然,因学术自由而起的诉讼也不乏成功先例,"罗德里戈诉马里科巴郡社区学院"[①]可谓其中最为成功的一例。科霍夫斯基(Walter Kehowski)是亚利桑那州马里科巴郡格兰戴尔社区学院(Glendale Community College)的数学教授。2003年10月他利用学校的电邮网络连续发出三封电邮,散布歧视拉美裔及其文化、鼓吹欧洲文明至上的言论。比如说,他在第一封电邮中说,"民主、人权和文化自由是欧洲人的理念",并进而声称基督教文化比伊斯兰等其他文明更加先进;美国必须从多元文化的麻木中走出来,否则会被"另一种具有一些令人生厌特征的文化"所主宰;等等。这些电邮理所当然地受到学校师生包括学院校长兰道尔夫(Phillip Randolph)的谴责。但是,马里科巴郡社区学院总校校长哥拉斯普(Rufus Glasper)在给媒体的新闻稿中声称,科霍夫斯基教授的电邮虽然与我们学校的理念大相径庭,但对他作出处分"可能会严重损害我们推动真正的学术自由的能力"。

---

① Rodriguez v. Maricopa County Community College District, 605 F.3d 703, 708 (9th Cir. 2010).

社区学院六位拉美裔教授不满校方的不作为，于是在2004年11月入禀联邦地区法院，状告马里科巴郡社区学院总校董事会、哥拉斯普总校长和兰道尔夫校长未能及时制止科霍夫斯基对少数族裔的骚扰，从而造成敌意环境，违反了民权法案第七条平等保护条例。地区法院虽然免除了兰道尔夫和哥拉斯普两位校长作为大学代理人违反民权法案第七条的责任，但拒绝对其他指控作出即决裁判（summary judgment）。兰道尔夫校长和哥拉斯普总校长随即在联邦第九巡回法庭提起中间上诉（interlocutory appeal），要求上诉法庭推翻地区法院的裁决。

按照民权法案第七条的要求，雇主在意识到工作场所的骚扰行为之后，确实有义务采取行动加以制止。问题的焦点在于，科霍夫斯基的电子邮件是否构成工作场所的骚扰，或者说，他的言论是否属于宪法保障的校园言论自由。主审法官柯津斯基（Alex Kozinski）没有避重就轻，将法庭论辩局限于骚扰问题，而是在宪法第一条修正案保障学术自由的框架下对科霍夫斯基的言论作了详尽的分析。柯津斯基指出：

> 原告在面对科霍夫斯基的言论时无疑会感到尊严扫地，因为其论点就是想让对方感到低人一等。但这凸显了原告的诉状所存在的问题。他们对科霍夫斯基言论的反对完全是基于他的观点，但众所周知，政府不能因为受到提倡的思想具有冒犯性而将言路关闭。[1]

---

[1] Rodriguez v. Maricopa County Community College District, 605 F.3d 703, 708 (9th Cir. 2010).

恰恰是因为科霍夫斯基的言论不入主流，才会在校园里引发如此巨大的争议。近年来美国校园里"政治正确"蔚然成风，几乎无人胆敢在种族、性别、反犹（anti-semitism）等敏感话题上做文章，生怕成为校园左翼的攻击对象。但是，

> 宪法包容这种激烈的意见交锋，即使是（也许特别是）涉及种族等敏感话题时产生冲突和羞辱的风险很高。对于社会上根深蒂固的信念，如果无人能够站出来反对，那么思想观念的交换市场就会沦落为平庸无奇的精品店，因为当争论最激烈、正统观念最顽固的时候，审查的冲动也最大。挑衅、冒犯和震惊的权利是第一条修正案的核心。[1]

柯津斯基在此引述沃伦大法官为"斯威齐案"撰写的判词"教师和学生必须始终保持探究、学习和评价的自由，以获取新的完善与理解，否则我们的文明将停滞和消亡"，[2] 强调这种思想的碰撞之于大学校园尤为重要。

> 学识的提升照例是在不同的声音与意见中砥砺前行，因为视角的多样性确保了思想观念的长存，不是因为它们流行，而是因为它们正确。大学历来倡导[思想的]交流，因为它们在传统、地域、教授终身制和大学基金会等庇护下不易受到流行观点的左右。但是，如果动辄宣布某种观点出

---

[1] Rodriguez v. Maricopa County Community College District, 605 F.3d 703, 708 (9th Cir. 2010).

[2] Sweezy v. New Hampshire, 354 U.S. 234 (1957).

格，那么大学的这种角色就会丧失。①

柯津斯基法官进而指出，由于科霍夫斯基的电子邮件并非针对任何个人，因此不构成骚扰。基于这个事实，校方不对他的言论作出处罚亦合情合理，不应承担法律责任。

平心而论，"罗德里戈案"之所以引人注目，不是因为法官的机敏，即选择了一个较为狭隘的角度——科霍夫斯基的电子邮件是否构成骚扰——来作出判决。柯津斯基法官让人刮目的原因是他一反法庭惯例，选择了更大、更难的角度来论证科霍夫斯基言论自由的权利。和案例的主人公一样，柯津斯基法官走的是反潮流的路线，但他捍卫的却是这个社会的主流价值观——大学教授言论与学术自由的权利。在阅尽本章败绩连连的案例后，用"罗德里戈案"作为结局，未免有点"堂吉诃德精神"，或是我们所熟悉的"阿Q精神"。但童话故事不都需要有一个 happily ever after 的结局吗？

---

① Rodriguez v. Maricopa County Community College District, 605 F.3d 703, 708 (9th Cir. 2010).

第七章
知识产权:学术的价值和价码

  为取得研究发现的知识产权并最终将它置于专利法的保护之下,[学者们]将学术自由向两个方向推进。作为专利系统的使用者,学者们不得不在一个经过改造的环境里调整他们的发表行为,即囿于某种条件的限制推迟发表的时间。作为已注册专利发明的使用者,学者们必须避免专利侵权,这对达到其研究的初衷会产生负面影响,并殃及其对于现有知识与技术的改进与发展及对社会的福祉。

——斯特劳斯

一

  1842年的情人节,纽约上流社会在当时最为时尚的公园剧院(Park Theatre)[①]为一名特殊的客人举行了一场盛况空前的晚

---

① 位于今天纽约市政厅附近。1848年12月16日剧院毁于一场大火。

会。这是今天的摇滚巨星才能得到的礼遇，而客人是一位来自英国的小说家查尔斯·狄更斯（Charles John Huffam Dickens）。这一年狄更斯年方三十，但已誉满全球。他的《匹克威克外传》（*Pickwick Papers*）和《雾都孤儿》（*Oliver Twist*）等作品不仅在英国甫一出版便洛阳纸贵，而且在大洋彼岸的美国同样风靡一时。狄更斯毫不掩饰他的得意和兴奋，与妻子凯瑟琳在三千宾客的簇拥下劲舞直至天明。①

然而，宾主间的两情相悦并未持续多久。随着美国之旅的展开，这位英国绅士很快就被这个社会粗放的社交礼仪惊得目瞪口呆：在中西部，同桌人的餐桌礼仪让狄更斯觉得自己在与一群动物共餐；在克利夫兰，他的妻子还在床上，外面就有人往里窥看；在首都华盛顿，街道上随处可见的是嚼烂后吐出的烟草。最让他难以忍受的是，亲眼看到自己的书在美国如此畅销，出版商已经赚得盆满钵满，但作家本人却分毫未得。当时美国的版权法仅保护本国作者，所以他的书在英国一出版就被以最快的速度运到美国，而出版商则以极其低廉的价格将盗版向全国发行。

狄更斯开始向他的东道主兴师问罪。他将无良出版商叫做"美国强盗"，并在接下来的每一次讲演会和欢迎晚会上都不失时机地声讨盗版行为。在波士顿的一场晚宴上，狄更斯这样教训他的东道主：

> 在［版权］方面，国际的安排必不可少；英国已经尽其

---

① "When Charles Dickens fell out with America," BBC News 14 February 2012. Available at https://www.bbc.com/news/magazine-17017791.

责任，我相信现在到了美国尽其责任的时候了。大国之所以为大国，首先是因为它恪守正义；其次是因为没有正义，你永远不会拥有并保住你们自己的文学。①

狄更斯的美国听众并不以为然。《哈特福德时报》(Hartford Times)反唇相讥：

> 狄更斯先生在他的讲演中提到[我们需要]国际版权法。……碰巧在这个话题上我们并不需要他来开导，狄更斯先生最好从现在起不要再提到这个话题；进一步谈下去不会让人感到愉快。②

这场"美国骂战"(Quarrel with America)一直持续到狄更斯打道回府。回到英国后他又在两本美国游记和一本小说《马丁·翟述伟》(The Life and Adventures of Martin Chuzzlewit)中继续对"美国强盗"口诛笔伐。"我们被他描述成一个肮脏、血腥的民族，"美国一家报纸写道，而他在我们眼里只是一个"在伦敦拥挤不堪的贫民窟里鬼混了大半辈子的俗不可耐的下三滥"。③

有意思的是，狄更斯之所以对"美国强盗"如此愤怒，原因是钱：他认为他们偷走了原本属于他的巨额版税，使他成为美国现行版权法下最大的输家。但他的美国东道主对他同样愤怒，原

---

① W. G. Wilkins (1911), "Charles Dickens in America," p.33, see E. G. Hudon (1964), "Literary Piracy, Charles Dickens and the American Copyright Law," *American Bar Association Journal,* Vol. 50, No. 12 (December, 1964), p.1159.

② Ibid.

③ "When Charles Dickens fell out with America," BBC News 14 February 2012. Available at https://www.bbc.com/news/magazine-17017791.

因也是钱：在他们看来，这个居高临下的英国佬要求别人既要膜拜他的天才，又要照顾他的钱包。①

更有意思的是，原来今天到处骂别人盗窃知识产权的美国人，居然自己也是"强盗"出身，亦曾被别人骂得狗血喷头！以今日相隔一个半多世纪的后见之明，这场骂战起码有两个精彩看点。其一，双方都认为对方以怨报德，贪得无厌，嗜钱如命；钱成为这场骂战的焦点。然而，俗话说，能用钱解决的问题都不是问题。关于这一点我们在本章结束时再给诸位看官透露这场骂战最后如何收场。其二，这场骂战发生的时间好到不能再好：狄更斯简直就像是老天爷给崛起中的美国特别是美国大学送去的义务版权知识宣传员，而骂战不啻为现代工业化社会所不可或缺的一场有关如何保护知识产权的演习。

二

早在殖民地时期，十三个殖民地中的十二个（除特拉华州之外）就已经各自开始建立保障居民知识产权的系统。1787年通过的《美国宪法》第一条第八款第八项规定，国会有权"为促进科学和实用技艺的进步，对作家和发明家的著作和发明，在一定期限内给予专有权利的保障"。国会在1790年4月10日和5月31日分别发布专利法和版权法，保障专利拥有者和作者14年内拥有专权，此后假如他们还活着的话可以申请获得另一个14年

---

① "When Charles Dickens fell out with America," BBC News 14 February 2012. Available at https://www.bbc.com/news/magazine-17017791.

的保护期限。需要一提的是,这部版权法特别注明不禁止拷贝外国作家的作品,也许这就是为什么狄更斯只能诉诸骂战而不能诉诸法律的原因所在。此后专利法和版权法经过多次修订,为之后二百多年来美国的技术进步与国运昌盛提供了法律保障。

法律虽然有了,但在其后很长一段时间内,法庭对知识产权的保护抱着一种极不情愿的态度;建国后 50 年内有关版权的诉讼大多以失败告终。与英国的判例法相比,美国法庭经常不厌其烦地追究原告的版权诉求所具有的法律依据。[1] 直到 19 世纪后半期和 20 世纪初,对于侵权行为,法庭还经常拒发临时或永久禁令(preliminary or permanent injunction),理由包括被告只是部分抄袭而非全部抄袭[2],涉嫌抄袭的并非"唯一的抄本"且难以超越原创[3],侵权是出于无知,并无商业目的[4],等等。

知识产权是否得到保护,不是美国早期古典学院的教授们需要关注的问题。在当时人们的眼里,学院教授的本职工作就是教书,而且他们的教学还需符合社会普遍接受的道德准则。既然无需从事学术研究,自然也不会创造和拥有任何知识产权。这一现象到 19 世纪中期有所改变。19 世纪初美国掀起留学德国的热潮,很多人学成归来进入学院或大学任教,将德国学术自由的观念(Lehrfreiheit)带进美国校园,德国研究型大学的模式亦开始影响美国古典学院。转型中的美国大学开始仿效德国,将独立探索

---

[1] M. A. Lemley, and E. Volokh (1998), "Freedom of Speech and Injunctions in Intellectual Property Cases," *Duke Law Journal*. 48(147), pp.154−155.

[2] Dun v. Lumberman's Credit Ass'n, 209 U.S. 20 (1908).

[3] White v. Bender, 185 F. 921 (C.C.N.D.N.Y. 1911).

[4] Hansen v. Jacquard Jewelry Co., 32 F. 202,203−04 (C.C.E.D. Mo. 1887).

真理作为大学的使命,而执行这一使命的教授自然不能甘当宗教道德的传声筒了,而必须是一群能够"究天地之际,通古今之变,成一家之言"的独立的研究者。有研究就有发表,有发表就有产权,有产权就需要保护。"无需惊讶的是,因为巨大的金钱及其他利益所在,由学术活动衍生的对产权和其他商业权利的法律诉求在法庭上与日俱增。"[1]

克里斯蒂安·彼得斯（Christian Heinrich Friedrich Peters）是著名的天文学家,汉密尔顿学院（Hamilton College）的教授和里士费尔德天文台（Litchfield Observatory）台长。他一生共发现48颗小行星,并着手开始编纂小行星目录。他希望这个目录能够收入天上所有的行星及其位置,最终形成一张天图。为此他聘用了波尔斯特（Charles A. Borst）来帮助他完成这项工作。波尔斯特是彼得斯以前的学生,他用彼得斯的原图,加上自己通过计算得到的行星位置,终于在1888年完成了一部3500页的小行星目录。在书的扉页上他将自己列为唯一作者,并加上"在克里斯蒂安·彼得斯指导下"完成的字样。彼得斯见到扉页后勃然大怒,将它撕得粉碎,投入火炉,并命令波尔斯特将全书交给他审阅。在他的要求遭到拒绝后,彼得斯将波尔斯特告上法庭,要求将自己列为原著作者。波尔斯特争辩说,书中绝大多数的小行星定位是由他完成的,所以应当是他而不是彼得斯享有著作权。[2]

---

[1] A. Gajda (2009), *The Trials of Academe: The New Era of Campus Litigation*, Harvard University Press, p.118.

[2] Peters v. Borst, 9 N.Y.S. 789, 798 (N.Y. Sup. Ct. 1889); A. Gajda (2009), *The Trials of Academe: The New Era of Campus Litigation*, Harvard University Press, pp.122–124.

1889年纽约初审法庭判定彼得斯胜诉,但有人批评说是因为法官在学术明星面前乱了方寸,根本没有搞懂此案所涉及的学术问题。1890年7月18日彼得斯因心脏病突发去世。四年后纽约高等法院审理上诉案时,推翻了下级法院早前的判决。上诉庭法官是否在为波尔斯特主持公道姑且不论,他为此发表的判决理由却实在有点莫名其妙:"波尔斯特仅是彼得斯的一名助理,上班时间需要协助天文台的工作……其余时间倾尽全力,夜以继日,提升了彼得斯的声望,但年薪只得区区六百美元……简直惨不忍睹。"[1]法官因此下令重审此案。不知法官是否有时也会犯迷糊,重申此案当然可以,但总不至于再动干戈,仅仅是为了可怜波尔斯特工资太少吧!这和此案判决公正与否有关系吗?

事已至此,当事人对这场官司和对小行星目录本身都兴趣不再。法庭没再开庭,目录也从未出版。

"彼得斯诉波尔斯特"一案的结局虽然有点让人感到窝囊,但它的意义却非同一般。假如说"美国骂战"在钱的问题上纠缠不清,这场官司却几乎没有和钱扯上关系(除了那位上诉庭法官为波尔斯特的工资打抱不平),而是围绕两位学者对于学术成果的贡献展开。著名知识产权问题专家迈克舍利(Corynne McSherry)指出,版权法假设作者写作的动机是为了金钱的利益,从而催生了以知识为商品的市场经济(market economy)。[2]但是,学者却是为"荣誉"(honor)而写作,因此他们将自己的

---

[1] A. Gajda (2009), *The Trials of Academe: The New Era of Campus Litigation*, Harvard University Press, p.124.

[2] C. McSherry (2001), *Who Owns Academic Work? Battling for Control of Intellectual Property*. Cambridge, MA: Harvard University Press, pp.77–80.

作品当作"礼物"（gift）贡献出去,亦期待从其他学者那里得到"礼物",从而催生了"礼物经济"（gift economy）。市场经济是为了商品生产而对劳力与资本进行分配的机制,而礼物经济则是在学术共同体内为了再生产而进行资源分配的机制。换言之,在学术共同体内,作者的每一项贡献都和他的名字连在一起,而他在得到这项"荣誉"的同时,也从其他学者那里得到"礼物"。因此,版权之争的当事人大多为利益而战,而学术圈内的纠纷双方更多是为荣誉而战。麻烦的是,在当代研究型大学里,市场经济侵蚀礼物经济,荣誉和利益常常相互纠缠,难解难分,闹得不好就上了法庭。

迈克尔·莫尔顿（Michael Moulton）是佛罗里达大学的教授。他要求选课的学生购买他在福克纳出版社（Faulkner Press）出的两本教科书,并要求学生在上课时记笔记。2008 年的一天,他突然发现自己的讲课笔记被一家名叫"爱因斯坦笔记"（Einstein's Notes）的公司出版并在校园里销售。这家公司专门雇用学生在上课时记录详尽的笔记,经编辑出版后再卖给后来选修同样课程的学生。莫尔顿控告笔记公司侵犯版权,要求法庭发布禁令,禁止笔记公司继续发行他的课堂笔记。[1]

被告在法庭上答辩说,莫尔顿授课以讲述为主,辅以电影,而考试问题大多来自他放映的影片。因为他的讲课（lectures）主要是由事实资料组成,被告不认为这些材料受到版权的保护。至于莫尔顿教授在课堂上使用的书面材料也不是以原著的形式

---

[1] Faulkner Press, LLC v. Class Notes, LLC, 756 F. Supp. 2d 1352 (N.D. Fla. 2010).

和风格呈现,因此也不能受到版权的保护。① 莫尔顿的律师则认为,学生在课堂上所有笔记都是教授的知识产权,因此未经教授授权而发表其课堂笔记就是对教授版权的侵犯。学生保存笔记留作己用,这在版权法中叫做"合理使用"(fair use),卖给别人即属侵权。②

这个案例的复杂之处在于,原告向被告讨的不是金钱,而是一个说法:教授对自己的讲课拥有版权。假如这个说法成立,迈克舍利认为,也许会引发"第二次学术革命"③:"授予讲课以产权,我们不可避免地会将所有学术工作都'财产化'了……这将把学术活动及教学方法重新定位到商业关系网络即市场经济的中心位置。"④ 再往前走一步,我们会发现,当教授们涌向法庭,要求将自己表达的思想注册版权,或是要求法庭颁发禁令禁止他人使用,那么大学课堂便不再是知识传播和思想自由交流的场所,而须受到市场经济的规管与限制。

其实这个案例还有一个维度值得考究。假如教授的讲课受到版权保护,那么学生在课堂上写下的笔记是否也受到版权保护呢?按照版权法,只要学生的笔记在教授讲课的基础上经过"重

---

① Faulkner Press, LLC v. Class Notes, LLC, 756 F. Supp. 2d 1352 (N.D. Fla. 2010).
② Ryan Singel, "Lawsuit Claim: Students' Lecture Notes Infringe on Professor's Copyright," *Wired Blog Network*, Apr. 4, 2008, http://blog.wired.com/27bstroke6/2008/04/prof-sues-note.html.
③ 学术界一般将19世纪中期美国教学型的古典学院(比如哈佛学院、哥伦比亚学院)向研究型大学(比如霍普金斯大学)的转变视为第一次学术革命,而将20世纪七八十年代开始大学将学术研究成果推向社会、积极推行技术转移视为第二次学术革命。
④ C. McSherry (2001), *Who Owns Academic Work? Battling for Control of Intellectual Property*. Cambridge, MA: Harvard University Press, p.102, 110.

订、改编、转型"①,并征得教授或学校授权,原则上笔记也有版权。但这样的作品又有多少原创性呢?② 再说,假如教授在课堂上分享自己的研究特别是正在进行中的研究,那么学生是否可能捷足先登,将这样的笔记注册版权呢? 今后哪一个傻瓜教授还愿意与学生分享研究心得或成果呢?

果然,不能用钱解决的问题才是真正的问题。

三

根据美国国会在 1978 年修改后的版权法,所有雇员在受雇期间完成的作品(work for hire),其版权都属于雇主,包括大学教授在大学工作期间完成的学术研究。③ 但有很多大学的政策允许教授对他们创作的"传统的、学术性的、受到版权保护的作品"(traditional academic copyrightable works)拥有版权,这就包括了课堂笔记、书籍、论文、小说、非虚构作品、诗词、音乐、戏剧、文章、教育软件、图片、雕塑等几乎所有不是在大学要求范围里完成的作品。美国大学教授协会(AAUP)在关于版权问题的陈述(Statement on Copyright)中指出,教授保留绝大多数作品的版权,无论是从政策、实践,还是学术自由的角度来看都是非常必

---

① Copyright Law of the United States 17 U.S.C. §§ 101, 103.
② M. P. Matthew (2013), "Taking Note: On Copyrighting Students' Lecture Notes," *Richmond Journal of Law & Technology* 19(6) article 2, p.18. Available at: http://scholarship.richmond.edu/jolt/vol19/iss2/2.
③ A. Gajda (2009). *The Trials of Academe: The New Era of Campus Litigation*, Harvard University Press, p.121.

要的。[1]事实上，大学在版权问题上的表现一直比较大方，不太计较，其主要的原因也许是"传统的、学术性的、受到版权保护的作品"所涉及的经济利益几乎微不足道。相比之下，同样是知识产权，大学对于教授科研产生的专利权就不如他们对待版权这么淡定了。

1937年约翰·费恩（John Fenn）从肯塔基州的一个小镇来到纽黑文，进入耶鲁大学攻读博士学位，并在毕业后留校任教，直到1987年按照学校规定退休。退休后费恩作为荣休教授兼资深研究科学家继续在大学工作，并在一年后发明一种化学光谱分析法，取得了专利。[2]1993年耶鲁大学发现了费恩的专利，曾要求他转交给大学，但被后者拒绝了。费恩没有对耶鲁透露这个发明的商业价值，但他此时已经和以前的学生合伙成立公司，准备进入市场。据估计，这项发明对于药物研究有着巨大的应用价值，以此专利生产化学光谱分析仪器，其市值将达到20亿美元。[3]

耶鲁大学关于教授发明专利的规定几经变迁。1975年大学成立专门委员会讨论专利政策，费恩也是委员会成员之一。这一轮讨论的结果是将教授发明所得专利许可的收入从15%提高到50%。1980年后耶鲁大学对专利政策作出调整，重申大学拥有专利，教授在取得专利后必须立即向大学报告，并将教授从专利许

---

[1] AAUP (1999), "Statement of Copyright," Available at https://www.aaup.org/report/statement-copyright.

[2] Fenn v. Yale University, 283 F. Supp. 2d 615, 625–626 (D. Conn. 2003); A. Gajda (2009), *The Trials of Academe: The New Era of Campus Litigation*, Harvard University Press, pp.118–120.

[3] Marilyn Alva (2006), "Leaders and Success," *Investor's Business Daily*, Apr. 11, p.A4.

可的收入从50%下调到不超过30%。在给校长的一封信中，费恩表达了自己对新政策的异议。1989年耶鲁再次对专利许可收入进行调整，规定发明者可得10万美元以下收入的50%，10万到20万收入的40%，20万以上的30%。[1]

1994年费恩离开耶鲁大学，成为弗吉尼亚联邦大学（Virginia Commonwealth University）的研究教授。不久后他以不正当交易手法和窃取专利等数项指控将耶鲁大学告上法庭，而后者亦以违反合约和窃取专利等数项指控反诉费恩。就在案件快要进入最后庭审时，费恩被授予2002年诺贝尔化学奖。但是，诺奖的评委们可不是来给费恩帮忙的；相反，他们是来添乱的。诺贝尔基金会在其发布的新闻稿中赞扬费恩的发明及其专利对新药开发所具有的革命性意义，而且"在其它领域的应用前景广阔，比如食品管理及乳腺癌和前列腺癌的早期诊断"。[2] 费恩曾对耶鲁大学声称他的发明不具有商业应用价值，而这段颂扬词坐实了他的欺诈行为。

法庭认为，费恩作为耶鲁大学的教授，必须对大学保持完全忠诚（undivided loyalty），因此他隐瞒所得专利及其应用价值构成对大学的违约，以及对大学所拥有的知识产权的侵吞。因此，法庭判决费恩须将专利交给耶鲁大学，并赔偿大学100万美元外加律师费用。[3]

记得鲁迅小说《孔乙己》中的主人公在咸亨酒店喝酒时，有

---

[1] Fenn v. Yale University, 283 F. Supp. 2d 615, 625–626 (D. Conn. 2003).
[2] The Nobel Foundation, "Press Release: The Nobel Prize in Chemistry 2002," Available at: http://www.nobel.se/chemistry/laureates/2002/press.html.
[3] Fenn v. Yale University, 2005 U.S. Dist. LEXIS 1827 (D. Conn. Feb. 8, 2005).

人调侃说看到他偷了何家的书,被吊着打。"孔乙己便涨红了脸,额上的青筋条条绽出,争辩道,'窃书不能算偷……窃书!……读书人的事,能算偷么?'"的确,偷书固然不是件光彩的事,但在我们老祖宗看来,将文人与偷鸡摸狗之流等而视之,更是有辱斯文。因此,我敢保证费恩和耶鲁间的官司在中国一定打不起来:费恩这么大牌的教授,即便在专利问题上对大学有所隐瞒,但这不就是孔乙己口中"读书人的事"吗?耶鲁这么大牌的学校,值得为这区区几十万美元大打出手吗?而法庭更是不可思议,居然将堂堂的诺贝尔奖得主判为败诉,让他赔了夫人又折兵。

认死理的美国人还真想不通这样的道理。事实上,大多数专利纠纷就像是一道光谱,一头是利益问题,另一头则是诚信问题。

乔安妮·周(Joany Chou)是芝加哥大学分子遗传学领域的研究人员,1983年起作为博士生和博士后在罗兹曼(Bernard Roizman)教授的带领下进行疱疹病毒疫苗(vaccine for the herpes virus)的研究。[1] 1991年2月成功研制出疫苗后,周曾问过罗兹曼他们是否应该就这项发明注册专利权,但罗兹曼认为这样的研究不符合申请专利的资格。[2] 以周对罗兹曼的信任,便再

---

[1] Chou v. University of Chicago, 2000 WL 222638, *1 (N.D. Ill. 2000), rev'd 254 F.3d 1347 (Fed. Cir. 2001); K. Grimshaw (2001), "A Victory for the Student Researcher: Chou v. University of Chicago," Available at https://scholarship.law.duke.edu/cgi/viewcontent.cgi?article=1034&context=dltr.

[2] 按照专利法,一项发明必须符合以下五个条件才具有申请专利的资格:(1)主题具有专利性;(2)有用;(3)具有足够的应用性,能为他人所运用或操作;(4)创新性;(5)代表了对于现有技术的并非显而易见的改进。(M. T. Barker, "Patent litigation involving colleges and universities: an analysis of cases from 1980—2009." PhD thesis, University of Iowa, 2011. Available at: https://doi.org/10.17077/etd.z1290gi7)

也没有想过专利一事。在接下来的五年里，周继续与罗兹曼合作，联手发表诸多论文。罗兹曼作为研究团队的领军人物也在这个领域名声大振，获奖无数。

1996年6月，罗兹曼突然对周说，她要是不主动离开他团队的话，他会将她开除。周以为他是在开玩笑，并未放在心上，而是继续她的工作，直到12月发现罗兹曼已经下令不许她再进入实验室。带着疑惑周开始寻找罗兹曼解雇她的原因，事情不久就真相大白了。原来早在1991年周提出申请专利的想法时，罗兹曼口中表示这项研究不具专利性，但私下已经悄悄开始以自己个人的名义申请专利。罗兹曼在成功取得专利后，按照学校规定将专利权转交给芝加哥大学。但是，罗兹曼作为发明者可以从学校得到25%的专利许可收入，外加以此专利进行商业活动的公司25%的股权。罗兹曼的小算盘是，假如周还在实验室工作，有朝一日发现自己背后的操作，很容易通过实验资料证明她参与了这个发明的研究过程。所以他必须在她发现之前先将她扫地出门，这样她就无法出示任何关于他们俩早前合作的证据了。

周一怒之下将罗兹曼、芝加哥大学和取得专利技术转让的公司告上了法庭。她不仅要求将自己列为这项专利权的发明者之一，而且控告罗兹曼背弃信托（fiduciary duty）、违反合约以及不当得利。然而，初审法官认为，即便周能够证明她是发明者，她也不具有挑战这项专利权的"法律地位"（legal standing），因为她不具有专利权的所有者权益（ownership interest）；况且作为大学的雇员她的每一项研究成果都属于大学。再说，他们的研究是否具有申请专利的价值或可能，罗兹曼并没有义务通知周，因此他并未背弃任何承诺。

联邦上诉法庭认为下级法庭的判决错得离谱。按照专利法,这项专利的所有者权益属于大学,但她在此争取的是她作为发明者的权利;再说也没有任何法律规定只有专利拥有者才能就专利问题提起诉讼。初审法官在此制造了一个逻辑怪圈,试图否认她是这个专利的利益相关者。既然如此,上诉庭法官也没有在发明权问题上逗留,而是从发明者所具有的利益特别是经济利益着手。从这个角度看,周虽然不是专利权的所有者(专利权属于大学),但她作为发明者可以从技术转让中得到部分专利许可费,据此她的确是利益相关者。罗兹曼作为研究团队的领导虽然有权就重大问题作出自己的决定,但他也有义务将他的决定告知团队的学生与研究人员。作为导师他对学生更有一种信托责任和最高程度的忠诚,这种责任与忠诚不允许他为了一己私利而背叛学生。因此周对罗兹曼背弃信托的指控成立;由于罗兹曼代表大学解雇周,周对芝加哥大学违反雇佣合约的指控也成立。

周的胜诉不仅维护了发明者应得的专利权及其相关的经济利益,更重要的是,这个案例将高校科研中的弱势群体——博士生、博士后和实验室一般研究人员的权益提上了议事日程。美国大学科研体制类似于演艺界的明星制,大牌教授以其声望与实力取得科研经费,所以在一般实验室里被称为"老板"。在这样的体制下,任何科研成果的取得,"老板"固然功不可没,但团队的努力也不能忽略。联邦上诉法庭借助此案强调了教授对学生所具有的不可推卸、更不容亵渎的信托责任。

四

1980年国会通过"拜杜法案"(The Bayh-Dole University and Small Business Patent Act of 1980, Public Law 96-517),旨在推动由联邦政府资助的科研成果产业化,刺激经济发展,使得纳税人能够享受由税款资助的科研带来的实际利益。这个法案规定研究者所在的大学可以拥有知识产权,并规定大学从技术转移得到的专利许可费必须与发明者分享。不难想象,这个法案为受到政府资助的大学科研成果的转化提供了一个激励机制,因此1980年后大学取得专利的数量比之前激增16倍。[①] 之后近30年间,大学取得的专利占了美国所有专利的四分之一,而他们每年从这些专利所得的许可费则达到26亿美元。[②]

巨大的利益引发大量的诉讼,而取得或延长一些具有极大商业价值的专利权成为很多美国大学技术转移办公室志在必得的目标。理查德·阿克塞尔(Richard Axel)是哥伦比亚大学教授,2004年诺贝尔生理学或医学奖得主。他因发明并转化技术得到著名的"阿克塞尔专利"(the Axel Patents),在制药工业中应用广泛。自1981年起阿克塞尔任职的哥伦比亚大学仅从这一项专利就取得大约3亿到4亿美元的专利许可收入。2000年"阿克

[①] M. T. Barker (2011), "Patent litigation involving colleges and universities: an analysis of cases from 1980−2009." PhD (Doctor of Philosophy) thesis, University of Iowa, p.28. https://doi.org/10.17077/etd.z1290gi7.

[②] G. Blumenstyk (2010, February 15), "University inventions sparked record number of companies in 2008," *The Chronicle of Higher Education*.

塞尔专利"的 20 年期限即将结束。在校友格雷格（Judd Gregg）参议员的帮助下，哥大试图游说国会通过一项条款将这项专利延长 14-18 个月。据当时哥大技术转移办公室主管（现任亚利桑那州立大学校长）克罗（Michael Crow）博士的估计，假如游说成功，哥大可以得到 1 亿美元的收入。最后他们的努力在工业界的强烈反对下未能通过。[①]

然而，哥大并未就此罢休。通过申请部分延续案（Continuation-in-Part Application），哥大成功地将"阿克塞尔专利"延长到 2019 年。这就意味着那些为购买这项专利权已经付费多年的制药公司还要在今后的 20 年内继续向哥大支付专利许可费，他们的愤怒可想而知。至 2003 年底，哥大成为五大生物技术公司发起的三项诉讼中的被告。[②] 这时社会舆论对哥大在"阿克塞尔专利"上的所作所为已经非常不利，有人将哥大比作"咄咄逼人的美国公司"（an aggressive U.S. corporation）。[③] 哥大最后虽然如愿以偿得到专利，也赢了官司，但面对社会上恶评如潮，再加上诉讼费用高昂，只得承诺不再就"阿克塞尔专利"起诉制药公司，事实上放弃了对专利的执行权。但是，哥大仍然坚持这个专利延长的有效性。

从公共关系的角度来看，哥大在"阿克塞尔专利"上的诉讼及其受到的铺天盖地的批评，实在有点得不偿失。然而，媒体、社会甚至某些法官对哥大在专利问题上"咄咄逼人"态度的批

---

① Washburn, J. (2005). *University, Inc.: The Corporate Corruption of Higher Education*. Cambridge, MA: Basic Books, p.157.
② Trustees of Columbia University v. Roche Diagnostics, 343 F. Supp. 2d 35 (2004).
③ Colaianni, A. and Cook-Deegan, R. (2009). Columbia University's Axel Patents: Technology Transfer and Implications for the Bayh-Dole Act. *The Milbank Quarterly*, Vol. 87, No. 3, pp.683-715. Available at https://www.jstor.org/stable/40345077.

评，更多是出于一种道德的评判。如果专利法允许延长，那么哥大何错之有？相反，因为这项专利对于大学来说涉及如此巨大的经济利益，光是从大学维护自身权利的角度亦无可非议。哥大最后放弃诉讼，只是在巨大的诉讼费用面前不愿陪着药业公司继续"玩"下去了，而在法律上并不算输。倒是杜克大学两位学者在深入研究了围绕"阿克塞尔专利"产生的诉讼后提出这样的问题："这个案例研究对于未来'拜杜法案'的修订提出了若干重要问题：这个法案的既定目标不就是创收和奖励有价值的技术发明吗？如果的确如此的话，联邦政府难道不需要就[法案]所赋予的权益建立可信的监管或制衡机制？"[1]

事实上，"拜杜法案"从它诞生的那天起就争议不断。很多大学将研究者所在的大学可以拥有知识产权这项规定理解为教授的一切发明创造都归大学所有，包括将教授发明所得的专利授权给工业界，从中得到的许可费、股权以及其他收入。正是因为这样的解读，教授科研对于大学来说意义重大：能否拥有一些具有极高商业价值的专利成为每一所大学未来发展的兵家必争之地。问题在于，联邦政府至今未对"拜杜法案"进行修订，也没有为此专门建立任何监管或制衡机制。只是最高法院在 2011 年通过"斯坦福大学诉罗氏公司"[2]一案，对专利的所有权问题作了一些解读。

1985 年加州一家名为 Cetus 的小公司开始对艾滋病病毒（HIV）进行研究，并在 1988 年与斯坦福大学传染病学系合作开发艾滋病新

---

[1] Colaianni, A. and Cook-Deegan, R. (2009). Columbia University's Axel Patents: Technology Transfer and Implications for the Bayh-Dole Act. *The Milbank Quarterly*, Vol. 87, No. 3, p.684. Available at https://www.jstor.org/stable/40345077.

[2] Stanford University v. Roche Molecular Systems, Inc., 563 U.S. 776 (2011).

药。就在此时，霍罗德尼博士（Mark Holodniy）加入斯坦福大学，成为传染病学系的研究员，并在与大学签订的合约中同意将他在职期间所有发明的"权利、所有权和股权"（right, title and interest）交给大学。按照系里的要求，霍罗德尼参与了与 Cetus 公司的合作研究。为了能够进入 Cetus 公司的实验室，他又应公司要求签署协议将任何发明的"权利、所有权和股权"交给公司。他与 Cetus 公司的员工合作，开发了一种艾滋病病毒的检测方法，然后回到斯坦福与同事一起对这种方法进行测试。最后斯坦福大学因此技术取得三项专利权，并按照"拜杜法案"的要求，授予政府以非排他性、不可转让、已经付费的许可证等条件使用这项专利，也通知了资助这项研究的联邦政府，大学有意保留该项专利的所有权。

1991 年罗氏公司（Roche Molecular Systems）收购了 Cetus 公司及其艾滋病病毒的检测技术，并开始在全世界出售利用这项技术开发的试验盒。2005 年斯坦福大学控告罗氏公司的艾滋病病毒测试盒涉嫌侵犯斯坦福大学拥有的专利权，但罗氏公司辩解说，霍罗德尼在进入 Cetus 公司时所签署的协议使得 Cetus 公司成为这项专利合法的共同拥有者，因而罗氏公司在收购 Cetus 公司时，同时取得了该公司所拥有这项专利的所有权。初审法庭认为，按照"拜杜法案"的规定，霍罗德尼无权将自己的专利权交给 Cetus 公司，因此斯坦福大学是这项专利的合法拥有者。然而联邦上诉法庭则不同意。法官认为，既然霍罗德尼将自己的权利交给了 Cetus 公司及其后的罗氏公司，那么罗氏公司就是这项专利的持有者。进而言之，"拜杜法案"的实施并不意味着发明者就自动失去其专利的拥有权；换言之，斯坦福大学作为霍罗德尼的雇主并不能自动拥有雇员的所有发明创造。由此看来，罗氏公司也是这项专利的持有者。2010年11月联邦最高法院同意受理此案，并在2011年6月6日宣布审判结果。以罗伯茨（John Glover Roberts, Jr.）首席大法官为首的多数派意见认为，美国专利法自1790年以降始终赋予"发明者"专利权，而"拜杜法案"并没有包含任何语言足以改变这一最初的设定。

没有任何其他人比美国教授协会（AAUP）更加欢迎最高法院的这个裁决了。早在庭审期间AAUP就向法庭提交过一份书状（Amicus Brief），指出美国专利法保护发明者作为专利权的拥有者所具有的基本权利，而这个权利不能因为"拜杜法案"允许大学拥有专利权而有所改变。最高法院的判决显然支持了这个观点。更重要的是，AAUP在之后发表的一份报告中指出，斯坦福及其他很多大学之所以肆无忌惮地要求教授放弃他们作为专利持有者的权利，是因为这些大学将教授等同于一般公司的雇员，而只有后者才有义务将他们的所有劳动成果交给雇主。[①]的确，AAUP早在1915年发表的《关于学术自由和教授任期的原则声明》[②]中就指出，大学教授必须是具有独立身份的专家才能保持学术自由并服务于社会的利益，为此他们的身份只是受到大学任命（appointees），而不是大学的雇员（employees）。

[①] American Association for University Professors (AAUP, 2014), "Defending the Freedom to Innovate: Faculty Intellectual Property Rights after Stanford v. Roche," Available at https://www.aaup.org/report/defending-freedom-innovate-faculty-intellectual-property-rights-after-stanford-v-roche-0. p.7.

[②] American Association of University Professors (AAUP), "1915 Declaration of Principles on Academic Freedom and Academic Tenure," Available at: https://aaup.org.uiowa.edu/sites/aaup.org.uiowa.edu/files/Gen_Dec_Princ.pdf.

五

AAUP 祭起学术自由的法宝来维护大学教授的发明权与专利权，走的是一步险棋。试想，学术自由的精髓在于让大学教授在不受任何外力干扰的情况下，自主地决定其学术研究的方向，并自由地表达其学术研究的成果，而版权法与专利法的原意，则是禁止他人在未经许可的情况下使用或传播教授的学术研究成果。对此，德国学者斯特劳斯（Joseph Straus）的论述可谓一语中的：

> 为取得研究发现的知识产权并最终将它置于专利法的保护之下，[学者们]将学术自由向两个方向推进。作为专利系统的使用者，学者们不得不在一个经过改造的环境里调整他们的发表行为，即囿于某种条件的限制推迟发表的时间。作为已注册专利发明的使用者，学者们必须避免专利侵权，这对达到其研究的初衷会产生负面影响，并殃及其对于现有知识与技术的改进与发展及对社会的福祉。[①]

在此有必要"复习"一下学术自由的"原生态"长什么样。学术自由就是在没有任何商业目的驱使的条件下，教授们根据自己的学术兴趣自由确定研究的方向和课题。他们也总是处于一种竞争状态，但他们竞争的不是取得专利权以及随之而来的经济

---

① Joseph Straus (n.d.), "Intellectual property versus academic freedom? A complex relationship within the innovation ecosystem," Available at htps://portlandpress.com/DocumentLibrary/Umbrella/Wenner%20Gren/Vol%2084/Chapter_06.pdf. p.63.

利益,而是在自己的研究领域里成为那个最先发表新理论、新发现的人,从而将这个领域的知识积累推上一个新的高度。正是因为大学教授在从事科研时较少功利目的(他们最大、最直接的功利目的是大学内部的晋升),所以他们在设计研究项目时能够承担企业所难以承受的经济风险。与企业的产品开发相比,大学科研不那么急功近利,不那么固步自封,更具前瞻性,也更加大胆。作为学术发表,他们可以毫不顾忌地分享他们的原始数据和研究方法,以便他人重复和检验其实验结果。

这种所谓的"原生态"随着商业利益的步步入侵,在今天的校园里已经一去不返;即便偶尔在有些教授身上"古之遗直,复见于卿",大学亦无法淡定如初。"拜杜法案"的原意仅仅是鼓励大学将政府用税款资助大学从事科研所得成果尽可能地回馈社会,而技术转移的先决条件是大学与企业的合作。正是在政府、企业和大学的交集点上,大学科研的景致实现了由昔日乡村风景画向今日都市繁华图的蜕变。

几乎所有以探索新知为目的的科研都像是在全新的水域里(uncharted territory)航船,而"拜杜法案"的实施让这片原本人迹罕至的水域变得极其复杂。研究者除了必须在侵权和被侵权的各种陷阱面前绕道而行,而且还常常需要应其专利的持有人(很可能是大学)或科研的资助人(很可能是企业)的要求,推迟或改变他们发表科研成果的时间或方式。换言之,专利制度虽能在一定程度上保护学术自由,但学者们也必须为此付出相当的代价。

范德堡大学(Vanderbilt University)的科尔宾和弗兰西斯(Jackie

D. Corbin and Sharron H. Francis ）两位教授在这片复杂水域里的航程就不幸触礁了。[1]从1989年开始他们与葛兰素集团（Glaxo Group, Ltd.）签订协议，由后者资助他们的研究。根据协议范德堡大学拥有知识产权，而葛兰素公司则得到未来发明的许可协议。在接下来的三年间里，范德堡的科学家们向葛兰素提供了若干次关于研究进度的报告。1992年1月范德堡的教授们向葛兰素提交第二份研究资助的申请报告透露了他们的研究设计。葛兰素集团的研究者利用教授们分享的信息开发出治疗男性勃起障碍的药物西力士（Cialis），并取得专利权。葛兰素随之将此项专利的"权利、所有权和股权"交给了ICOS Corporation。范德堡大学的教授们在得知自己的研究成果被合作伙伴利用而开发出新药后，便通过法庭向ICOS Corporation追讨这项专利的共同持有权。但是，初审法庭认为教授们的研究只是为后来取得专利的新药指出了研究的方向，而原告未能提出足够的证据证明他们共同开发了这款新药。上诉法庭的法官虽然对原告同情有加，却无法在证据不足的情况下将专利判给教授们。

科尔宾和弗兰西斯两位教授对这项研究的贡献毋庸置疑。作为旁观者，我们无法断定他们在研究过程中与资助方分享的研究进度与阶段成果在多大程度上决定了新药开发的最后成功。以我们对大学科研的理解，教授们在发表的冲动和保密的必要之间一定是犯了严重的错误，以致后来在法庭上都无法提出足够的证据来证明自己的贡献。他们的研究受到企业资助，定期报告势

---

[1] Vanderbilt University v. ICOS CORP., 594 F. Supp. 2d 482 - Dist. Court, D. Delaware (2009).

在必行，但在如何保护自己的知识产权方面却显得笨拙、生疏、手忙脚乱，更没有掌握发布研究信息的尺度：他们需要透露足够的信息以便得到继续的资助，但又不能透露太多的信息以至于为他人做嫁衣裳。两位教授的遭遇让我们看到了 AAUP 为教授的学术自由奔走呐喊的用心与无奈。AAUP 以为大学是教授们拥有知识产权的潜在敌人，所以不遗余力地为之争取权益，殊不知虎视眈眈的企业才是更大的威胁。对于教授们来说，他们面临的两难是：大学科研需要发表，而企业研发需要保密。教授的研究项目需要企业的资助，但签订保密条约则有点像浮士德将灵魂押给了魔鬼。总之，在学术自由的框架里看知识产权，核心问题在于斯特劳斯所说的"发表行为"。

与企业研发相比，大学科研有着更高的可信度，原本是因为其非功利性质。一旦有利益介入，这种可信度也会受到致命的打击。关于这一点，《大西洋月刊》（*Atlantic Monthly*）记者麦克鲁斯基（Molly McCluskey）为我们讲了一个只可意会、不可言传的故事。[①] 爱荷华州立大学（Iowa State University）教授史密斯（Stephen Smith）2015 年在美国种子贸易协会（American Seed Trade Association）资助下完成了一项研究，并和其他学者发表论文，认为对转基因农作物加强知识产权的保护是农场主和消费者双方共同的利益所在。2016 年史密斯将这篇论

[①] M. McCluskey (2017), "Public Universities Get an Education in Private Industry: Can academic researchers remain impartial if they are beholden to corporate money?" *Atlantic Monthly,* April 2017. Available at https://www.theatlantic.com/education/archive/2017/04/public-universities-get-an-education-in-private-industry/521379/.

文改写后再次发表，意在引起育种专家和政策制定者的关注。此时恰逢第一拨转基因生物的专利即将到期、新的专利快要进入市场。专利权的改变意味着种子经销商可在之前受到专利保护品种的基础上推出新的品种，以便农场主们继续使用。史密斯的论文进而提出，使用受到专利保护的种子能够保证产量，当然是农场主们的利益所在；而食品产量和质量的提高，最终的受益者是消费者。当然，使用专利保护的种子是否对农场主和消费者都有裨益，吃瓜群众如你和我并无法确认，但对于杜邦先锋（DuPont Pioneer）这样的公司来说，裨益却是大大的，因为杜邦是转基因食品专利最大的持有者，它与孟山都（Monsanto）和先正达（Syngenta）公司一起控制了全球种子市场一半的份额。

问题是，史密斯论文的读者们并不清楚，杜邦公司原来是史密斯曾经任职35年之久的老雇主，而且在接受美国种子贸易协会资助开始这项研究时，他还是杜邦先锋的雇员。史密斯在杜邦所从事的研究正是受到专利保护的转基因农作物的核心技术。他从杜邦退休之后加入爱荷华州立大学，但仍以杜邦公司顾问的身份接受佣金。在论文署名时，史密斯虽然对美国种子贸易协会的资助鸣谢，并标明自己作为爱荷华州立大学教授的身份，却并未提及他与杜邦之间的关系。

麦克鲁斯基没有在她的文章中指责史密斯有任何欺诈行为，但后者作为大学教授发表的研究成果对业界乃至社会大众的影响却是不言自明的，而且他作为杜邦所持专利的发明者之一，其利益输送的嫌疑也无法避免。有学者认为，在这类由企业资助的学术研究中，也许作者身份的透明度与其发表数据的可信度一样不可或缺。①

以上案例凸显了大学教授接受企业资助开展研究可能面临的利益冲突。史密斯的解决方法是在发表时通过模糊作者的身份将冲突"和谐"掉，而卡恩（James Kahn）教授在面临同样的道德困境时却选择将真相广告天下，表现了一位科学家的良知。

Remune 是著名病毒学家乔纳斯·索尔克（Jonas Edward Salk）发明、由他建立的免疫反应公司（Immune Response Corporation, IRC）开发的一种艾滋病疗法。也许是因为索尔克发明的小儿麻痹症疫苗（polio vaccination）太过有名，人们便将这款新药也叫成艾滋疫苗。1996 年 2 月，美国食品和药物管理局（Food and Drug Administration, FDA）批准由 IRC 公司出资对 Remune 进行大型临床试验。以当时艾滋病在全世界的肆虐，感染艾滋病毒无异于死刑判决。因此，整个社会都对这场试验翘首以待，连 IRC 的股票都应声上扬。②

领导这场试验的是加州大学旧金山分校的卡恩教授和哈佛大学统计学家拉贾克斯（Stephen Lagakos）教授；数据来自全国 77 家医院的 2527 名自愿参加的艾滋病病毒感染者，通过随机分配进入药物组或对照组参加双盲试验。Remune 作为抗艾滋药物，其

---

① M. McCluskey (2017), "Public Universities Get an Education in Private Industry: Can academic researchers remain impartial if they are beholden to corporate money?" *Atlantic Monthly,* April 2017. Available at https://www.theatlantic.com/education/archive/2017/04/public-universities-get-an-education-in-private-industry/521379/.

② In Re Immune Response Securities Litigation, 375 F. Supp. 2d 983 (S.D. Cal. 2005); S. Haack (2006), "Scientific Secrecy and 'Spin': The Sad, Sleazy Saga of the Trials of Remune," *Law and Contemporary Problems*, Vol. 69, No. 3, pp.47-67; J. Washburn (2005), *University, Inc.: The Corporate Corruption of Higher Education*. Cambridge, MA: Basic Books, pp.103-108.

设计是提高病人的免疫系统,以帮助其他药物战胜病毒。根据惯例,IRC 公司还聘请了一个独立的数据监测委员会(data safety monitoring board, DSMB),负责监督数据收集。如果 DSMB 发现试验有任何问题,有权下令停止试验。当试验临近结束时,DSMB 根据已经得到的大约 95% 的数据得出结论:两组病人之间并无太大差别,因此立即叫停这场试验。由于 Remune 未能对艾滋病病毒产生预期的效果,作为一家上市公司,IRC 必须向美国证券交易委员会(United States Securities and Exchange Commission, SEC)及投资人报告研究结果。他们的报告是这样说的:虽然目前试验已经取消,但从数据的子集来看药物的效果还是正面的。

卡恩和拉贾克斯两位教授认为,作为科学家,他们必须公开发表这项研究的结果。为了得到完整的数据并加以分析,他们向 IRC 索取试验叫停后最后一次体检的数据。IRC 不仅拒绝了他们的要求,而且警告两位教授说,他们就这项研究发表任何文章都必须得到 IRC 的批准,否则公司将诉诸法庭。IRC 进而宣称,他们自己的研究表明试验药物的效果是正面的。2000 年 9 月,卡恩和他的同事向《美国医学会杂志》(*The Journal of the American Medical Association*, JAMA)提交关于此项研究的论文,但他们的研究结果只是基于他们所能得到的 90%–95% 的数据。IRC 的股票应声下跌超过 19%。

就在 JAMA 宣布他们即将发表卡恩论文的时候,IRC 将卡恩和加州大学旧金山分校告上法庭,指控他们损害公司利益,并要求赔偿 700 万至 1000 万美元的经济损失。[①] 卡恩对记者说,因为 IRC 的

---

① J. Washburn (2005). *University, Inc.: The Corporate Corruption of Higher Education*. Cambridge, MA: Basic Books, p.104.

诉讼要求他个人承担一切后果，他对于自己的处境极为担心，毕竟家里还有老小。所幸的是，加州大学自始至终为卡恩撑腰。他们向法庭提起反诉，指控IRC对研究者非法隐瞒数据。① 2000年11月卡恩的文章在JAMA发表；十个月后，法庭仲裁小组判决卡恩胜诉。

在卡恩与他的研究资助方IRC的冲突中还有一个利益相关者，即自愿参加试验的病毒感染者。他们以身试"药"，理所当然地对与切身相关的研究结果也有知情权。万一药物最后得到FDA批准得以上市，成千上万患者的知情权更加需要得到保障。作为研究的资助者和研究成果的受益者（当然只有在结果为正面时），IRC公司有着太多经济利益的牵扯。在这种情况下，研究人员个人的良知便成为维系研究伦理的最后一道防线，特别是这类涉及人体试验的研究。大学科研事关社会福祉，这在一般场合只是句套话，但在这个案例中，卡恩的学术发表已经不仅仅关乎科学的进步或医学的发展，而是为了保证在这人欲横流的商业社会里，利益不至于踩踏甚至越过人类文明的底线。从这个角度来看，大学教授的学术自由就不再抽象，更不是一件可有可无的事。所谓"兹事体大而允，寤寐次于圣心"，只是在此"圣心"可以"民心"替而代之。

六

从狄更斯的"美国骂战"至今，快180个年头过去了。倒带回放，我们发现，任何社会的进步都离不开改造、创造、发现、发

---

① J. Washburn (2005). *University, Inc.: The Corporate Corruption of Higher Education*. Cambridge, MA: Basic Books, p.107.

明，而这种以创新为驱动引擎的社会进步又离不开金钱的润滑。这就是为什么很多关于知识产权的纠纷都和金钱有关。表面看来，孔老夫子"君子喻于义，小人喻于利"的想法与现代知识产权的观念格格不入，但狄更斯的美国之旅却让我们跌破眼镜：原来西方人对金钱的看法与孔老夫子还是有不谋而合之处的。不是吗？只要听听"美国骂战"的激烈言辞就可以发现，争执的焦点在于双方都认为对方在"读书人的事"上过于斤斤计较。事过境迁，回首瞻望，我们开始理解，尽管狄更斯视美国人如蛮夷，但这是一个启蒙者的傲慢，一个先行者对后进者恨铁不成钢的责备。正是他的高声叫骂引起了著名报人霍勒斯·格里利（Horace Greeley）以及美国社会大众对知识产权问题的关注，从而间接推进了美国社会在版权和专利问题上立法的速度和力度。

在接下来的二百多年里，可以毫不夸张地说，正是不断完善的知识产权保障体系在为美国坐稳世界霸主的宝座保驾护航。随着研究型大学的崛起，创新发明的队伍如虎添翼，以致在 20 世纪后半期成就了从硅谷到 128 号公路等许多科技发展的神话。知识产权的纠纷还是剪不断、理还乱；不断变换的是主题，始终未变的是利益。同是利益，背后的世界却是五彩纷呈：有的事关声誉，有的事关诚信，有的事关公平，有的事关健康。只要人类对世界的好奇还在、探究的热情不灭，知识产权的官司就会没完没了地一直打下去。但不用担心，正如我们前面所说的，能用钱解决的问题都不是问题：这一点狄更斯故事的结局为我们作了诠释。不知是否因为在当时既没有电视又没有 WiFi，1867 年赋闲在家的狄更斯有一天突发奇想，写完小说后还想给人念——过完小说家的瘾后,再过一把朗诵家的瘾。这个主意在英国颇受欢迎,忽悠了一大通之后,他又想到美国去试试风头。但毕竟25年前曾把美国佬骂得够呛,别人是否还会记恨呢?狄更斯便托人去大洋彼岸打听了一番,得知憨厚的蛮夷们居然不计前嫌。于是乎,狄更斯第二次来到美国又待了整整六个月,沿着上次的路线走了一遍。这次没有讲演也没有骂人,而是不温不火地给人念自己的小说。与上次的旅行还有一个区别:这次当他打道回府时,带走的不是一肚子的气,而是鼓鼓的十万美金。[1]

---

[1]　E. G. Hudon (1964), "Literary Piracy, Charles Dickens and the American Copyright Law," *American Bar Association Journal*, Vol. 50, No. 12 (December, 1964), p.1159.

第三部

大学篇

第八章

大学体制：学术天地谁主沉浮？

在我看来，"官僚"权威和"专业"权威是有区别的。"官僚"权力是个人凭借其在大学等级制度中的地位所行使的权力，通常是握有官僚权力的人才能就基本政策（即"管理"决策）作出决定。而"专业"权力则是某一特定领域的专家才能行使的权力；这种权力不是来自个人的等级地位，而是来自其专业知识。与官僚权威相比，专业权威更倾向于提出咨询或作出推荐。……大学实行的大多是平行的权力结构，即行政部门和董事会行使官僚权力，教授行使专业权力。

——拉尔夫·肯尼迪

一

美国高等教育史大多从殖民地时期讲起，而1636年哈佛建校几乎成了不容争辩的起点。但平心而论，九所殖民地时期的古典学院都以欧洲大学为蓝本,其课程可以追溯到"七艺"(即文法、修辞、逻辑、天文、算术、几何和音乐),与今日美国大学之辉煌并无太大关系。建国后的美国大学有两点值得关注。其一,美国宪法没有提及教育事宜,也没有规定建立任何全国性的教育管理部门,更没有设立国立大学。虽然前六届总统都支持建立国立大学,[①]而且其中四位还向国会提交请求,但其努力最终付诸东流,将在美国发展公立高等教育的重任推给了各州政府。其二,国家的放手为私立团体留下一片辽阔的天空,各色宗教团体尤其热衷于建立学院培养学生。一时间各种学院如雨后春笋般涌现,争奇斗艳,到1860年代美国新建学院达到500多所。[②]据此,我在《美国大学小史》[③]一书中将"达特茅斯学院诉伍德沃德"[④]一案作为美国大学发展史的起点,而本章的诸多法庭案例足以证明其合理性。

达特茅斯学院的创办人是艾利扎尔·惠洛克(Eleazar Wheelock)牧师。[⑤]1769年惠洛克在英王任命的新罕布什尔州总督约翰·温特沃兹(John Wentworth)的帮助下取得了国王乔治三世签字的特许状,在新罕布什尔州建校。根据特许状,学院建立了用于募

---

① 亚瑟·科恩著、李子江译:《美国高等教育通史》,北京大学出版社2010年版,第59页。
② 同上书,第56页。
③ 程星:《美国大学小史》,商务印书馆2018年版。
④ Trustees of Dartmouth Coll. v. Woodward, 17 U.S. 518 (1819).
⑤ Trustees of Dartmouth Coll. v. Woodward, 17 U.S. 518 (1819); Francis Lane Childs (1957), "A Dartmouth History Lesson for Freshmen," *Dartmouth Alumni Magazine*, December. Available at: https://www.dartmouth.edu/~library/rauner/dartmouth/dartmouth_history.html;程星:《美国大学小史》,商务印书馆2018年版,第一章。

捐的信托基金,并设立了由12人组成的董事会。1779年艾利扎尔·惠洛克去世,校长一职由其子约翰接任。

约翰·惠洛克(John Wheelock)在接任后的20年间呕心沥血,在校园建设和课程设计等方面都贡献良多。但他是个刚愎自用的人,视学院为囊中私物,颐指气使。1805年,学院教堂需要任命一位新的牧师,惠洛克罔顾传统,坚持自己的任命权,与教堂成员产生尖锐对立。当他求助于董事会时,后者不仅没有支持他,反而对其行为给予警告。恼羞成怒的惠洛克于是到处散发匿名小册子,攻击董事会成员,将学院内部的纠纷变成新罕布什尔州人人皆知的政治丑闻。董事会在查出匿名小册子的作者后,根据学院特许状所赋予他们的权力,解除了惠洛克的校长职务,任命弗兰西斯·布朗(Francis Brown)为新校长。

惠洛克随即向州长和州议会求援,指控学院董事会挪用资金资助乡村传教活动、浪费公款、干涉教学,等等,要求州政府干预,为他恢复职位。州议会于是派了调查组去学校考察,但还没等收到调查报告,就在新任州长威廉·普鲁默(William Plummer)的授意下,根据惠洛克的一面之词,于1816年6月27日通过了一项法案,改变了达特茅斯学院在殖民地时期建校时所取得的特许状,将私立的达特茅斯学院改为州立的达特茅斯大学。原先12人组成的董事会被扩大为21人,另由州长任命一个25人的监事会(Board of Overseers)来管理大学,并规定监事会对学校董事会的任何决议具有否决权。惠洛克被任命为达特茅斯大学校长,但他上任不到一年就去世了;校长一职由他的女婿威廉·艾伦(William Allen)接任。

布朗校长和学院的董事会拒绝接受州议会的决议，于是，在接下来的三年里新罕布什尔州同时存在两个达特茅斯：达特茅斯学院和达特茅斯大学。达特茅斯大学根据州法案强制收缴达特茅斯学院的全部财产，并占据了学院的校址。原达特茅斯学院的秘书兼司库威廉·伍德沃德（William Woodward）卷走学院的大印及文档，投奔新成立的达特茅斯大学。达特茅斯学院被迫搬进了一栋私宅。学院唯一没有丢失的是他们的学生：达特茅斯学院有95名学生却没有校舍；而达特茅斯大学只收到14名学生却占据了整个校园。学院董事会要求伍德沃德归还财物未果，于是入禀新罕布什尔州法院，控告伍德沃德非法侵占学院财物，并连带控告州议会破坏具有契约效应的特许状，擅自修订法案，剥夺学院合法财产。

达特茅斯学院的诉讼在州法院毫无悬念地败诉了。法院认为美国独立后建立的新政府继承了英国殖民当局的一切权力与责任，而州议会有权修改英王授予的特许状。因此，将私立的达特茅斯学院改为公立大学天经地义。布朗校长和学院的董事会当然不会接受这样的判决。他们聘请了校友、著名律师丹尼尔·韦伯斯特（Daniel Webster）代为上诉。1818年3月10日联邦最高法院正式开庭听取"达特茅斯学院诉伍德沃德"一案的辩论，主审法官是美国最负盛名的大法官之一约翰·马歇尔（John Marshall）。由于此案关系到当时所有私立学院的命运，耶鲁学院派出一位年轻的教授乔安塞·古德里奇（Chauncey A. Goodrich）去华盛顿出席旁听。身为修辞学教授的古德里奇不仅详细记录了韦伯斯特的辩词，还描述了法庭辩论的动人情景。根据古德里

奇的笔记,才华横溢、辩才滔滔而且仪表堂堂的韦伯斯特律师在法庭上慷慨陈词:

> 这个案例不仅仅关乎一个微不足道的学校,它与我们大地上的每一所学院息息相关。还不仅此。它和举国上下的每一个慈善机构息息相关。我们的先人以虔敬之心创办了诸多伟大的慈善事业,用以纾解人类的苦痛,并将上帝的赐福在人类生命的沿途播撒。还不仅此。从某种意义上说,这个案例关乎每一位有产者的财产将有可能受到剥夺。问题其实非常简单:我们是否允许州议会将不属于他们的东西归为己有、改变其原有的功能,并按照自己的意志挪作他用?法官先生,你可以毁掉这个小小的学校;它弱不禁风,任你摆布!我知道这只是我们国家文明的地平线上一点飘忽的烛光。你尽可以扑灭它;但你一旦决定扑灭它,你得把此事进行到底!你必须将那些伟大的科学的烛光一盏一盏地全部扑灭,尽管这些烛光在这过去的一个多世纪里已经照遍大地!是的,法官先生,如我所说,这是一个微不足道的学院,可它却集万千宠爱于一身!①

韦伯斯特稍作停顿,整理了一下自己的情绪,将目光定在马歇尔大法官脸上,继续说道:

> 法官先生,我不知道别人怎么想,但是,我自己,当我看

---

① Francis Lane Childs (1957), "A Dartmouth History Lesson for Freshmen," *Dartmouth Alumni Magazine*, December. Available at: https://www.dartmouth.edu/~library/rauner/dartmouth/dartmouth_history.html.

到母校四面楚歌,如凯撒在元老院中被人千刀万剐,我岂能袖手旁观,等着她伸手向我召唤:"你也是我的儿啊!"①

为了平息法庭上下由韦伯斯特掀起的情感波涛,马歇尔大法官宣布延迟宣判。一年后的2月2日,最高法院就此案作出判决,以5票赞成、1票反对、1票弃权宣告达特茅斯学院胜诉。

美国早期古典学院建立之初基本上以欧洲大学为样本,但其后的发展却并未遵从欧洲的模式。"达特茅斯学院案"是一个转折点:它标志着美国古典学院走向独立并开始确立其学术自主的性格。马歇尔大法官在审理"达特茅斯学院案"时并未直接干预大学的办学模式,而是将此案的论证定在契约问题上。他指出,英国王室给达特茅斯学院颁发的特许状是一种契约,因此,这件诉讼可以分成两个问题来考虑:(1)达特茅斯学院的特许状是否受到美国宪法的保护?(2)新罕布什尔州议会的行为是否构成毁约?

马歇尔进而追问:教育无疑是全民关心的问题。假如一所大学由政府出资创办,政府当然有权将其置于自己的直接管理之下;其管理人员亦顺理成章成为公务人员;他们对政府负责。没人会对此有任何异议。但达特茅斯学院是这样一所学院吗?难道政府可以随意将私立的教育机构收归己有?假如可以的话,依此推论,每一名教师不都应该成为政府公务人员?而社会给大学的捐款岂不成了公共财产?再往前推,岂不是州议会的意愿而非

---

① Francis Lane Childs (1957), "A Dartmouth History Lesson for Freshmen," *Dartmouth Alumni Magazine*, December. Available at: https://www.dartmouth.edu/~library/rauner/dartmouth/dartmouth_history.html.

捐助人的意愿，就可以成为法律？这些问题之于当时美国的高等教育机构，不仅重要而且及时。美国殖民地时期的高等院校大多由宗教团体或慈善家创办，经英国王室或殖民地立法机关特许，由院校自己的董事会管理，不必听命于政府。但在独立战争以后，政府干涉早期教会大学或私立学院的事件频频发生。

马歇尔认为，特许状已经将管理学院的权力全权授予董事会，包括任命教师、拟定工资、设计课程，乃至任命空缺的董事职位，等等。董事会作为"法人"（corporation）"享有处理自身事务、拥有资产和永久生存下去的权力"，[1]无人可以擅自改变。换言之，既然特许状构成契约，根据美国宪法第一条第十款规定，州的立法机构无权制定法律去破坏契约。因此，达特茅斯学院在殖民地时期取得的特许状同样受到美国宪法保护。

在此马歇尔特别强调，私立院校和所有慈善机构一样是依据捐赠者的意愿建立的，这种意愿通过董事会得以实行。当新罕布什尔州议会决定将董事会从12人增加到21人，并按照自己的意愿任命董事，学院在1769年通过特许状设立的那个机构便不复存在。这个新的机构哪怕是比原来的机构更好、更合理，但这已经不是原来的机构了；原初捐赠者的意愿被改变了，当初的契约也遭到了破坏。当捐赠者财产的法定监管人——董事会的权力遭到践踏，这意味着人们的私有财产遭到践踏。在此，宪法契约条款所包含的"财产权"包括了法人的权利。从这个意义上说，新罕布什尔州议会的所作所为侵犯私有财产，构成毁约，违背美

---

[1] 亚瑟·科恩著、李子江译：《美国高等教育通史》，北京大学出版社2010年版，第56页。

国宪法。

　　这个判决对美国大学体制建设意义非凡，特别是对于当时一批从殖民地时期幸存下来的私立学院意义尤其重大：它赋予私立大学一种许可，使得它们作为法人，有可能根据特许状在自己的董事会下运行，不用担心政府、立法机构或其他权力当局通过指派董事、撤回特许状或是其他危害学校自治的行为来进行干预，也不用考虑大学会因为冒犯了政府官员而受到惩罚。保护私立大学财产权和管理权还有更深一层的意义，即马歇尔大法官强调的契约神圣的观念。如果说学术自由是现代大学的一个核心理念的话，那么洪堡的贡献是通过柏林大学建立了一个研究型大学的机制并传扬了学术自由的理念，而马歇尔大法官则通过"达特茅斯学院案"为大学的独立和自治护航，以此奠定了大学学术自由的法理基础，并开了一个国家用宪法来保护大学免于政府政治干预的先河。所以，马歇尔大法官的裁决从法理上为美国私立大学的未来发展扫清了障碍。

二

　　马歇尔大法官通过"达特茅斯学院案"为接下来二百年内美国大学的健康发展编织了一张保护网。这是一种对于大学从根本上的保护；后来的事实证明，没有法律保证学术自由无从谈起。1947年发生在伊利诺伊州的"丁科夫诉西北大学"[①]一案提供了

[①] People ex Rel. Tinkoff v. Northwestern Univ, 333 Ill. App. 224, 77 N.E.2d 345 (Ill. App. Ct. 1947).

最好的例证。

丁科夫于1945年2月从芝加哥一所高中毕业,通过了西北大学(Northwestern University)的入学考试,高中成绩也完全符合要求,但最后没有被文理学院录取,原因是他刚满14岁,未及入学年龄。丁科夫于是提起诉讼,要求州高等法院向西北大学颁发强制令(mandamus),允许他入学。法院驳回了丁科夫的诉状,但与原告达成一项谅解,容许他在1945年9月注册入学。然而,至9月他仍然被文理学院拒收,原因是他曾状告大学。丁科夫再次向法院提起上诉。

西北大学于1851年由九位著名商人和卫理公会领袖建立,由州议会授予特许状(大学章程),是一所私立大学。大学章程规定,只要不违反美国宪法和州的法律,大学董事会有权对学校各项条例进行修订,有权向符合条件的人授予学位,大学的财产应当用于教育而非私人的利益。原告认为,西北大学虽属私立,但州议会为了教育青年这一伟大的公共目的才授予大学章程的,也正因为此,大学享受免税待遇。既然大学的功能是为了"公众的共同利益,而不是为了少数人的利益",原告在满足了入学条件后就应当被大学录取。

法官在审理"丁科夫案"时引用了马歇尔在"达特茅斯学院案"中建立的原则。作为私立大学,西北大学的章程便是州政府与这个私立机构之间的契约。的确,大学是为了教育青年这项公共利益而设立的,但大学章程是州议会与大学间的契约,其中规定的义务不能受到法律的侵害,而州议会所保留的权利也不能越出章程规定的范围。因此,按照章程,大学如何录取学生并不是州议会所拥有的权利。

根据其章程，大学为达到目的有权制定必要的规则，而文理学院所公告的招生规则中明确表示不可能录取所有符合条件的学生；学院保留以任何理由拒收考生的权利。是否录取丁科夫完全是大学的决定，即使之前有某种录取他的"谅解"，并不构成录取他的必要条件。原告进而声称，大学的章程受到伊利诺伊州法律和美国宪法保障，而剥夺他入学的权利就是侵犯了他在这份契约中的权利。但是法官认为，丁科夫与大学之间并无契约；他接受教育的权利受到大学章程所规定权利的限制。

这个案例的判决有不尽如人意之处。比如说，当初法庭在驳回原告申诉时达成的谅解究竟是怎么一回事，判决书中语焉不详。西北大学在9月份翻脸不认，虽不违法，却也不占理。正是因为被告的前后不一，为法庭判决带来诸多不确定因素。但是，收生毕竟是大学的学术决定，容不得政府或法庭的干预，而"丁科夫案"中大学的胜诉再次确认了马歇尔大法官的智慧。"达特茅斯学院案"以契约的方式约束政府干涉大学的冲动，在"丁科夫案"的审理过程中证明是有效的。不然的话，大学在法庭上有可能因为一些技术性的错误而牺牲其学术自主的地位。

假如说"达特茅斯学院案"是马歇尔大法官为美国私立大学打造的一具护身符，那么他在这个判例中所确立的一些基本原则应当对公立大学同样适用。本来在美国公立大学和私立大学之间并无本质区别，只是创办人和资金来源不同而已。但是，由于公立大学大多是通过州的宪法或立法行为建立起来的，州的行政和立法部门对公立大学的掌控理所当然地会大于私立大学。伊利诺伊州高等法院对州议会所创办和资助的公立大学拥有什么权力曾作如下解读：

> 州议会在创办公立的法人机构（public corporations，在此指公立大学）方面实际上具有无限的权力。它可以创办任何在它看来对更有效地管理公共事务所必需的任何形式的公立大学，并赋予公立大学其认为必要和适当的权力和职能。在创立公立大学的过程中，州议会通过他们认定的官员来行使公立大学的权力和履行公立大学的职能。当州议会设立一个公立或法人机构时，这种机构完全属于州议会的权力范围，因此，州议会可以规定和限制现任机构官员的权力和职责。①

正因为美国的开国元勋们将发展公立高等教育的重任交到了州政府的手里，各州的立法和行政机构便毫不客气地按照自己的意愿担当起这个责任。于是乎，今天我们所看到的美国州立大学，从体制结构到日常管理，都呈现出一种百花齐放的局面。有的州立大学在州的法律架构中占有突出地位，远在一般州的机关部门之上。这种得到州宪法保障的自治地位使得大学能够超越于州立法和行政部门之间的很多政治纠葛。法庭在处理有关这些大学的纠纷时，倾向于让大学自主地处理其内部事务而不必受到立法和行政机构的控制；法律对于这些自治的大学唯一的要求是不能让本州居民的普遍利益受到损害。② 赋予州立大学宪政地

---

① The People v. Barrett, 46 N.E.2d 951 (Ill. 1943).
② K. W. Alexander, and K. Alexander (2010), *Higher Education Law: Policy and Perspectives*. New York & London: Taylor & Francis, pp.36-37.

位最具代表性的州是密歇根、明尼苏达和加利福尼亚。

1992年密歇根州立大学（Michigan State University）校长辞职，大学董事会随即成立校长遴选委员会开始遴选新校长。由于很多候选人是其他大学的现任校长或担任其他重要职位，遴选委员会在接触他们时必须答应保密。然而，密歇根州立大学学生报纸居然将一份包括一百多名候选人的秘密名单公之于众，使得遴选过程陷入停顿。大学董事会不得不重组遴选委员会，继续秘密搜寻候选人。遴选委员会接下来收集并审议了有关候选人的信息，最终选出了15名候选人进行面试。在完成面试后，遴选委员会向大学推荐了四名候选人并向公众公布候选人名单。几经周折之后大学董事会对遴选委员会推荐的人选并不满意。董事会只得要求遴选委员会推荐其他人，遭到后者拒绝。大学董事会主席随后联系了之前退出的候选人彼得·麦克弗森（M. Peter McPherson），敦促他重新接受其候选人资格。麦克弗森同意了。董事会在与麦克弗森面谈之后宣布任命他为密歇根州立大学校长。

一家报业公司将密歇根州立大学董事会告上法庭，指责其秘密的校长遴选过程违反《公开会议法》（Open Meetings Act），而法庭则须就公立大学在遴选校长时适用《公开会议法》是否违宪作出判决。[1] 其实，这场官司的背后一个更加重要的问题是，作为一所州立大学，其董事会在多大程度上能够在不受公众干扰的条件下就大学事务独立作出决定。

---

[1] Federated Publications, Inc. v. Board of Trustees of Michigan State University, 460 Mich. 75, 594 N.W.2d 491(1999).

密歇根是最早从宪法上将州立大学置于自治地位的州。早在 1850 年密歇根就在州宪法中规定："［大学的］董事会应对大学进行全面监管,指导和控制大学利息基金的所有支出。"[1]1909 年州议会还对这条规定加以修改,删去"利息"二字,并将"基金"（fund）变成复数（funds）,容许董事会掌控大学所有的资金来源,不问出处。[2]1911 年密歇根高等法院在审理一桩涉及密歇根大学的案件时明确指出："［大学］董事会在法律上被赋予法人的最高形式,是一个具有独立权利的宪政性法人,在其职能范围内与立法机关的职能相互协调、彼此平等。"[3]

对于遴选校长引起的诉讼,上诉法院认为,密歇根州立大学虽然具有和州议会同等的宪法地位,但并不能凌驾于州议会制定的法规之上。《公开会议法》就是这样一部法律,州立大学也应当执行。此外,上诉法庭认为遴选委员会秘密搜寻校长人选也违反了《公开会议法》。但是,州高等法院的看法完全相反。他们认为,密歇根州宪法既然赋予州立大学及其董事会独特的宪政地位,董事会对于大学事务的管理就拥有绝对的权力。州的法规在与大学的自治权力相抵触时应当服从于大学的宪政地位。因此,州议会无权要求具有宪政地位的大学董事会遵守《公开会议法》,大学董事会当然有权决定以何种方式遴选校长。[4]密歇根

---

[1] Mich. Const. (1850), art. 13, § 8; other provisions appear in § § 6 and 7.
[2] Mich. Const. (1850), as amended (1909); art. 11, § 5.
[3] Board of Regents of University of Michigan v. Auditor-General, 167 Mich. 444, 132 N.W. 1037 (1911).
[4] Federated Publications, Inc. v. Board of Trustees of Michigan State University, 460 Mich. 75, 594 N.W.2d 491(1999).

高等法院的这项判决清楚地表明,州立大学的独立性作为一个宪政概念,在确立之后150年来依然可行,毫发无损。

问题是,取得宪政地位是否就能保证州立大学的学术自治地位呢?事实并非如此。明尼苏达大学在1851年所取得的宪政地位比密歇根州立大学还要高,起码从字面上看是这样的。1928年明尼苏达高等法院对于大学的宪政地位作出如下解读:

> [明尼苏达大学作为]法人是根据1851年[州议会通过的]法案创立的,其章程"永久保留"它当时拥有的所有权利、豁免权、特许权和捐赠权。……这一语言具有明确的法律意义;这些条款是确认事先授予公司权利的永久性条款。因此,就其法人地位及其管理而言,至高无上的法律将大学置于州议会的权力之外,只有人民自己才有修改或废除的权利。①

高等法院在此为了抬高大学自治地位的用意也许不错,但用语却夸张到了极致,其可行性令人生疑。果然,在接下来的几十年中,大学董事会的权力不断地在法庭上受到挑战,政府与大学的权力孰高孰低,争拗不休。最带喜剧色彩的是一桩发生在2004年与密歇根州立大学校长遴选事件有着同样情节的诉讼,但明尼苏达高等法院却给出截然相反的判决。

2002年明尼苏达大学校长宣布辞职,大学董事会开始寻找他的继任者。有一些候选人表示,除非大学能够保证对他们的候

---

① K. W. Alexander and K. Alexander (2010), *Higher Education Law: Policy and Perspectives*. New York & London: Taylor & Francis, p.43.

选人资格加以保密，否则不愿申请这个职位。董事会投票决定暂停遵从《公开会议法》，与候选人举行闭门会谈。2002年11月一批纸质媒体从业人员要求大学提供有关候选人的资料，在遭到董事会的拒绝后向法院提起诉讼。[①]大学我行我素，在对候选人进行闭门面试后，董事会从候选人选出校长并公布其任命。

在法庭上，被告援引密歇根州立大学的先例，认为他们对候选人资料如何处理不受《公开会议法》和《数据实践法》(Data Practices Act)的约束。他们要求法官尊重大学的宪政地位，特别是大学按照其章程"永久保留"的各项权益，但法官却不以为然。法庭担心大学自治的要求一旦被采纳，董事会将毫无节制地滥用这个权力。现在大学要求的只是在校长遴选过程中免除《公开会议法》的限制，将来他们会将这种法律上的网开一面用到其他地方。结果是大学有可能被提升至一个能与州政府平起平坐的地位，从而威胁到州政府对大学的权威。因此，法院判决大学董事会败诉。

显然，明尼苏达州高等法院在此已经不是就事论事地对校长遴选案例进行裁决了；他们挑战的是大学的宪政地位。因此，这个案例的裁决直接关系到明尼苏达大学如何管理其内部事务，而如此先例对大学未来行使其自主权所具有的寒蝉效应，不言自明。可见，州立大学被赋予宪政地位固然能够在很大程度上帮助大学抵御州议会或政府的干预，但是宪政地位其实并不能保证大学真正做到独立自治。

---

① Star Tribune Co. v. University of Minnesota, 683 N.W. 2d 274 (Minn. 2004).

事实上，美国绝大多数的州立大学是不具有宪政地位的。有的州，如科罗拉多州、爱达荷州、俄克拉何马州和亚利桑那州，在州宪法中包含了州立大学独立自治的规定。而更加通常的情况是，州议会通过行使立法权力创办州立大学，并为这些大学的运作提供法律环境。大学董事会在州议会要求下从属于州的行政部门，其"内部运作"直接受到州的各项法律法规的制约。还有更糟糕的：有的州宪法或议会没有给予州立大学独立性的地位，而是令大学从属于另外一个州属机关。如此设置的危险性在于，如果州议会愿意的话，它可以将大学降级为一个二级州属机构，而大权在握的州议会可以让州立大学听命于另一个州属机关。[①]

三

可见，就体制而言，美国大学私立与州立、州立与州立之间差异极大，各所大学在学术自治的程度与方式上自然也存在着天壤之别。从"达特茅斯学院案"开始，不管是私立还是州立，董事会是大学抵御政府干预的最后一块阵地，也是大学保证其学术独立的坚强堡垒。但是，对外取得了自治地位的大学对内能否保障师生们的学术自由呢？为此，美国大学教授协会（AAUP）早在1920年就组成专门委员会讨论大学治理问题，并发表一份文件阐述教授参与人事决定、财政预算和教学决策的重要性，[②] 这份

[①] K. W. Alexander and K. Alexander (2010), *Higher Education Law: Policy and Perspectives*. New York & London: Taylor & Francis, Chapter 2.

[②] AAUP: Shared Governance. Available at: https://www.aaup.org/our-programs/shared-governance.

文件在接下来的几十年间经过不断修改充实，于 1966 年以《关于高校治理的声明》[①]为题发表。文件指出，大学的管理决策由三个相互依存的部分组成：董事会（the board of trustees）、行政（the administration）及教授。美国大学共同治理（shared governance）的基本原则由此得到确立。

共同治理，听上去不错，不是吗？但在教授们争得大学的治理地位之后，他们必须为此付出怎样的代价呢？或者，再追问一句：学术天地，三足鼎立，究竟谁主沉浮？

还记得前一章中拉比教授对艾森豪威尔校长所说的话吗？"先生，教授并不是哥伦比亚大学的'雇员'。教授就是哥伦比亚大学。"这话貌似大义凛然，其实底气不足。在董事会、行政和教授这个金三角中，鲜为外人所知的是，教授经常扮演的角色是抗争者——一个与治理者毫不相干的角色。是他们自找的，还是因为本来就"妾身未名"？这个问题艾森豪威尔校长不懂，州议员们不懂，政府官员不懂，法官不懂，有时连董事会和校方也不懂。于是乎，相关各方轰轰烈烈地将一场官司一直打到联邦最高法院，看能不能把这件事情搞清楚。

全国劳动关系委员会（National Labor Relations Board, NLRB）是美国联邦政府属下的一个独立机构，负责执行《国家劳动关系法》（National Labor Relations Act of 1935），处理与集体谈判和劳

[①] AAUP (2006), "1966 Statement on government of colleges and universities," in AAUP: *Policy documents and reports* (10th ed.) (pp.135–140). Baltimore, MD: The Johns Hopkins University Press. Available at: https://www.aaup.org/report/statement-government-colleges-and-universities.

资纠纷有关的事宜。叶史瓦大学（Yeshiva University）是一所位于纽约市的私立犹太教大学，其教授协会（Faculty Association，即教师工会）于1974年10月向全国劳动关系委员会申请认证，希望成为大学教学人员与校方进行集体谈判（collective bargaining）的正式代表。但是，叶史瓦大学的管理层认为，根据《国家劳动关系法》，教授不应被视为一般意义上的"雇员"，因为他们参与大学的管理，对大学事务具有足够的监管权力。NLRB不顾大学校方的反对，批准了教授协会的申请，并主持了协会的选举，但大学校方拒不接受教授协会代表全体教职员工进行集体谈判的资格。NLRB随即将大学告上法庭。[①]

这件诉讼的核心问题是：大学教授究竟是大学的"雇员"（employees）还是"管理人员"（managerial employees）？教授协会认为，虽然教授管理日常的教学和课程，但他们对于大学的管理并无有效的权威与发言权。NLRB附和说，教授其实属于专业雇员（professional employees），因此有权得到《国家劳动关系法》的保护，组成工会并与校方进行集体谈判。但是，校方辩称，大学内部各个学院在日常管理和运作上基本是自主的，其教职人员在课程、评分、招生、入学标准、学术日历和课程表等各方面有着实际的决策权力。再说了，有关教授的聘用、任期、休假、解雇和晋升的决定都是在征询了教授的建议之后才得以执行的。

鲍威尔（Lewis F. Powell, Jr.）大法官在代表法庭多数派（5：4）撰写的判决书中，延续了他在"加州大学董事会诉巴基"

---

① NLRB v. Yeshiva University, 444 U.S. 672 (1980).

一案中保护学术自由的立场,认为一个"典型'成熟'的私立大学"的特点就是权力分享。他的推理很简单:如果大学教授的权力仅限于管好他所教的课程,给学生打分,做好研究,等等,那么他们在大学的身份当然不在管理层之列,可被视为大学"雇员",也有权组成工会与校方谈判。但是,教授的权力显然远不止于此。当大学校方将人事决定权也交到教授手中时,后者就不能以"雇员"自"贬"了;他们担当的就是管理者的角色。作为管理者,教授们必须与大学校方同心同德(undivided loyalty),共同地"为猜想、实验和创新提供一种适宜的氛围",使得大学能够真正成为"健康的思想交流"(robust exchange of ideas)[1]的场所。假如允许教授组成工会与校方谈判乃至对抗,那么这种学术共管共治的方式及其所代表的价值观就会消失殆尽。[2]

然而,在布伦南(William Joseph Brennan, Jr.)大法官所代表的少数派看来,鲍威尔大法官是戴着玫瑰色的眼镜来看现代大学治理结构的:他们将大学行政和教授之间的所谓共同治理模式理想化了。布伦南大法官认为,叶史瓦大学的校方与教授们对学术自由这个最基本价值的认同并无异议,但他们对教授在现代大学的治理架构中所占有的地位及其重要性却分歧严重。他认同NLRB的观点,即教授们在大学决策过程中发挥的任何"影响力"都可以归因于他们作为教育工作者的专业知识,而非大学授予了他们任何管理或监督的权力。因此,教授们在大学管理体制中的

---

[1] Regents of the University of California v. Bakke, 438 U.S. 265 (1978).
[2] A. M. Sussman (1980), "University Governance through Rose-Colored Lens: NLRB v. Yeshiva," *Supreme Court Review*, 27, pp.42–49.

"治理"作用被夸大了。叶史瓦的教授们是一群受到咨询的专业人士，但他们本身并不属于管理阶层。[①]

联邦最高法院最后还是接受了叶史瓦大学校方的观点，即教授不是大学的雇员，因此不应该组成工会与校方进行集体谈判。不管这是不是对现代大学共同治理结构的信任投票，至少鲍威尔大法官表达了主流社会对大学的学术自治体制的期许。务必一提的是，最高法院的这一判决仅涉及私立大学，不影响州立大学。许多州都有自己的法规来处理公务员的集体谈判事宜，他们不受此案判决的约束，尽管有可能在理念上受到此案的影响。

其实，联邦最高法院对叶史瓦大学一案裁决，其最大贡献在于它对大学教授在共同治理架构中所扮演角色的梳理。鲍威尔大法官及其多数派所表述的是共同治理的理想状态，而布伦南大法官及其少数派所揭示的恐怕是现代大学中教授与行政之间关系的真实状况。理想很丰满，现实太骨感，古今中外，概莫能外。倒是之前 NLRB 董事会成员拉尔夫·肯尼迪（Ralph E. Kennedy）对大学教授是否属于"管理人员"的问题作过的一段分析，颇有真知灼见，给人一种豁然开朗的感觉：

> 在我看来，"官僚"权威和"专业"权威是有区别的。"官僚"权力是个人凭借其在大学等级制度中的地位所行使的权力，通常是握有官僚权力的人才能就基本政策（即"管理"决策）作出决定。而"专业"权力则是某一特定领域的专家才能行使的权力；这种权力不是来自个人的等级地位，

[①] NLRB v. Yeshiva University, 444 U.S. 672 (1980).

而是来自其专业知识。与官僚权威相比,专业权威更倾向于提出咨询或作出推荐。……依我看……许多……主要的学院和大学实行的大多是平行的权力结构,即行政部门和董事会行使官僚权力,教授行使专业权力。行政部门、最终是董事会即便对教授在专业领域及其共同关心的专业事项上所作判断尊重有加,但只有他们才对大学的运作负有全面的责任。①

四

大学教授在共同治理的架构中之所以常常"妾身未名",教务会(Faculty Senate 或 Academic Senate)"亦官亦民"的功能也是原因之一。教务会由大学内部各学术单位选出的成员组成,属于大学管理系统的一个组成部分。教务会的主要功能是制定大学的学术政策,因此在大多数情况下,行政单位没有代表出席教务会。AAUP 在其 1966 年《关于高校治理的声明》中提出了教授应当在四个方面参与大学管理,即(1)课程、教学、科研及学生教育等;(2)学位要求和学位授予;(3)教授的聘用、续约、终身教职、开除;(4)涨薪的政策和步骤。② 但 AAUP 并未提及教授应当如何在上述四个方面参与大学管理。既然在多数大学里教

---

① 218 N.L.R.B. at 257, see A. M. Sussman (1980), "University Governance through Rose-Colored Lens: NLRB v. Yeshiva," *Supreme Court Review,* 27, p.33.

② AAUP (2006), "1966 Statement on government of colleges and universities," in *AAUP: Policy documents and reports* (10th ed.) (pp.135–140). Baltimore, MD: The Johns Hopkins University Press. https://www.aaup.org/report/statement-government-colleges-and-universities.

务会是教授参与决策的主要甚至唯一途径,因此人们的假定是,大学教授通过教务会表达意见、参与决策、共同治理。

问题是,教务会成员虽然是各学术单位的代表,但校长、学务副校长、院长等大学官员是教务会的当然代表,有的校长在教务会中还担任主席。如此,作为教务会成员的教授们在其中的角色与功能就有点暧昧了。换言之,教务会成员就像是一仆二主:他们既要代表一般教授,又要服务大学行政。[①] 在不同的大学治理环境下他们可能扮演不同的角色:他们可能摇身一变成为教授工会,与大学行政锱铢必较、讨价还价;也可能仪式感满满,为校方早已作出的决定敲章盖印,甚至摇旗呐喊。

从一些进入诉讼程序的案例来看,大学董事会和行政在共同治理的三角架构中具有明显的强势地位,而教务会或教授代表的组织与之抗争胜算其实不大。

2003年4月加州两所社区学院的教务会联手起诉学区总校校长,指控总校长在新近颁布的招聘政策中将教授对招聘的决策权转到行政部门。加州政府的教育法规要求,学区的聘用政策应当由学区校方和教务会双方"共同商讨和制定"。原告要求停止实施这套未经学院教务会批准的聘用政策。初审法院裁定教务会"有资格"起诉学区,因为他们"是依法设立的机构,在这项诉讼中具有明显的利害关系"。[②] 初审法庭对州的教育法规作出解读,认为教务会"在制定和修订聘用标准、政策和程序方面[与

---

① P. A. Glidden (1977), "University governance under the NLRB: The unique status of academic senates," *Industrial Relations Law Journal,* 2(2), p.222.

② Irvine Valley College Academic Senate v. Board of Trustees of the South Orange Community College District, Case No. 03CC05351 (June 20, 2003).

学区校方］有着共同的担当，因此必须发挥真正的、有意义的作用"。① 但是，上诉法庭对此案的判决十分小心，因为按照州的规定招聘政策必须由学区和教务会共同制定。虽然在此案中学区领导的确未能征询教务会的意见，但教务会在这个问题上也不具有最终的决策权。因此上诉法庭将案件发回初审法院重新考虑，要求诉讼双方商讨解决，而不是动员公共资源进行无休无止的诉讼。

1985年科罗拉多州议会通过对州立大学与学院进行改革的决议，包括对南科罗拉多大学（University of Southern Colorado）的办学使命和学科项目进行调整。大学董事会随即任命一位署理校长根据州议会的决议开启改革进程。新校长组成工作小组对学校进行深入研究，并在董事会召开的为期两天的会议上提出改革方案，其中包括撤销一些课程项目。董事会采纳了校长的建议，并批准他提交的因课程变动而失去教职的员工名单。大学为此举行听证会，给失去教职的教授一个申诉的机会。会后除了两位教授有合理原因恢复原职而外，董事会批准了对其余教授的解职方案。后者随即入禀法院指控大学违规操作。②

初审法院判定大学董事会未能在采纳校长提出的建议之前征询教务会和课程委员会的意见，因此违反了已经纳入《教授手册》中关于原告雇佣合同的条款。这种行为剥夺了原告的财产权益（即继续就业的权利），也没有遵从宪法第十四条修正案所保

---

① D. R. Euben (2003), Some Legal Aspects of Collegial Governance. AAUP Updates. Available at: https://www.aaup.org/issues/governance-colleges-universities/legal-aspects.

② Ahmadieh v. University of Southern Colorado, 767 P.2d 746 (Co. App. 1988).

障的正当法律程序。但是，上诉法院驳回了初审法院的判决。上诉法院认为，《教授手册》对大学董事会在修改课程项目时是否需要得到教务会的认可语焉不详，但董事会的权限包括了学术课程的设置。董事会采取的行动必须对州议会负责，而不必对教授会或课程委员会负责。因此，董事会并未侵犯原告的任何权益。

从以上两个案例我们可以看到，法庭对在教授会和大学行政之间担当仲裁者的角色极不情愿。教授会究竟有多大的权威，《教授手册》的规定究竟是否具有法律约束力，这些问题法官或是不愿、或是不能作出斩钉截铁的回答。但并非所有的法庭都是这般犹豫不决。

1995年1月13日，詹姆斯·麦迪逊大学（James Madison University）董事会宣布学校不再设立文理学院；该学院与另外一个学院合并，并取消文理学院院长一职。大学还宣布，自1996年8月起取消物理系、物理专业、各种物理课程及其相关的10名教授的职位。大学宣称这些决定是基于由资深教授组成的特别委员会的建议。不久，一个由教授组成的大学改革团体（Faculty for Responsible Change）起诉大学董事会，指责董事会在没有咨询大学评议会（University Council）、本科课程委员会或教务会的情况下作出如此重大的决定，违反了《教授手册》中关于"教授在课程的制定、修改和审查中担任'主要角色'的规定"。他们还指出，合并学院并取消教授职位违反了大学与教授之间的聘用合约。[1]

---

[1] Faculty for Responsible Change v. Visitors of James Madison University, 38 Va. Cir. 159 (Va. Cir. 1995).

被告在法庭上并不否认他们的决定在宣布之前未经教务会及其他委员会审议,但在法庭眼里这并不是问题。按照《教授手册》规定,大学校长对与课程相关的问题有"最终的权力和责任",因此校长有权不接纳教授意见。换言之,校长在行使其"最终的权力"之前并不需要得到教授们的首肯,所以大学也没有违反任何与教授之间的合同或协议。①

1972 年加州州立大学长滩分校(California State University, Long Beach)出台关于教授聘用、升职及终身教职的规定,并得到校长批准通过。其中有这样一段话:

> [加州州立大学]董事会的政策要求[大学]在学术人事问题上征求教授的意见。各分校应制定校内程序,并根据该程序规定只有终身教授、相关的系主任和学术管理人员才可以参加任何层面的审议,对与教授任命、留任、任期或晋升有关的建议进行考量或表决。程序规定,提出此类建议的人应考虑来自其他教授和其他来源的信息,包括但不限于学生。②

大学教务会对这项规定的解释是:"一旦校内程序被教授采纳并得到校长批准,校长必须遵守这些程序,直到它们被更改为止,或者除非它们与董事会和总校校长的规定、政策和程序相冲突。"但校长拒绝接受这样的解释,认为学术人事问题的最终决

---

① Faculty for Responsible Change v. Visitors of James Madison University, 38 Va. Cir. 159 (Va. Cir. 1995).

② Munsee v. Horn (California State University, Long Beach), 139 Cal. Rptr. 373 (Cal. App. 1977).

定权在校长而不在教务会。教务会主席于是提起诉讼,要求法院对校长发布强制禁令。[①]

法庭毫不犹豫地拒绝了原告的申诉。法官认为,大学通过的文件中没有提到这项规定对校长具有约束力。事实上,教务会或其他教授委员会提出的关于学术人事问题的建议必须得到校长的批准方能生效。如此看来,教授会在大学管理的三角架构中尽管占有一席,但其功能更多是建议性、咨询性的。教授们从这些诉讼中不难得出结论,即千万不要夸大教务会在学术事务管理中的作用,因为最后的决策权毕竟属于大学行政和董事会。

五

1819年马歇尔大法官在达特茅斯一案中动用宪法为大学护航,保证大学免受来自政府的随意与随性。这个判决无疑也影响到其后200年间州政府对于州立大学的态度。然而,马歇尔的判决并未能一劳永逸地保障大学教授的学术自由。19世纪下半叶古典学院搭上工业革命的快车向研究型大学转型,学术成为教授入职和升迁的重要考量。特别是当教授们坚持将言论自由从学术追求推及更加广泛的社会与政治领域,冲突便不可避免。1915年美国大学教授协会通过发布《关于学术自由和教授任期的原则声明》,将学术自由的理念推向社会。而联邦最高法院则从1950年代开始通过"斯威齐诉新罕布什尔州""凯西安诉纽约州立大

[①] Munsee v. Horn (California State University, Long Beach), 139 Cal. Rptr. 373 (Cal. App. 1977).

学"等案件的审理,从法理上阐明学术自由的意义,提供保护学术研究不受政府和法院干预的工具与方法,并最终确立了学术自由受宪法和法律保护的基本原则。所有这一切,目标只有一个:从理念上和体制上为学术的发展创造条件。当人们用"象牙塔"来形容大学时,往往带着一丝嘲讽、一点贬义。但从保护学术自由、学者独立的角度来看,大学需要的不就是这么一个能为它遮风挡雨、与社会相对隔离的象牙之塔?

但是,这个象牙塔在过去半个世纪高等教育市场化的大潮冲击下,开始出现裂痕了。随着学费飞涨,学生的消费者意识开始抬头。他们要求大学在收取高额费用之后提供更好的服务、承担更多的责任、兑现更高的承诺。大学开始受到来自社会的问责,而学生则开始根据消费者保护法、教育失职理论(educational malpractice theories)和契约理论(contract theories)等起诉大学。[1] 学术天地谁主沉浮?不再是政府,不再是大学,也不再是教授:难道是市场?

当弗兰克福特大法官阐述教授的四项基本自由——"谁来教、教什么、怎样教以及录取谁"[2] 时,他大概没有想到"怎样教"这个最应当由教授掌握的特权也会受到侵蚀。当越来越多的大学开始实行由学生给教授评分的制度,"怎样教"的主动权从教授手中悄悄地开始向学生——消费者手中转移。换言之,当师生关系建立在消费主义的基础之上,卓越的教学便被重新定义为学

---

[1] C. A. Cameron, L. E. Meyers, and S. G. Olswang (2005), "Academic bills of rights: Conflict in the classroom," *Journal of College and University Law,* 31(2), p.271.

[2] Sweezy v. New Hampshire, 354 U.S. 234 (1957).

生欲望的满足。

雅尔切斯基（Thomas J. Yarcheski）是南达科他大学（University of South Dakota）商学院副教授，教授卫生服务管理。有学生抱怨他讲课态度傲慢、教学组织混乱。他自己也承认教学的方式和方法没有得到学生的认可，但拒绝系里领导对他提出的建议，认为自己完全有能力改变现状。1992年2月，雅尔切斯基收到学院和系里对他的评估："学生在[对教授的]评估中表明，学生[在他的课上]没有学到任何东西；他布置的作业无补于事，而且缺乏系统的陈述。"他随后收到校长的信，被告知学校下一年不再与他续约，"原因是他不能胜任教学。"①

雅尔切斯基向地方法院提起诉讼，认为他未能得到续约的原因是大学过于依赖学生评价，以学生的观点控制和决定教授的去留，侵犯了他的学术自由。法庭在审理此案时出奇地坦诚："评估学术表现是一项超出我们专业知识和管辖范围的冒险。在审查有关学术表现的决定时，我们的作用仅限于检视合同和审查行政诉讼，以了解证据是否支持该决定。"既然联邦最高法院早已认定大学有权决定"谁来教、教什么、怎样教以及录取谁"，②那么大学的官员也完全可以在不干预学术自由的条件下，因教授不能胜任教学或不遵守行政指令而拒绝与之续约。

这个判决似乎无懈可击。从案例的陈述来看，雅尔切斯基的教学也的确存在问题，所以大学的决定本身并非不可接受。唯一有点让人不安的是，在这里"怎样教"这个原本属于教授的特

---

① Yarcheski v. Reiner, 669 N.W.2d 487, 2003 S.D. 108 (S.D. 2003).
② Sweezy v. New Hampshire, 354 U.S. 234 (1957).

权被替换成大学,而背后很显然是学生及其对教授的评价。如果学生可以决定"怎样教"的话,教授在这个体制中的地位该如何放置呢?有学者指出,连法官都承认,对教学的评价他们会听从教育专家的意见,难道学生作为教学评价者的资格就无需质疑了吗?[1]

另一个原本属于教授的特权就是给学生打分,近年来居然也成为学术市场上一个经常性的"交易项目"。以消费者的逻辑推理,学生在付出昂贵的学费之后,不仅有权享受大学相应的服务(包括健身、食堂、住宿、学生活动等),而且还有取得学位的权利,而后者的基础就是他们从每一门课上得到的成绩。于是乎,教授给学生打分,变成可以讨价还价的交易。

沙里克(Keith M. Sharick)是东南大学骨科医学院(College of Osteopathic Medicine, Southeastern University of Health Sciences)四年级的学生,还差一门在社区医院的临床实习课就能毕业,却偏偏没有通过。沙里克的实习导师给他不及格的理由包括:未能确诊一些基本病症、检查病人时有所疏漏、与病人交流之前未看病历、在没有事先通告的情况下掀起女病人的裙子,等等。学院认为,他在"当时没有成为一名医生所必需的技能",[2]因此将他除名。沙里克向学院多次申诉未果,最后诉诸法庭。[3]

---

[1] J. J. Titus (2011), "Pedagogy on trial: When academic freedom and education consumerism collide," *Journal of College and University Law*, 38(1), p.143.

[2] A. Gajda (2009), *The Trials of Academe: The New Era of Campus Litigation*, Harvard University Press, p.220.

[3] Sharick v. Southeastern University of Health Sciences, Inc., 780 So. 2d 136 (Fla. Dist. Ct. App. 2000).

初审法院驳回了沙里克为其学业表现所作的辩护和他对未来可能收入的索赔,但允许陪审团考虑学费方面的损失赔偿。陪审团裁定沙里克胜诉,认为东南大学开除他的决定"武断而随意,缺乏任何明显的理性依据",判定东南大学偿还部分学费。沙里克对此判决仍然不满,继续上诉,认为学院对他的赔偿应当包括他未来成为医生所可能得到的收入。上诉法庭接受了沙里克的辩词,命令学院与原告商讨赔偿未来收入的金额。学院为此决定改变了原先对沙里克不具行医能力的判断,提出和解方案,授予他医学学位,外加 78.5 万美元的赔偿。但是沙里克还是不依不饶,认为他在未来收入方面的损失远高于此。[1] 据报道,沙里克最后从这个诉讼中得到的赔偿高达 1800 万美元,而这个数目是基于原告尚未得到医学学位、尚未开始行医但假设他未来终身行医所可能得到的全部收入![2]

姑且不论法庭会让沙里克的诉讼再往前走多远;这个案例的判决给大学送去的信号已经令人不寒而栗了。信号之一:法庭坚持多年的对学术决定"司法尊重"的传统在此已经荡然无存。对于法官来说,大学的象牙塔不再需要特殊保护,而学术判断在他眼里也毫无价值。信号之二:是否对沙里克进行赔偿以及赔偿金额的多少是由陪审团决定的,而陪审团由一般市民组成;他们的观点代表了社会大众对高等教育的理解。在大众眼里,既然高等教育如此昂贵,大学的经营与一般企业也看似无异,那么社会

---

[1] A. Gajda (2009), *The Trials of Academe: The New Era of Campus Litigation*, Harvard University Press, p.221.

[2] Ibid., p.241.

为什么不能对企业和大学一视同仁呢？依此逻辑，有损失就有赔偿，天经地义。

马歇尔大法官用"达特茅斯案"挡住了政府对大学的干预；历来的州政府通过立法保护州立大学的自治；最高法院以"叶史瓦案"宣告了教授在大学作为管理者的地位；大学教务会在共同治理的架构中虽然纠结、时时挣扎，但仍然保持着自身的尊严。但是，面对市场化、商业化大浪的冲击，学术的象牙之塔如何在洁身自好的同时满足世俗的需求？孤傲清高的教授怎样才能守住学术标准这个属于他们的最后一点特权？展望未来，学术天地究竟谁主沉浮？

第九章

囿于契约：大学如何应对市场？

> 契约最简单的定义是一种可由法律强制执行的承诺。承诺可以做某事或不做某事。订立合约需要两人或多人一起同意，其中一方通常提出要约，另一方接受。如果一方当事人不履行诺言，另一方有权获得法律救援。
>
> ——《不列颠百科全书》

一

1890年代，纽约贝尔维尤医学院（Bellevue Medical College）通过发布学院通报（Circulars），将应缴学费、必修课程、学位要求等公告天下。按照通报，学生在完成所有必修课程后便获得医学博士学位必备的资格，学院可以授予学位。但是，塞西尔在修满必修课程后得到学院秘书长的通知，说学院教授决定不让他参加毕业考试，学院因此也不会授予他医学博士的学位。学校并未对这一决定作任何说明。1891年塞西尔提起诉讼，要求纽约法庭向贝尔维尤医学院发出执行令状（writ of mandamus），迫使学校给他授予学位。① 在遭到法院拒绝之后，塞西尔提出上诉。在上诉法庭的判决词中，布朗特（Charles H. van Brunt）法官写了这样一段话：

> 学生是在这样一种情况下入学的：学院和他本人签订一项契约，如果他遵守其中规定的条件，他将获得学位……。大学不能在收了学生的钱之后让他继续学习，却在他完成学业后，随意地拒绝授予其所承诺的，即医学博士的学位——一个授权他在这个领域执业的学位。在拒绝学生参加考试并获得学位的理由或原因上，大学行使其裁决权，本法院可能不会对此进行复审；但如果这种拒绝武断而随意，大学就不应该行使其裁决权。这是故意违反其本当承担的责任。②

布朗特法官大概是最早认定学生与大学之间存在"契约"的法官之一，而纽约法庭在一年后的另一项诉状中再次将大学与学生锁定为"契约关系"（contractual relationship）；③ 大学通报就是这种契约的一个重要组成部分。④

布朗特法官无疑是一个走在时代前面的人。如我们在"替代父母"一章中所见，对于学校与学生之间的关系，美国大学直到

---

① People, ex rel. Cecil, v. Bellevue Hosp. Medical College, 14 N.Y.S. 490 (N.Y. Sup. Ct.), aff'd, 128 N.Y. 621, 28 N.E. 253 (1891).

② O. A. Harker (1911), "The Use of Mandamus to Compel Educational Institutions to Confer Degrees," *Yale Law Journal*, Vol XX, No. 5, pp.347-348.

③ Goldstein v. New York Univ., 76 A.D. 80, 82, 78 N.Y.S.2d 739, 740 (N.Y. Sup. Ct. 1902).

④ R. Cherry, and J. P. Geary (1992), "The College Catalog as Contract," *Journal of Law & Education*, 21(1), p.2.

1960年代之前都奉行"替代父母"的原则。1961年联邦最高法院审理"迪克森案",① 开始正视学生也应该享有宪法保障的权利。当这项权利受到侵害时,根据正当程序的要求,"一个由税款支持的大学在以行为不当为由开除学生之前,必须通知[学生]并给予申辩的机会。"② "迪克森案"之后,法庭开始转向契约法来裁决学生和他们学校之间的纠纷。

在布朗特法官审理"塞西尔案"近一百年之后,内布拉斯加州上诉法庭借"约翰逊诉林肯基督教学院"③ 一案,再次就大学与学生间的契约理论作出阐述。在此案中,被告林肯基督教学院提出,原告未能出示任何证据表明大学与他之间有契约关系。但法官认为,学生向大学提交的入学申请相当于甲方向乙方提出缔约申请或报价。大学在接受申请并发出录取通知书时已经同意缔约并接受报价。于是,学生通过交纳学费、按照要求修课并通过考试来履行他们与学校的契约,而校方则通过为学生提供教学以及相关的设施来履行其职责。与商业契约不同的是,大学与学生的这种契约是双方默认的。因此,法庭认为,"大学不应恶意地、背信弃义地以随意和武断的方式拒绝给一个完成学位要求的学生颁发文凭。"④

在这个判决中,法官以明确无误的表述,正式将契约理论取

---

① Dixon v. Alabama State Board of Education, 186 F. Supp. 945 (M.D. Ala. 1960), *rev'd* 294 F.2d 150 (5th Cir. 1961), *cert. den'd* 368 U.S. 930 (1961).
② Ibid.
③ Johnson v. Lincoln Christian College 501 N.E.2d 1380 (Ill. App. 4 Dist. 1986); *app. Den.*, 508 N.E.2d 729 (1987).
④ Ibid.

代"替代父母"理论,以此作为法庭裁决大学与学生之间纠纷的理据,而在背后推波助澜的应是大学节节高升的学费。高昂的学费改变了学生及其家长对高等教育的认知,让他们在得到一个学习专业知识、接受高等教育的机会之外,还希望享受相应的服务。有学者一口气列出15个关于美国大学里为什么消费主义意识抬头的理由,包括生源减少导致招生压力增大、校际竞争触发虚假广告、大学过度许诺就业前景、学费贷款加重学生偿还压力、教学难以满足学生期望,等等。①

其实,著名经济学家托斯坦·范伯伦(Thorstein Bunde Veblen)早在一个世纪前就注意到,"学术的理想正在不定的、多变的商业化需求的压力面前逐步退却。"② 他因此警告说,不要把大学变成"学习公司",认为"商业原则在大学中的侵入会削弱和阻碍对学术的追求,从而破坏大学所努力维持的目标"。③

经过美国大学教授协会(AAUP)一百年来关于学术自由的倡导,加上大学共同治理体制的确立,法庭本来早已习惯了在审理学术纠纷时所持司法尊重的态度。法官们往往对涉及大学的纠纷网开一面,除了本着对学术独立、学术自由和大学共同治理原则的尊重,也承认自己对复杂的学术问题缺乏专业知识与判断。④ 但是,随着当今大学的运作日趋商业化,比如通过商业广告

---

① J. Drushal (1976), "Consumer protection and higher education—student suits against schools," *Ohio State Law Journal,* 37(3), 610-611.
② T. Veblen (1918), *The Higher Learning in America: A Memorandum on the Conduct of Universities by Business Men.* Academic Reprints 1954, p.190.
③ Ibid., p.35.
④ R. M. O'Neil (2010), "Judicial deference to academic decisions: An outmoded concept?" *Journal of College and University Law,* 36(3).

来宣传学科项目，修建豪华的体育场馆、休闲设施、星级宿舍等吸引学生，而这些努力又（正好？）与学费的增长几乎同步发生。于是，在家长眼里，为孩子提供教育机会与在家里添置奢侈品这两件事情之间的界限模糊了。从这个角度去理解，学生及其家长在将自己的辛苦钱交到大学之后要求相应的服务，于情于理都无可指责。问题是，当日理万机的法官们不再理会商业与大学之间的区别，也不再分辨商业契约与大学目录（university catalog）不同的承诺，那么大学就不得不重新审视其传统的理念与价值观，包括教授的学术自由与大学的学术自治。

2000年秋季，米勒（Leonce Jennings Miller, Ⅲ）在新奥尔良罗耀拉大学（Loyola University）法学院注册选修"法律行业"（the Legal Profession），一门介绍法律行业的专业与伦理问题的课程，任课老师莱波（Cynthia Lepow）是税务法专业的终身教授，第一次讲授这门课程。米勒对莱波教授的教学极不满意，抱怨她未能及时订购教材，擅自更改课程时间，让学生作课堂演示来代替她自己本该完成的教学内容，期末考试的考卷出错，等等。他要求退还学费，将选课记录从他大学成绩单中剔除，并让他重选另一位教授的课。法学院在收到米勒的书面材料后组成一个临时委员会来调查其申诉。委员会基本坐实了米勒大多数的指控，也对莱波教授作出相应的处分。学院提出让米勒及其他学生在下学期免费选修其他教授的课，但米勒在2001年秋季重选此课并坚持自己交学费。他随即将大学告上法庭。[①]

[①] Miller v. Loyola University of New Orleans, 829 So. 2d 1057 (La. Ct. App. 2002).

米勒在诉讼中对罗耀拉大学提出九项指控,大多基于大学公告(Law Bulletin)中所作的"承诺"及其"违约"给他带来的伤害。比如说,大学没有按照承诺为课程配备足够的师资,只顾收费而罔顾教学质量,由于重修课程他所损失的时间与精力以及取得学位的延误,等等。法庭在全面检视案件之后认为,无论是从合同法还是侵权法的角度都无法以"教学失职"为大学定罪,而且自费重修这门课程是米勒自己的决定,大学并未从中牟利。法院因此驳回了米勒的诉求。

假如说第四巡回法庭洛夫(Terri F. Love)法官代表的多数派意见仍然沿袭了"司法尊重"的传统,那么普洛金(Steven R. Plotkin)法官代表少数派发表的意见则反映出法庭在契约理论的影响下,开始对大学的运作进行市场化的解读:

> 在当今这个时代,随着高等教育价格的不断上涨,大学现在积极地将自己推销给潜在的消费者。当学生被明确承诺的东西未能兑现时,他们应该得到某种形式的补偿。大学如果采用营销策略,他们对消费大众所负有的责任和问责也会随之增加。因此,基于公共政策以及公平正义的观念,路易斯安那州的法律应当允许有限的诉讼理由,以对教学失职引起的违约索赔。[①]

所幸这个观点属于少数派意见,大学在这场官司中得以全身而退。但是,这个观点所代表的社会思潮却引起了行业内的警

---

① Miller v. Loyola University of New Orleans, 829 So. 2d 1057 (La. Ct. App. 2002).

惕。学生不满老师的教学,这本身不值得大惊小怪。但是,米勒能够为这么一件稀松平常的小事打一场惊天动地的官司,个中原因令人深思。学生抱怨教授一般有两个方面,一是教学内容(包括教学方法),二是教学态度,或是两者兼有。前者属于学术自由的范畴,不容他人置喙;后者属于职业道德的问题,大学设有相关机制来处理。当学生的抱怨达到一定的严重程度,大学必须启动相应的调查和处罚程序,这一点罗耀拉大学法学院的表现堪称经典,无可指责。

比如说,米勒抱怨教授让学生作课堂演示来代替自己讲课,这是教学方法问题。学生可以不喜欢,却无权干预。但是,莱波教授擅自改变上课时间或者期末考卷上出错,这是工作态度问题,学院有权干预。因此,由教授组成的临时委员会在对事件作出调查后处分了莱波教授,恰到好处。他们处罚的是莱波教授的工作态度,而不是她的教学方法。对学生在时间和金钱上遭受的损失,学院主动提出免费重修,可谓仁至义尽。

我们可以由此作进一步的推演:假如普洛金法官代表的是多数派意见,法庭因此判定大学败诉,原告得到赔偿,结果会是如何?按照普通法遵循先例的原则,此后法庭将允许有限的诉讼理由,对教学失职引起的违约行为进行索赔,由此将产生两个可能的结果:其一,为了避免诉讼导致的赔偿,大学鼓励教授为取悦学生无所不用其极,学术内容开始稀释,学术探索不再可能,因为在全新的领域里作任何探索都会使一部分人感到痛苦、焦虑或不适,教授何苦冒着得罪学生的风险、押上自己的职位和薪水来进行严肃的教学活动呢?其二,即便教授为了取悦学生无所不用其极，他们也无法摆脱"众口难调"这个魔咒，因为取悦张三的教学不一定同时取悦李四。想通了这个道理之后，也许鼓励教授在教学上"八仙过海，各显神通"才是大学的最佳选择。

二

《不列颠百科全书》是如此定义契约的："契约最简单的定义是一种可由法律强制执行的承诺。承诺可以做某事或不做某事。订立合约需要两人或多人一起同意，其中一方通常提出要约，另一方接受。如果一方当事人不履行诺言，另一方有权获得法律救援。"① 然而，契约概念毕竟是从商业领域里借来的，用于大学及其学生身上时会发生很多奇妙的反应，让缔约双方哭笑不得。

在用契约关系描述大学与学生的关系时，人们一般将大学发布的目录（catalog）、通报（circulars）、公告（bulletin）、网页（互联网时代的主要发布途径）等作为"契约"或大学一方的"承诺"。当学生认为大学未能遵守"契约"兑现承诺时，他们会理直气壮地以"违约"为名将大学告上法庭，要求对方退还或赔偿其经济或其他方面的损失。但大学与学生之间的契约执行时真能如商业合约那般较真吗？

1951年雅各布森（Roy G. Jacobsen）在达特茅斯学院念完大学一年级后转入哥伦比亚大学继续学业，但由于成绩太差，1954年春季学期结束时未能如期毕业。雅各布森总共拖欠哥大1049.50美元学费，于是大学将他和他的母亲告上法庭，但只追讨

---

① https://www.britannica.com/topic/contract-law.

1000美元。初审法院拒绝受理此案,被告于是提起上诉。被告的母亲自知理亏,随即交付了欠款,但雅各布森却不依不饶。他不但不愿还钱,反而发起反诉,追讨他母亲已经交上的欠款,还要求大学赔偿7016美元的损失费。雅各布森引用大学目录、宣传册、大学建筑物上的铭文和大学官员的讲话,罗列了50项哥伦比亚大学承诺给学生的教育内容,以此作为大学"违约"的证据。[①]

那么,哥大承诺教给学生的是些什么呢?根据雅各布森的反诉状,这些教育内容包括智慧、真理、性格、启蒙、理解、正义、自由、诚实、勇气、审美,以及其他品德与素质;哥大意在培养人格成熟、发展全面、思维客观的"全人"。按照雅各布森的逻辑,因为大学未能成功地实现以上教育目标,因而构成虚假陈述,必须赔偿雅各布森的经济损失。

这个案例搞笑的地方是,雅各布森为了证明哥大的虚假陈述,搜集证据时几乎无所不包。比如说,哥伦比亚学院的校训"在你的光中,我们将看到光"(In lumine tuo videbimus lumen)和大学教堂上的铭文"智慧存在于有理解力的人心中"(Wisdom dwelleth in the heart of him that hath understanding),都成了大学对学生的许诺,而讽刺的是,他自己在哥大学业的失败则成为大学违约的证据。他在反诉状中如是说:

> 我对哥伦比亚大学的指控其实只有一个:它未能如其所声称的那样传授智慧。这一指控可以衍生出无数其他指控,而我只是从中随机选择了50条。我随时可以证明,这50条

[①] Trustees of Columbia University v. Jacobsen, 53 N.J. Super. 574 (1959).

陈述中的每一条都是虚假的，尽管中心问题只是哥伦比亚大学讹称它能够传授智慧。[1]

也不知雅各布森是真傻还是装傻，但至少他对我们理解大学与学生之间的契约关系贡献颇大。他以夸张的、近乎漫画式的手法证明了为什么大学与学生间的契约不能与商业合约简单类比，因为教育的价值根本就不能用金钱来衡量。让所有哥大人引以为傲的"博雅教育"（liberal arts education），更无法用商业上"一手交钱，一手交货"的方式进行交易。

以大学公告作为契约，还有一个与商业契约不同的地方，那就是：对于学生来说，"爱你（大学）没商量"。特别是在高等教育进入大众化时代后，学生在"大学市场"面前的确有很多选择，从声誉到价格到学科到服务，不一而足。但是，一旦作出选择，学生最好"从一而终"；"始乱终弃"代价高昂，受伤的往往是学生而不是大学。作为"签约"的一方，学生其实并无可能在大学条款上讨价还价，或与大学进行平等的协商。大学可以单方面对入学标准、课程要求、学费杂费、毕业条件等作出规定。因此，学生在接受大学录取时已经接受了大学事实上的垄断（de facto monopoly）及其所有附加的"霸王条款"。但垄断本身并不说明契约不具有合理性；恰恰相反，正是因为契约双方在缔约之初权力极不对等，这就给了学生一个抗辩的空间，也给了法院一个检视大学契约条款的机会。[2]

---

[1] Trustees of Columbia University v. Jacobsen, 53 N.J. Super. 574 (1959).

[2] J. Drushal (1976), "Consumer protection and higher education—student suits against schools," *Ohio State Law Journal,* 37(3), p.617.

面对契约，州立大学和私立大学的学生还是有所不同的。因为州立大学可以被视为州立法和行政机构的延伸，根据主权豁免原则（sovereign immunity doctrine），大学校方和政府机构一样在法庭上享有相当的豁免权，所以学生以违约为由想要告倒州立大学胜算不大。而在联邦层面上，由于受到宪法第十一条修正案[①]的保护，联邦法庭一般不会受理一州居民对另一州居民提出的诉讼，因此在联邦法庭上状告州立大学也极为困难。但因为是州立大学，学生可以在宪法第十四条修正案的保护下要求大学给予学生"正当程序"的权利。[②] 私立大学则不同，大学与学生之间的条款与条件都包括在大学发行的目录、手册等官方文件中，学生需要在那里找到自己所拥有的权利。问题是，大学可以在学生入学后随时修改学生手册中所列出的条件。马萨诸塞州联邦地方法院在一桩诉讼案中裁定，私立大学有权不通知学生、单方面修改学生手册中关于开除学籍的条件，只要修改不是"武断的和反复无常的"。[③]

看来州立大学在与学生的契约关系中，能否得到豁免是一个关键。一般律师不敢或不愿轻易在这一点上向州立机构发起挑战。那些少数的挑战者结果如何呢？

1975 年蒙大拿州议会拨款成立五个职业教育中心，其中有

[①] 美国宪法第十一条修正案于 1794 年 3 月 4 日由联邦国会正式提出，并于 1795 年 2 月 7 日得到了足够数量州的批准而开始生效。这一修正案旨在给予各州主权豁免，防止一州被另一州公民在联邦法院起诉。

[②] R. Cherry, and J. P. Geary (1992), "The College Catalog as Contract," *Journal of Law & Education,* 21(3), p.4.

[③] Pacella v. Tufts University School of Dental Medicine, 66 F. Supp. 2d 234 (U.S.D.C. D. Mass., 1999).

一个中心提供航空专业的课程。宣传文件表明,学生在完成课程后能够获得私人飞行员执照并在一般航空行业就业。课程包括课堂教学和实际飞行训练,一共六个学期,所列课程均为必修课。但是,州议会突然在1977年度的财政预算中对该职业教育中心的经费作了削减,中心不得不腰斩航空课程。原告是这个项目的学生,在完成课程三个学期的必修课程后突然被告知项目停办,所得学分前功尽弃,于是入禀法院寻求赔偿。①

原告声称,他与职业教育中心的契约是在支付所有学费、完成课程要求并遵守学校各项规定之后,学校允许他进入课程学习并授予相应的学业证书。现在,学校未能提供他们在宣传材料上所许诺的课程,因此构成违约。初审法院同意:"由于[大学与学生之间]签署正式契约的情况极为罕见,协议的一般性质和条款通常是[双方]默认的,具体条款可在大学公报和其他出版物中找到;习俗和惯例也可以通过默认成为具体条款。"但职业教育中心是由州议会资助的,他们是否享受豁免权呢?法庭引用了蒙大拿州宪法第2条第18款1974年的修订版本:"州、县、市、镇和所有其他地方政府实体在人身或财产损害的诉讼中不享有豁免权。"为此,初审法院裁定,"蒙大拿州应向原告承担赔偿责任,赔偿额以原告可能证明其受到损害为限。"② 不幸的是,初审法院的这个裁决在联邦上诉法庭被驳回了,理由是州属机构可以在自己州的法院放弃豁免权,但并不表示它同时放弃了第十一条修正

---

① Peretti v. State of Mont., 464 F. Supp. 784 (D. Mont. 1979), *rev'd* on other grounds, 661 F.2d 756 (9th Cir. 1981).

② Ibid.

案在联邦法院的豁免权。

"得克萨斯大学医学院诉巴比"案是学生告倒州立大学的为数不多的案例之一。[①]1979年1月巴比（Joy Ann Babb）进入得克萨斯大学医学中心护士学院时，该校所用的是1978-79年度目录，但学校不久就开始实行新的1979-81年度目录，其中新的学术规定让原本成绩不佳的巴比跌出了成绩的底线，从而失去在学院继续学习的机会。巴比试图与院长沟通、解释，但院长拒绝与她见面。无奈之下，巴比只得入禀当地法院，要求学校按照旧目录所列出的方法计算她的成绩，而不是根据更新后的目录计算成绩。初审法院同意巴比的申辩，并发出临时禁令，要求大学允许她继续学业，但学校提出上诉。

大学在上诉法庭上坚持认为，由于他们是州立大学系统的一部分，因而和政府机构一样享有豁免权，在没有立法同意或立法授权的情况下不能被起诉。但上诉法官反驳道，因为州立机构官员的非法行为而受到侵害的实体或个人可以提起诉讼，以对侵权行为进行补救或防范，这种诉讼不是针对州立机构，当然也不需要立法机构授权才能提起诉讼。[②]大学还对初审法院发布的临时禁令表示不满，认为这是对大学坚持学术标准的一种干预，但是上诉法官则认为，这场诉讼的焦点并不是学术标准，而仅仅是大学是否前后一致地坚持了他们对于学生的承诺。

这个判决应属例外而非常规。学生以大学目录为契约向州立大学提起法律诉讼时，必须准备好面对第十一条修正案和普

---

① University of Tex. Health Sci. Ctr. v. Babb, 646 S.W.2d 502 (Tex. App. 1982).
② Ibid.

通法主权豁免的相关抗辩。如果州议会没有通过法令或判例法放弃豁免权，那么州立大学的学生其实很难根据契约理论赢得诉讼。[1]

三

与州立大学相比，私立大学与学生的关系似乎单纯得多：大学出版物中规定的条文成为大学与学生间契约关系最重要的——假如不是唯一的——依据。

布朗大学是美国著名的私立大学，也是常青藤校盟成员之一。1993年9月曼格拉（Gaurav Mangla）申请进入布朗大学研究生院，被录取为特别试读生，可以修读研究生级别的课程，但不算是攻读学位课程。副院长琼·卢斯克（Joan Lusk）向曼格拉解释说，因为他的学术背景中缺少必要的计算机科学课程，所以目前身份是试读。他需要成功地完成计算机科学系的课程才有可能被录取为硕士生。在完成硕士学位必修的八门课程中的七门之后，曼格拉去见卢斯克，希望结束试读，正式转入学位课程。卢斯克要求他找到一位教授作为他的硕士论文导师，曼格拉随后将兹多尼克（Stanley Zdonik）教授签署的一封信交给副院长。兹多尼克在信中表示愿意接受曼格拉在他指导下进行硕士研究项目。曼格拉声称此时他认为自己已经成功地得到硕士学位课程的录取。

---

[1] R. Cherry, and J. P. Geary (1992), "The College Catalog as Contract," *Journal of Law & Education,* 21(1), p.6.

1995年9月，曼格拉收到布朗大学的通知，告知他试读期已经结束，他并未被录取为硕士生。曼格拉再次申请硕士学位课程，但被计算机科学系拒收；他给研究生院的诉求也未被接受。他随后向法院提起诉讼，指控布朗大学违反契约及背弃"一旦允诺、不得翻供"（promissory estoppel）的原则。[①]但从整个案情发展来看，布朗大学研究生院的手册中有明确规定，学系并没有录取学生的权力；录取通知书只有在研究生院以书面形式发出时才具有约束力。一时疏忽，或是明知故问，曼格拉作为学生应当知道自己与大学间的这个"契约"的基本条件。因此，法庭判决布朗大学既未违反任何契约，亦未推翻任何允诺。借此案例，法庭对大学与学生的关系再作说明："学生与大学的关系本质上是契约关系。契约条款可包括学生手册和注册材料中提供的声明。"[②]

如前所述，在大学与学生的契约关系中，缔约双方的权力是不平等的，因此，当强势一方要求坚持契约条件时，如布朗大学在"曼格拉案"中坚持只有研究生院才能正式录取学生，阻力并不太大。然而当弱势一方要求坚持契约条件时，如巴比在"得克萨斯大学医学院诉巴比"一案中要求学校坚持旧目录所列出的条件时，就有点"难于上青天"的感觉了。这一点在"加拉里诉诺瓦东南大学"[③]一案中也可以看出。

加拉里于1998-99学年进入诺瓦东南大学（Nova Southeastern

---

① Mangla v. Brown University, 135 F.3d 80 (1980).
② Ibid.
③ Jallali v. Nova Southeastern University, 992 So.2d 338 (Fla. Dist. Ct. App. 2008).

University）攻读骨科医学专业，预计 2002 年 5 月毕业。大学向加拉里提供了一本 1998-99 年的学生手册，其中规定了骨科课程的毕业要求：两年课程学习、两年临床轮换、通过综合骨科医学执照考试（Comprehensive Osteopathic Medical Licensing Examination, Comlex）一级考试，并参加 Comlex 二级考试。尽管学生不需要通过 Comlex 二级考试才能获得学位，但他们必须在"完成所有毕业要求的六年期限内"参加考试。值得注意的是，诺瓦东南大学在加拉里在学期间发行的所有手册，包括 1998-99 年学生手册中都明确保留学校修改、增加或删除其规则、政策和程序的权利。加拉里因为有好几门课不及格，所以毕业时间就推迟了。

从 1999-2000 学年开始，学生手册改变了骨科课程的毕业要求，1999 年入学的学生必须通过 Comlex 一级和二级考试才能获得学位。大学于 2002 年通知加拉里，他必须在入学后 6 年内满足所有毕业要求，包括通过 Comlex 一级和二级考试。经过五次失败后加拉里终于在 2004 年通过 Comlex 一级考试，但他对二级考试的冲刺在 2005 年失败了。2005 年 3 月大学通知加拉里，因为未能在六年内完成所有要求，他已被大学除名。

加拉里回应说，因为他是在 1998 年入学的，因此 1998-99 年学生手册的要求适用于他。根据这些标准，他满足了 Comlex 考试的要求，即通过一级考试并参加二级考试。学校答应再给他一次机会，但他在 2005 年 8 月重试二级考试，结果还是失败了。加拉里在得到学校给他最后除名的通知后，以违约为名将大学告上法庭。

加拉里要求大学赔偿 25 万美元的学费、他在校期间美元的收入损失，以及未来工作可能得到的690万美元的收入损失。初审法院表示支持加拉里的申诉，其陪审团裁定诺瓦东南大学赔偿加拉里819000美元。但是，上诉法庭完全不同意加拉里关于大学违约的指控。法官认为，大学手册明文规定学校保留在"任何时候"都可以修改学术要求的权利，除非原告能够证明大学对于规则的修改是"任意武断、存心不良的"。再说了，大学对毕业要求的修改是为了满足骨科医学专业认证机构的要求，而对学生是否满足大学的学术要求并够格成为医生，这样的判断应由大学而不是由法庭来决定。[1]

从这个角度看，私立大学尽管不像州立大学那样享有豁免权或宪法第十一条修正案的保护，但法庭多年来形成的"司法尊重"的传统还在时时照看着大学的利益。当大学不能履行承诺或辜负学生期望时，法院对于坚持契约原则来维护学生权益的态度极其勉强；他们几乎异口同声地驳回对教学失职的指控，拒绝由外来力量干预课堂或大学的管理。[2] 有趣的是，法庭的这种态度似乎并未减弱学生及其家长的维权意识或热情。相反，随着高等教育市场化日益加深，针对大学的维权诉讼有增无减。有学者认为，当大学与学生的关系越来越接近客户关系，而法庭却仍然拒绝介入契约纠纷，学生有可能成为市场的牺牲品。[3]

布朗学院（Brown Institute）是一所营利性的职业教育学校。

---

[1] W. A. Kaplin, and B. A. Lee (2009), *The Supplement to A Legal Guide for Student Affairs Professionals, second edition*. San Francisco: Josey-Bass, pp.37-38.

[2] H. Beh (2000), "Student versus university: The university's implied obligations of good faith and fair dealing," *Maryland Law Review,* 59(1), p.184.

[3] Ibid.

1994年学院开设了为期12个月的电脑技工课程。该课程声称为学生提供初级电脑职位培训，如PC安装工、维修工、LAN安装工、技术支持人员和管理员。课程学费和书本费从8385美元到10127美元不等。学校通过报纸、宣传册和广播大做广告，宣称学生通过课程将学习"当今最流行的桌面系统"，使用市场上最强大的计算机芯片，以及准备参加两项业界公认的认证考试。

艾尔塞德斯（Peter Alsides）等学生在完成课程之后极度失望，于是入禀当地法院，对布朗学院提起诉讼，指控其欺诈、虚假陈述、违约和欺诈性贸易行为。[1] 初审法院首先认定这项诉讼实质上给教育机构扣上"教学失职"的帽子，当即予以驳回。法院还裁定，根据《消费者欺诈法》（Consumer Fraud Act），教育不是一种服务，该法没有规定损害赔偿。同样，法院裁定，教育不符合《统一欺骗性贸易惯例法》（Uniform Deceptive Trade Practices Act）对贸易和商业的传统定义，而且该法没有规定损害赔偿。

对于原告的上诉，明尼苏达州上诉法庭基本维持原判。法官借此机会索性对所有的"教育失职"表了一个态："学生以教育质量不佳提出索赔，无论是违约、欺诈还是失实陈述，都是对教育失职进行索赔，[法庭对这样的指控一律]不采取任何行动。"换言之，法庭对任何关于教育质量的指控都会采取置之不理的态度。当然，如果原告能够将指控限制在某一些具体承诺，而且不涉及对教育过程和教育理论的追究，违约、欺诈或虚假陈述之类的指控还是可以受理的。

---

[1] Alsides v. Brown Institute, Ltd., 592 N.W.2d 468 (Minn. Ct. App. 1999).

的确，光看案情，我们根本无法判断布朗学院的教学是否与他们在招生广告中所作的宣传严重偏离。有一点是确定的，艾尔塞德斯和他的同学们从这个课程中学到的东西或得到的体验远低于预期。他们的错误在于没有意识到，教育服务和其他商业服务，其契约中消费者一方所具有的权益是不一样的。在法庭眼里，即便是以营利为目的的学校，其课程和教学也不容外界随便质疑。这个案例对后来者的启示是，教育服务的"消费者"在提起诉讼前必须尽量避免"教育失职"的指控，因为法官不会对此采取行动。教育评估不是法官的特长，也不在他们的职责范围之内。

四

在美国大学的圈子里，市场营销曾经是个"脏词"，如同赶着文人雅士去沿街叫卖，斯文扫地。从高等教育的历史来看，大学的中心是文理学院，教育的核心是博雅教育：教的是做人。这个理念与中国古人"十年树木，百年树人"的想法倒是不谋而合。没人能在"百年"之后评价大学对他们的影响，当然更不会有人因为"教学失职"向大学追讨学费。"只要开张，就有客人"，曾经是大学对市场的基本估计。这样的大学当然无需营销——"酒香不怕巷子深"嘛。

但是，曾几何时，高楼深院里的清高、从容与淡定早已被职业招聘会上的喧闹所淹没。广开生源之余还需顾及毕业生的就业率，连名牌大学都不得不降尊纡贵地将学术课程推向市场，广而告之。徐志摩要是在今天的剑桥校园里诗兴大发的话，他的名句也许会变成"匆匆的我走了，正如我匆匆的来"。匆匆而来是冲着大学诱人的广告，匆匆而走是赶去职场验证其文凭的价值。难怪市场营销之于当代大学，已从昔日的"脏词"变成"必要之恶"。[1]有营销就有承诺，有承诺就须兑现。纵然大学和教育机构仍然享受着如上所述的各种保护措施，它们在法庭上还是不免有失手的时候。

失手的往往是大学的承诺。承诺本身没有问题，但如何承诺却大有讲究：太空泛的不叫承诺，太具体了又会在法庭上被人揪住小辫子。

瓦特洛特学院（Vatterott College）是一所职业教育学院，提供各种领域的职业培训，包括计算机编程、计算机辅助绘图、医疗办公辅助、电气机械、供暖、通风、空调和制冷等课程。学院通过招生代理人、宣传机构和各种宣传材料，对课程的完整性、教师的资格和能力、学院提供的材料和设备、课程认证、就业安置率以及学生在完成学业后所具有的技能等方面作了不少的陈述或许诺。学生在支付2万美元的学费后，将得到一个完整的60周课程教学，包括教师、设备、实验室、教室和其他教学所需的设施。然而，学生们在入学后看到的却是另一番景象：许多教授并无合适的资格，学习课程所需的材料和设备要么损坏要么告缺，

---

[1] "必要之恶"（necessary evil）一词源于希腊语，原指为了实现好的结果而必然产生的恶事。当代人们常用以形容市场营销，比如："Marketing used to be a dirty word. Now it's a necessary evil." See https://buildingmarketingstrategies.wordpress.com/2009/05/20/this-just-in-from-the-university-of-california-marketing-isnt-a-dirty-word/.

就业率远低于早前的承诺,学习课程不但没有得到认证,而且学生在完成课程后连行业中的初级职位都无法胜任。杰米森(Carl Jamieson)等十几位在校生和毕业生以欺诈、违约和违反《堪萨斯消费者保护法》提起诉讼。[1]

非同寻常的是,学生在入学之初居然和学校签过入学契约(Enrollment Agreements),而这些契约在法庭上后来成为学校对学生承诺最好的证据。学校为何愿意将自己暴露在如此巨大的诉讼风险之下,我们不得而知,但他们面对市场却毫无防范意识,也让人叹为观止。当然,由于原告包括了太多的学生,而每一个学生的情形又大不一样,法庭既无法站在学校一边,撤销诉讼,又不能站在学生一边,将如此复杂的指控打包处理。事实上,当法庭开始一一检视每一位学生原告对学院的抱怨时,他们已经将学院与学生的契约与一般商业契约同等对待。法庭给自己的任务是裁决学院在多大程度上违反了他们在契约中对学生作出的承诺,而他们最后的裁决是:"被告瓦特洛特学院要求即决判决的动议部分被批准,部分被驳回。"这个裁决虽然总的来说不失公允,但当法庭祭出市场的标尺来衡量学校时,学校无疑已经成为输家。2018年12月,瓦特洛特学院宣布关门大吉。[2] 我们无法知道学院的关门与这场诉讼之间有没有必然联系,但市场之无情带来的寒意相信很多其他大学感同身受。

---

[1] Jamieson v. Vatterott Educational Center, Inc., 473 F. Supp. 2d 1153 (D. Kan. 2007).

[2] A. Kreighbaum (2018), "Vatterott Educational Centers to Close," *Inside Higher Ed,* December 19, 2018. See https://www.insidehighered.com/quicktakes/2018/12/19/vatterott-educational-centers-close.

从瓦特洛特学院与学生签约这事上，我们不难体会一个职业教育学院对于市场的焦虑。他们没有本钱像哥伦比亚大学在"雅各布森案"中那么天花乱坠地承诺，但也大可不必实诚到要和学生白纸黑字地签约啊！最不可思议的是，他们明知难以兑现，却偏要作出如此具体的承诺，除了是因为争夺市场份额而不择手段，我们无法解释这种自杀式行为的动机。

承诺还有一个问题：使用不当可以成为一个圈套。大学当然明白，承诺越具体就越吸引人，但当承诺具体到可以量化的地步，大学便开始给自己挖坑了：具体而又不当的承诺不仅提高了学生的期待值，而且在万一无法兑现时，可能会将逃生的通道都完全堵死。这一点连名牌大学都不能幸免。

波士顿大学在 1995—96 学年发布新规，承诺为患有学习障碍（learning disabilities）的学生提供协助，但必须要有医生的证明。这些协助项目包括提供录音课本、课堂笔记协助、特殊考试安排、减少课程负担、以其他课程代替数学和外语的必修要求，等等。1995 年 12 月，就在期末考试之前，大学给学习障碍患者发信，通知他们有关协助项目的新规定。学生们被告知，他们的医疗文件必须在过去三年内由一名持有执照的心理学家或"有信誉的医生"完成，而且他们必须在 1996 年 1 月 8 日之前提交符合这一新标准的测试结果，否则不能享受学校提供的帮助。按照新规定，学生的学习障碍证明文件由波士顿大学的校长批准后方才生效，尽管校长本人并非这方面的专家。

波士顿大学实施的新规让患有残疾的学生感到的是背弃。比如说，大学许诺残疾学生可以其他课程代替数学和外语的必修要求，却要求拉布雷克（Avery LaBrecque）选修斯瓦希里语——

一门既有口语又有书面要求的语言。格里利（Scott Greeley）始终没有等到大学的帮助，却在期末考试之前被告知，由于文件不充分，他申请的考试协助被拒绝了。当古肯伯格（Elizabeth Guckenberger）试图提交其学习障碍专家的评估以获得考试便利时，却被告知她必须在考试前的三周内重新进行阅读障碍测试。六名残疾学生入禀法院，指控大学违反了《美国残疾人法》（Americans with Disabilities Act）和《康复法》（Rehabilitation Act），也违背了他们在招生宣传材料中由"训练有素的员工"提供协助以及"合理的考试和课程安排"的承诺。[1]

法院并不认为光凭大学的宣传材料就足以证明双方签有正式契约，但校方通过口头或书面的方式的确对残疾学生作出了承诺，而且这种约定具有可执行性。因此当校方另出新规缩小早前承诺的适用范围，他们显然违约了，损害了学生的利益。这一次法庭似乎无意为大学背书，而是直接命令大学停止执行新政策，由拥有医学学位或博士学位的专业人员或有执照的临床心理学家对学习障碍患者进行重新测试，以使他们能够获得大学合理的协助。法庭也命令大学在30天内组成专家委员会讨论如何处理所有涉及外语课程替代的政策，并向法庭报告。法庭根据六位原告学生各人不同的情况，判决给予他们从1美元到13000美元不等的赔偿。[2]

这里不妨套用托尔斯泰《安娜·卡列尼娜》一书开场白："幸福的家庭都是相似的，不幸的家庭各有各的不幸。"大学为了

---

[1] Guckenberger v. Boston University, 974 F. Supp. 106 (D. Mass. 1997).
[2] Ibid.

招生对学生作出各种承诺,兑现了皆大欢喜,在学生眼中理所应当,连个谢字都不会出现。可万一不能兑现呢?大学与学生各有各的不幸。当学校许诺学生在他毕业时"会有一个职位在等着",[1] 当学校以就业率作为诱饵吸引学生,[2] 当学校对现有的校园设施夸大其词,[3] 当学校对师资水平和课程质量的描述有任何不实之词,[4] 我们的耳边就应当听到官司临头的预警。诉讼对任何学校和学生都是一场零和游戏:不管学校在市场营销上如何成功,一场官司就能让他们所有的努力一夜归零;不管学生的诉求多么理直气壮,到了法庭上谁也不可能胜券在握。

五

不可否认,市场营销在很多美国大学及其教授心中至今仍是一个"脏词",但这并不妨碍大学继续实施这"必要之恶"。并非他们不具向善之心,而是激烈竞争的市场让他们不敢"向善"。当代大学绞尽脑汁,为学生——他们的客户创造个性化的体验,其逻辑是:我们给他们提供他们想要的,因为这会让他们快乐,而快乐的学生体验会给大学带来成绩更优的学生、慷慨回馈的校友、蒸蒸日上的声誉,等等。问题是,当大学抄企业的作业,照搬其营销策略,本意是让学生顾客感受到特别的待遇和关照。但

---

[1] Delta Sch. of Commerce, Inc. v. Harris, 839 S.W.2d 203, 205 (Ark. 1992).
[2] Beckett v. Computer Career Inst., 852 P.2d 840, 844 (Or. App. 1993).
[3] Idrees v. American Univ., 546 F. Supp. 1342, 1348–51 (S.D.N.Y. 1982).
[4] CenCor v. Tolman, 868 P.2d 396, 399–400 (Colo. 1994); Dizick v. Umpqua Community College, 599 P.2d 444,445–47 (Or. 1979).

是，久而久之，享受特殊待遇的人们不再感到特殊、不再心存感激，反而因为更高的期待未能得到满足而变得愤怒和敌对。换言之，特殊待遇让人产生权利意识（sense of entitlement），而权利意识只能让人更加痛苦。

这是一个关于美国"官二代"的故事。安德鲁·朱利安尼（Andrew Giuliani）的父亲是纽约市前市长、美国第45任总统特朗普的私人律师。朱利安尼在高中三年级时受到杜克大学高尔夫球队教练罗德·迈尔斯（Rod Myers）的青睐。为了招募朱利安尼进入大学球队，迈尔斯许了不少愿。朱利安尼后来声称，他在接受了杜克大学的录取及球队邀请的同时，拒绝了许多其他大学向他提供的作为学生球员的优渥待遇。换言之，他与杜克大学达成了一项协议：在支付杜克大学20万美元的学杂费之后，杜克大学承诺为他提供除了教育之外的许多额外服务项目，包括作为高尔夫球队员参加全国比赛，并能"终身使用"杜克大学"最先进"的训练设施。

然而，人算不如天算。2007年春天，迈尔斯教练意外去世，同年夏天文森特（O. D. Vincent）教练接手高尔夫球队。文森特决定将高尔夫球队的规模减半，并开始对朱利安尼百般刁难（按照朱利安尼的说法）。2008年2月11日，文森特宣布取消朱利安尼参加大学体育项目的资格。他表示，将朱利安尼除名是永久性的，除非他的12名队友都写信支持他重返球队。但朱利安尼声称，当他的队友们表示支持他重返球队后，文森特却威胁他们"后退一步"，否则后果严重。朱利安尼向大学提出申诉，但杜克大学法律总顾问认为，文森特教练终止朱利安尼的球员资格完全在教练的权力范围之内。2008年7月，朱利安尼向北卡罗来纳州中区地方法院提起诉讼。[1]

朱利安尼不愧为名门之后,特别是名律师之后:他那"一份价值20万美元契约"的诉求不仅抓人眼球,而且立刻引起很多人的共鸣。试想,在一个人均GDP 4万多美元的社会里,20万美元的大学学费对任何家庭都是不小的一笔开销。因此,激发人们的"权利意识",在法庭上占据道德高地,从诉讼策略上看可算是高招。原告声称,他的目的是希望通过诉讼,不仅要维护他个人的权利,也要维护他的同学们的权利,使得今后学生在与大学签订契约之后,能够和其他公民一样享有其基本的契约权利。[2] 但问题来了:朱利安尼所宣称的这份价值如此高昂的契约究竟在哪里呢?他列出杜克大学学生运动员手册(Duke University Student-Athlete Handbook)、杜克大学体育部政策手册(Duke University Athletic Department Policy Manual)、杜克大学学生公告(Duke University Student Bulletin)、全国大学体育协会第一级别手册(NCAA Division I Manual)等。这些文件的确都对学生球员的权利作了阐述,但在法官眼里,这些手册毕竟不具有一般商业契约所明确界定的权利与义务,也没有签约双方严格的法律约束。主持审理此案的联邦地区法官应该是一位体育爱好者,他的意见不失幽默:"原告依赖四份学生政策手册作为契约的证据,是一次'挥杆和失误'"(a swing and a miss,高尔夫球用语)。[3] 不知

---

[1] Giuliani v. Duke University, No. 1:08- CV- 00502 (M.D.N.C. filed July 23, 2008).

[2] A. Gajda (2009), *The Trials of Academe: The New Era of Campus Litigation*, Harvard University Press, p.215.

[3] Alison Leigh Cowan (2019), "Dismissal Urged in Lawsuit Brought by Giuliani's Son," *New York Time*, May 20. Available at https://www.nytimes.com/2009/05/21/nyregion/21giuliani.html?auth=login-google.

儿子在出庭之前有没有咨询一下老子。

其实，明眼人不难看出，杜克大学的错误并不在于违反契约，而在于为招收球员学生（加上名门之后？）给出太多许诺。大学的营销策略是成功了，朱利安尼的确从招生教练那里感受到特殊待遇，也心甘情愿地签下了他20万美元的契约。从这个角度看，明星球员或明星学生，在他们选择进入一所大学时确实放弃了其他更好的机会。大学明白这一点，并在可能的条件下给出一点适当的待遇也无可非议。但是，和所有过度的承诺一样，不能兑现的结果就是引火烧身。所以，与其责怪学生的"权利意识"，大学不如反躬自省，检讨一下自己在市场上的行为和所采取的营销策略。如有学者指出的那样："正因为大学的行为越来越像企业，法庭也更愿意将大学的政策和做法视为与'客户'（学生）就'产品'（教育）的质量签订的'契约'。"[1]

瓦尔登大学（Walden University）大概是美国最著名的私立远程教育大学了，其市场营销在同行中堪称典范，可谓做到了极致。瓦尔登大学的母公司罗瑞特教育集团（Laureate Education）以1760万美元的年薪聘请美国前总统克林顿担任荣誉校长，直到2015年希拉里开始竞选总统，克林顿才不得不放弃他的高薪闲职。[2]

因为实行远程教育，瓦尔登大学在其手册上承诺，学生向教

---

[1] Ann D. Springer, "AAUP: Legal Issues for Faculty" (2004), available at www.aaup.org.

[2] Anna Schecter (2016), "Student Sues Walden University: 'I Wasted Six Years of My Life'," *NBC News Now*, December 2, 2016. Available: https://www.nbcnews.com/news/us-news/student-sues-walden-university-i-wasted-six-years-my-life-n690706.

授提出任何问题都可以在十个工作日之内得到答复；教授如果离开学校不能及时回复的话，必须通知学生，并由他指定的同事代为处理。齐派克（Mary Ellen Chepak）1998—2005年间在瓦尔登大学攻读心理学博士学位，2002—2005年间她与教授的沟通数度出现问题，教授未能按照大学的承诺在十天以内回复她的问题。齐派克给大学校方提出意见也没有得到满意答复。2008年齐派克将瓦尔登大学及其母公司罗瑞特教育集团告上法庭，指控大学违反承诺：（1）未能在十天以内回复她的问询；（2）未能指派人员在教授离校期间代为处理她的问询。①

相应于大学的市场营销力度，学生的"权利意识"在此也同样达到了极致。如此猥琐的诉讼当然毫无悬念地被法庭驳回了。但是，瓦尔登大学的麻烦远没有结束。

赖特（Jennifer Wright）曾是一名海军陆战队军官，退役后在加州从事小学教育。她一直有一个梦想，即让她年迈的父母在其有生之年看到她成为博士。于是，年届五十的赖特选择进入瓦尔登大学攻读教育学博士学位。六年下来，她已经用尽了在军队服役16年所获得的全部退伍军人法案福利，且负债22.4万美元，却还没有得到学位。赖特说，她在学费上的负债金额已经超过她家房子的价值；她决定向大学讨回她生命中六年宝贵的时光。②2016年12月1日，赖特同其他四名博士生发起集体诉讼，

---

① Chepak v. Walden University, 2008 U.S. Dist. LEXIS 14085 (S.D.N.Y. Feb. 26, 2008).

② Anna Schecter (2016), "Student Sues Walden University: 'I Wasted Six Years of My Life'," *NBC News Now*, December 2, 2016. Available: https://www.nbcnews.com/news/us-news/student-sues-walden-university-i-wasted-six-years-my-life-n690706.

指控瓦尔登大学不当得利、违反合同、违反默认的诚信以及不公平交易。① 他们在诉状中指出，瓦尔登大学在招生时谎称博士学位论文的过程仅需 13-18 个月，外加五门学位课程。事实上，他们不仅在学时间远超预计，而且其间大学员工一再更替，学习要求不断变化，直到他们背负了几十万美元的债务，还没有拿到学位。

相信赖特的身份及其遭遇会让许多人感同身受。在美国大学完成博士课程不难，但完成博士论文还真不易：这就是为什么 ABD（All But Dissertation，可直译为"一切就绪、只欠[博士]论文"）远多于 PhD 的原因所在。我们当然无法断定赖特在收到瓦尔登大学博士课程的录取通知书时得到了什么样的承诺，但她似乎非常肯定，付出如此高昂的学费就应该得到博士学位。"权利意识"夸张至此实在让人无语。如果赖特的逻辑得行其道，只要化足够的钱就能戴上博士帽，那么大学与市场便最终合二为一了。

行文至此，诸位看官如果对大学与学生之间就契约展开的博弈已经心生厌倦，那么，真正的大戏可能还没开演。2020 年初，一场突如其来的全球性新冠疫情注定将改写高等教育市场的版图，也将重新定义大学与学生之间的契约关系。美国有四千多所大学和学院不得不关闭校园，转而采用在线学习的方式应对病毒的传播，从而影响至少 2500 万学生正常的校园生活。由于大部分的关闭发生在 3 月中旬，许多学生不得不通过在线学习完成

---

① Wright v. Walden Univ., LLC, Civil No. 16-4037(DSD/DTS), 2 (D. Minn. Apr. 21, 2017).

春季学期。① 除了学习之外，大学校园的关闭让住校学生流离失所，而住在校外的学生则面临疫情在他们居住的社区随时暴发的危险。

面对这史无前例的灾难，大学生也不失时机地将他们的"权利意识"提升到一个新的高度。至 6 月为止，已经有七十多所大学的学生发起集体诉讼（class action lawsuits），有的要求校方退还宿舍、餐饮、图书馆及其他校内服务与设施的费用，而更多的是要求退还学费。② 对于前者，相信一般大学会在合理的条件下通过协商得到解决。真正棘手的是后者：假如学生坚持认为他们按照与大学的"契约"所支付的费用，是为了换取课堂教学的体验，而不是作为较低教育形式的在线学习，那么，在高科技主导的未来世界里，大学是否也需重新定义课堂教学？ 5G、6G、人工智能，许多新技术呼之欲出，对传统教学方式的冲击根本不是会不会有的问题，而仅是时间问题。

如此看来，2020 年也许会因为疫情而作为未来高等教育改革的元年载入史册。难道我们的社会能够心安理得地将这道关乎大学命运的难题交由一般法庭去辩论，交由教育行外之素人——法官来评判？

---

① Anjelica Cappellino (2020), "More Than 70 Universities Sued for Refunds Following COVID-19 Campus Closures," Available at https://www.expertinstitute.com/resources/insights/universities-sued-for-covid-19-refunds-following-campus-closures/.

② Ibid.

第十章
爱的付出：大学如何应对政府？

学院和大学的律师及其行政管理人员关注联邦监管这头骆驼有些年头了。骆驼先是把鼻子笨拙地插进学术帐篷的边缘，然后在下面扭动着头。我们都至少看到了这样一种前景：骆驼会将它整个笨重的身体压在帐篷下面。即便是头脑简单的沙漠部落人都能明白，骆驼一旦进入，帐篷就不再是原来的样子了。

——拉克瓦拉

一

游走在卷帙浩繁的法庭案例中，最让我感到不可思议的法律当属主权豁免原则（sovereign immunity doctrine 或 state immunity doctrine）。我在"囿于契约"一章中已经提到过，作为州立法和行政机构的延伸，州立大学与政府机构一样在法庭上享有相当的豁免权，所以学生以违约为由想要告倒州立大学往往胜算不大。在美国这样一个号称民主的国家，怎么会有这么一条法令？难道法律禁止"民告官"？开始我以为自己天资愚钝，无法理解这条法律背后隐含的什么大智慧；后来念到我研究生时代的老师亚历山大（David Alexander）教授和他更加著名的哥哥（Kern Alexander）的高等教育法论著，方才得知，在美国连法学大家都感到困惑：这样一条有悖民主原则的法律怎么可能穿洋过海来到美国，而且还在新大陆的法律体系中扎根落户？①

那么究竟什么是主权豁免呢？这条原则从何而来？现状如何？假如认真实施的话，难道州立大学可以为所欲为，而学生及其家长完全投诉无门？原来主权豁免的概念是中世纪英格兰封建制度的产物，那时领主就是他封地上法律的制定者和执行者，享有当然的豁免权。英国在13世纪正式确立王权豁免的原则，国王凌驾于法律之上。1607年詹姆斯国王宣布他是英格兰的最高法官，所有的法庭都在他手下。18世纪法学家威廉·布莱克斯通（William Blackstone）甚至将"国王不会错"（The King can do no wrong）这句流行语写进了《英国法释义》（*Commentaries on the Laws of England*）："国王不仅不会做错事，甚至不会想错事；他绝不会有意去做不合适的事：在他身上没有愚蠢和软弱。"据此，国王的法院无权审理对国王的指控，除非得到国王本人的批准。②

---

① K. Alexander, and M. D. Alexander (2011), *American Public School Law*, 8th Edition. Belmont, CA: Wadsworth Publishing, p.722; K. W. Alexander, and K. Alexander (2010), *Higher Education Law: Policy and Perspectives*. Hoboken, NJ: Taylor and Francis, pp.384–385; V. Lawyer (1966), "Birth and Death and Governmental Immunity," *Cleveland-Marshall Law Review*, 15(3), p.529.

② K. W. Alexander and K. Alexander (2010), *Higher Education Law: Policy and Perspectives*. Hoboken, NJ: Taylor and Francis, p.384.

主权豁免的概念如何被纳入美国法律，法学界至今认为是一个谜，① 因为美国的开国元勋们在绘制共和国的蓝图时殚精竭虑，怕的就是国王的暴政在新大陆重新上演。唯一的解释是新大陆的法律体系遵从英国普通法的传统，因此主权豁免就演变成了州权豁免。对此，美国宪法起草人之一汉密尔顿（Alexander Hamilton）在1788年解释新宪法时作了这样的表述：

> 主权的本质是，在未经其同意的情况下不适合个人的诉讼。这是一般常识，也是人类的普遍做法。作为主权的属性之一，这种豁免现在已由合众国各州的政府享有。因此，除非在公约计划中放弃这种豁免，否则将由各州保留。国家与个人之间的契约只对君主的良知有约束力，并不假定具有强制性。他们不赋予独立于主权意志的诉讼权。②

由此可见，美国在独立后保留了其前宗主国的法律传统，因此在很长一段时间内"民告官"的确有悖法理，而关于主权豁免的合理性问题，法学界直到20世纪初才开始出现不同的声音。③ 著名法学家波查德（Edwin Montefiore Borchard）教授就曾抱怨说，他不明白在美国和英国这样伟大的民主国家，为什么平民因官员的侵权行为受到伤害，不能通过上诉争取权益，而只能独吞苦果；难道政府的首要责任不是保护平民的人身和财产安全吗？④

---

① E. Borchard (1924), "Government Liability in Tort," *Yale Law Journal,* 34(4).
② *The Federalist,* No. 81, at 374 (Hallowell ed. 1842) (Hamilton).
③ V. Lawyer (1966), "Birth and Death and Governmental Immunity," *Cleveland-Marshall Law Review,* 15(3) pp.529-549.
④ E. Borchard (1924), "Government Liability in Tort," *Yale Law Journal,* 34(4), p.129.

搞笑的是，美国建国后也曾有过"民告官"，但并无成功的案例，而法官在驳回原告时引用的理由之一是缺乏先例。①

由于州政府按照普通法一般不承担侵权责任，这个法律自然荫及州立大学或其他州立院校，因此，州立大学成为州权豁免原则最大的受益者。20世纪初由加利福尼亚大学医学院的一项医疗事故引起的诉讼，为州立大学的豁免原则作出最好的诠释。原告是加州大学的学生，在大学医院接受扁桃体切除手术时，由于医生的疏忽、粗心和不当的治疗方法，颌骨错位和颈部左侧骨折，导致永久性的损伤。受害人将加州大学告上法庭，要求赔偿151433.35美元。② 法官对原告的不幸充满同情，但他并不认为大学应当承担任何责任：

> 综上所述，原告在他委以重任的医生手中因其疏忽或不当行为受到伤害，委实不幸，而该医生的过失行为（假设指控属实）导致的状况对于原告来说是一个巨大的磨难，但这却不应当由被告所属的大学支付赔偿加以弥补。无论我们个人意向如何，都必须依法办事。对于这种伤害，索赔人的要求应当针对那些因其过错而造成伤害的人。③

原告提起诉讼的理由之一，是学生的学杂费包含使用大学医院的费用，因此大学在为学生提供医疗服务时是履行其教育职责

---

① Russell v. The Men Dwelling in the County of Devon, 100 Eng. Rep. 359, 2 T.R. 667 (1788); Ephraim Mower v. The Inhabitants of Leicester, 9 Mass. 247 (1812).

② Davie v. Board of Regents, University of California, 66 Cal. App. 693, 227 P. 243, 160 A.L.R. 53 (1924).

③ Ibid.

之外类似商业性质的活动。但是，法庭不同意这个观点。在法官看来，保障学生健康是大学教育职能的一部分，因而也是政府功能的一部分。大学在此仅仅是代行政府责任，所以政府豁免的原则在此完全适用，而雇主责任原则（respondeat superior）则不适用。法院认为医生个人负有责任，必须对原告的伤害给予赔偿。

不难想象，医疗事故在任何人身上都可能发生，因而同情受害人实属人之常情。联邦最高法院在1868年是这样告诫公众的："很明显，如果[州的]最高权力机构能够成为每个公民的诉讼对象，那么公共服务将受到阻碍，公共安全将受到威胁。"[1]尽管如此，法庭对州权豁免的坚持在一般人眼里还是合理却不合情。有很多州的法院在裁决涉及州权的案例时质疑主权豁免的原则，有些州索性通过立法授权或法院裁决废除了主权豁免。纽约州是第一个废除豁免权的州，而且废除的力度比任何其他司法管辖区都要来得彻底。[2]据估计，大约20个州全部或部分地取消了州权豁免，但从实际案例来看未得豁免的大多是县市机构或中小学，很少涉及大学。[3]在审理具体案件时，法庭倾向于根据具体情况为受害人提供补偿，比如对于履行非政府或商业性职能而造成的伤害追究责任、政府的间接责任，等等。

其实，州立大学除了受到州权豁免原则的庇荫而外，还得到我们之前提到的宪法第十一条修正案的保护。这个修正案限制

---

[1] K. W. Alexander, and K. Alexander (2010), *Higher Education Law: Policy and Perspectives*. Hoboken, NJ: Taylor and Francis, p.391.

[2] S. Mosk (1966), "The Many Problems of Sovereign Immunity," *San Diego Law Review*. 3(9).

[3] Ibid.

联邦法院受理外州公民或外国人对州属机构提起法律诉讼的权力。换言之，这项原本意在维护各州主权、寻求联邦和州权力之间平衡的修正案，起到的却是保护州政府财政的作用。试想，假如州立大学不享有豁免权，那么当它在与学生或州外居民的诉讼中败诉并需要赔付时，大学所动用的其实是州财政，也就是纳税人的钱。

联邦最高法院在2001年受理两宗来自亚拉巴马州的案例，成为应用宪法第十一条修正案的经典案例。亚拉巴马大学（University of Alabama）护理部主任帕特里夏·加勒特（Patricia Garrett）被诊断出患有乳腺癌后，不得不请大量病假进行治疗。她回来工作后得知，自己已经失去主任的职位并被转到另一个岗位。米尔顿·阿什（Milton Ash）是一名安保人员，因患有慢性哮喘，要求雇主为他调换岗位，却没有得到批准，他的工作绩效评估也随之下降。《美国残疾人法案》（Americans with Disabilities Act of 1990, ADA）第一条禁止各州和其他雇主"在雇佣条款、条件和权利方面对胜任的残疾人因其残疾而加以歧视"。加勒特和阿什以此为由状告大学违反ADA。地区法院认为大学在此案中不享受第十一条修正案给予的豁免权，所以判决原告胜诉，但是上诉法院推翻了这个判决。

2001年联邦最高法院受理此案，首席大法官威廉·伦奎斯特代表多数派发表意见认为，宪法第十一条修正案明令禁止州雇员以州政府违反ADA第一条为由向联邦法院提起诉讼。除非有证据显示州政府违反宪法第十四条修正案关于平等法律保护的条款，并表现出习惯性的歧视行为，国会不应当授权个人向州政府提起诉讼并追讨金钱赔付。因为伦奎斯特大法官代表的是一个 5∶4 的微弱多数，这个判决的意义不宜夸大。它防止了州政府因为违反 ADA 的条款而付出金钱的代价，但却无法阻止未来有更多类似的挑战。

二

州权豁免荫及大学，纯属幸运或有意为之，我们无需深究；但美国联邦和州两级政府对大学宠爱有加是不争的事实。然而，大学对政府是什么态度呢？著名律师、曾在尼克松水门事件中担任特别检察官的拉克瓦拉（Philip Allen Lacovara）是这么形容大学与政府的关系的："学院和大学的律师及其行政管理人员关注联邦监管这头骆驼有些年头了；它先是把鼻子笨拙地插进学术帐篷的边缘，然后在下面扭动着头。我们都至少看到了这样一种前景：骆驼会将它整个笨重的身体压在帐篷下面。即便是头脑简单的沙漠部落人都能明白，骆驼一旦进入，帐篷就不再是原来的样子了。"[①]

拉克瓦拉就像一位技艺高超的素描画家，寥寥几笔，把大学与政府的关系刻画得入木三分。的确，联邦政府在建国初期决定不设国立大学，将建立和管理公立大学的责任交给了各州政府，而马歇尔大法官在 1819 年审理"达特茅斯学院案"[②]时又赋予私立大学一种许可，使得他们有可能在得到法人特许状之后在自

[①] P. A. Lacovara (1977), "How far can the federal camel slip under the academic tent," *Journal of College and University Law,* 4(4), p.223.

[②] Dartmouth College v. Woodward, 17 US 250 - Supreme Court 1819.

己的董事会下运行，不用担心政府、立法机构或其他权力当局通过指派董事、撤回特许状或是其他危害学校自治的行为来进行干预，也不用考虑大学会因为冒犯了政府官员而受到惩罚。如此安排之下，联邦政府成了大学发展的旁观者。可教育是一个国家的百年大计，让任何一级政府完全放手几乎是不可能的。于是在建国后的两百多年里，联邦政府通过资助大学来争取发言权并推行其政策，尽管联邦教育部对大学并无管辖权。

政府对大学的这种"爱的付出"，并不总能得到相应的回报。即便大学从政府的政策和资助中受益匪浅，却始终对政府的一举一动，包括经济资助，带着一种怀疑、审视的眼光。哈佛大学校长博克（Derek Bok）在1975年6月对哈佛校友联谊会的讲话中说："［我们的］下一代［需要注意］的关键问题是哈佛的独立性和不受政府约束的自由。"他对哈佛大学接受任何政府资助可能带来的弊病表达了深深的担忧，比如笨拙的立法、令人窒息的官僚要求，以及来自政府资金的波动。[①]

博克校长的担心并非空穴来风。比如说，麻省理工学院（MIT）一位助理教授裴德洛斯基（Joseph Pedlosky）甫一入职就面临一项来自政府的"令人窒息的官僚要求"，即宣誓效忠《美国宪法》和《马萨诸塞州联邦宪法》。按照政府的规定，大学不得聘用任何拒绝宣誓的教授。作为一个美国公民，裴德洛斯基也许对宪法本身并不反感，但让他宣誓效忠，在他看来，与他作为数学教授的工作毫不相干。裴德洛斯基一纸诉状将大学告上法

[①] R. M. O'Neill (1975), "God and government at Yale: The limits of federal regulation of higher education," *University of Cincinnati Law Review,* 44(3), p.525.

庭,[1] 并通过诉讼成功地废除了这项无聊的政府要求。当然,来自政府的类似要求不止于此。有的州以"问责制"为由要求大学提交年度问责报告,否则克扣年度拨款;[2] 有的州对大学教授的"工作量"作出强行要求,以证明纳税人的钱没有浪费在教授身上;[3] 更多的州严格规定州立大学应该录取多少比例的本州居民。[4]

平心而论,在处理涉及学术事务的纠纷时,一般来说政府监管的骆驼还是带着敬畏之心的。它顶多是将鼻子伸进大学的帐篷里面左嗅右嗅,真正进入帐篷横冲直撞的情况并不多见。倒是由于联邦政府出台的法令法规实在多如牛毛,大学一不小心就会被自己的教职员工和学生以违反联邦法令为由告上法庭;私立大学也不能幸免。

我们可以再次回到本书第一章"替代父母"中引用的"格罗斯纳诉哥伦比亚大学"[5] 一案,看一看私立大学在寻求学术独立的过程中所面临的尴尬处境。如前所述,哥伦比亚大学在1968年4月23日发生了一场轰动全国的学生示威运动,抗议活动持续到4月30日以警察进入校园清场而告终。骚乱平息后,一个由教授组成的调查委员会对事件进行调查,结果至少有30位参与抗议活动的学生受到强制停学的处罚。为此,"争取民主社会学生联盟"领袖格罗斯纳牵头将哥伦比亚大学告上法庭。原告认

---

[1]　Pedlosky v. Massachusetts Institute of Technology, 352 Mass. 127, 224 N.E.2d 414 (1967).

[2]　笔者1990年代就职于科罗拉多州政府,曾亲自执行过这样的法令。

[3]　R. M. O'Neill (1975), "God and government at Yale: The limits of federal regulation of higher education," *University of Cincinnati Law Review,* 44(3), p.528.

[4]　Rackin v. University of Pa., 386 F. Supp. 992, 997 (E.D. Pa. 1974).

[5]　Grossner v. Trustees of Columbia University in City of NY, 287 F. Supp. 535 (S.D.N.Y. 1968).

为学生的抗议行为是受到宪法第一条修正案言论自由条款保护的,而校方从请求警察进校清场到事后对涉事学生的处分都违反了宪法第十四条修正案所保障的平等保护和正当程序权利。原告要求法庭对哥伦比亚大学所采取的处罚行动发布禁制令。

但是,原告面临一道难以逾越的法律障碍:哥伦比亚大学是一所私立大学。宪法第十四条修正案第一款中"不得拒绝给予任何人以平等法律保护"的条款只对联邦和州政府官员行为具有法律效力,对私人行为无效。换言之,只有当州政府的行为(state action)导致宪法规定的平等保护和正当程序权利被剥夺时,才可使用第十四条修正案及其衍生条款。据此,私立的团体对个人的不法行为进行处罚并剥夺其宪法权利,并不能通过联邦或州的平等法律保护条款加以追究。

为了引用宪法第十四条修正案来证明哥伦比亚大学在处理学生抗议事件中的违法行为,原告提出如下证据:哥大经费收入的很大一部分来自公共资金,比如1966年哥大总收入中42%(1.175亿美元中的4950万美元)、1967年总收入的44%(1.343亿美元中的5970万美元)来自政府资助。这些政府资金包括了联邦政府(包括中央情报局、国防部和航天局等机构)提供的研究经费和大学为联邦政府提供其他服务所得的款项。此外,还有其他形式的政府资助,比如从纽约市租用公共土地建设有争议的体育馆。总之,原告认为,哥大的运作"浸透了政府性质,所以应当受到宪法对政府行为的限制"。[1]

---

[1] Grossner v. Trustees of Columbia University in City of NY, 287 F. Supp. 535 (S.D.N.Y. 1968).

原告理据之牵强显而易见，因此毫无悬念地被法庭驳回了。但是，大学因为接受政府资助，所以必须接受政府规管的逻辑，还是让尊奉大学自治理念的信众惊出一身冷汗。法官认为，大学接受政府资助的金额尚未大到能够改变大学的私立性质，因而政府无法用对待州立机构的法律来干预其学生处罚机制。但他暗示，假如哥大对附属于大学的市立医院雇员或是接受政府研究经费的教授作出开除决定，事情可能就没有这么简单了。法学界从这个案例的判决中也明确无误地得到了这样的信号。[1]

本来"端人碗受人管，吃人饭看人脸"是村妇野夫都应当明白的道理，很多法官从内心深处接受这个逻辑。唯有大学常常自以为是，认为大学的象牙塔是一个端人碗却不能受人管的地方。1974年，同是"藤校"的宾夕法尼亚大学被一名教授告上法庭，大学与政府的关系再次成为法庭审视的焦点。[2] 案情本身并不复杂。拉金（Phyllis Rackin）博士1962年开始在宾夕法尼亚大学英文系担任教职，两年后晋升为全职助理教授，任期三年。拉金申请英文系终身教职未能如愿，却被分配去教大学新生英文课。因为不能从事专业教学，她失去英文系的教职和所有其他待遇。拉金随之入禀法院，控告大学性别歧视。

法庭在审理拉金的申诉时对宾大与州政府的关系作了详尽的论证。据法庭估算，宾大的财政预算中大约有25%的资金来自政府。大学通过与费城重建局（Philadelphia Redevelopment

---

[1] R. M. O'Neill (1975), "God and government at Yale: The limits of federal regulation of higher education," *University of Cincinnati Law Review*, 44(3), p.531.

[2] Rackin v. University of Pa., 386 F. Supp. 992 (E.D. Pa. 1974).

Authority）签约取得土地，学生从州政府获得大量贷款和助学金，大学本身接受基本建设和研究项目的资金，并享受州和地方的税金减免。作为回报，宾州政府可以直接规管大学的政策，要求大学为本州居民降低学费，并在某些研究生院优先录取本州学生。据此，法院认为宾大与州政府之间已经形成所谓的"共生关系"（symbiosis），因此法庭对大学的性别歧视行为也拥有诉讼管辖权。

在这个案例中，法官并未像"哥伦比亚案"的法官那样，追踪大学发给拉金的工资是否来自政府款项，或学生是否接受政府资助，而是基于大学与政府的所谓"共生关系"直接将宾大的行为等同于州政府的行为，因而可以引用联邦或州的平等法律保护条款对性别歧视的指控加以追究。这回政府骆驼的鼻子终于完全伸进大学的帐篷里了。

三

1964年国会通过《民权法案》（Civil Rights Act of 1964），是美国民权法和劳动法立法进程中的标志性事件；它宣告了因种族、肤色、宗教信仰、性别或出生国而产生的歧视性行为非法。这一法案在很多方面成为联邦与州政府监管大学的一杆标尺：任何接受联邦资助项目的大学都不得违反民权法案的要求。姑且不论教授科研经费的主要来源是联邦政府，光是大学生的资助与贷款项目就已经将几乎所有大专院校纳入联邦资助的天罗地网之中。换言之，1960年代以降，美国联邦政府通过设立种类繁多的资助项目,已经成为大学事实上的"老板",而民权法案所包括的反歧视条款则是每一所大学在联邦政府监管下必须承担的社会义务。

至少有四条联邦法令禁止大学在任何项目中的歧视行为。(1)民权法案第六条禁止接受联邦基金的项目和活动具有任何基于种族、肤色、宗教信仰、性别或出生国的歧视性行为;(2)教育法修正案第九条规定,任何人都不应该因为性别的原因被排除在由联邦资助的教育和活动计划之外,不能被剥夺这个计划和活动提供的待遇,也不能因性别原因受到这个计划和活动的歧视;(3)《美国残疾人法案》(Americans with Disabilities Act of 1990)规定了残疾人所应享有的权利,特别是就业方面不应受到歧视;(4)《就业年龄歧视法》(The Age Discrimination in Employment Act of 1967, ADEA)明确禁止将雇员或求职者的年龄作为"雇用、晋升、解雇、补偿或雇佣条款、条件或特权"的一个因素。特别值得一提的是,1972年国会对民权法案第七条公平就业条款[①]进行修订时取消了对学术机构的豁免。国会认为,教育机构中的歧视尤其严重,应该受到法律的禁止。

不难想象,这是大学与政府之间的一个事故频发"地段"。从第三章"招生自主"、第五章"解聘教授"和第八章"大学体制"等章节中我们已经看到,因种族、性别、宗教、出生国等人群之间的自然差别引发的纷争从来不是形只影单地出现在大学校

---

① 1964年美国国会通过的民权法案第七条(Title VII of Civil Rights Act of 1964)公平就业条款禁止任何因种族、肤色、宗教信仰、性别或出生国而产生的歧视行为。

园里，而是往往与人事纠纷、学术判断、教授录用、教职评定、录取标准、教学要求等其他问题纠缠在一起，考验大学管理者的能力，更挑战各级法庭的智慧。"朱诉爱荷华大学"[①]便是集性别、种族、学术判断、教职评定、人事纠纷等诸多层面问题之大全的一个案例。

原告朱（Jean Y. Jew）是一名华裔单身女性，第一代移民，1973年在杜兰大学（Tulane University）取得医学博士学位后来到爱荷华大学（University of Iowa）医学院解剖学系从事博士后研究，第二年开始担任助理教授，1979年获得终身教职并晋升为副教授。1973年威廉姆斯（Terence Williams）教授被爱荷华大学解剖学系聘为系主任，而朱在杜兰大学念博士时就曾在他的指导下从事研究工作，因此两人研究上的合作在爱荷华得以继续，共同发表了不少研究成果。威廉姆斯的妻子是医学院另一个系的教授，朱和他们夫妇过从甚密，与威廉姆斯之间除了研究合作之外根本不可能有任何浪漫关系。

解剖学系在1973年威廉姆斯担任系主任之前已经派系林立，士气低落；人事关系并没有因为威廉姆斯的到来而有所改善。威廉姆斯担任系主任后，与他从杜兰带来的两名教授以及朱的关系良好，但与系里的原班人马却关系紧张。系里同事抱怨说，威廉姆斯期望下属对他"忠诚"，支持他在系里的工作，否则晋升无门。有人开始飞短流长，指威廉姆斯与朱之间关系暧昧。一位资深教授在系里张贴带有性暗示的漫画，另一位教授散布谣言说见到朱和威廉姆斯在办公室和旅馆里性交，也有人在所谓的"笑

[①] Jew v. The University of Iowa, 749 F. Supp. 946, 947–948 (S.D. Iowa 1990).

话"中使用侮辱华人的字眼，更有人借着酒劲在学校楼道里冲着朱大喊"婊子""荡妇"。

朱在1979年取得终身教职，但到了1983年申请晋升为正教授时，威廉姆斯已经在几个月前被迫辞去系主任的职务。尽管朱在科研和教学方面成果累累，除了两位来自杜兰的教授和威廉姆斯之外，竟无人投票支持她。大学在朱向教务长提出申诉后任命了一个由其他部门教授组成的小组进行调查，结果证实了朱在系里受到的各种骚扰，而投票反对朱提升的资深教授根本无法客观地对朱从学术上作出评价。调查小组建议大学采取措施维护朱的名誉，使之免遭进一步的虐待。朱在与校方就跟进措施进行谈判破裂后，以"1964年民权法案"第七条性别歧视为据，一纸诉状将大学告上法庭。

大学在法庭上的辩护围绕一个要点，即系里在朱的提升问题上完全按照既定程序办事，而投票的结果否决对朱的提升，是多数同行在对她的学术水平作出认真评价后得出的结论。法庭在检视事实陈述之后认定朱关于性骚扰的指控成立，而大学对于性骚扰的防范措施不力给受害人造成敌意的职场环境。这个结论本身也许并不出人意料，真正让人吃惊的是法庭在判决中对被告爱荷华大学下达的八项命令：

（1）被告应将原告朱博士提升为正教授，追溯至1984年7月1日生效。

（2）被告应将原告的工资水平调整至1984年7月1日起晋升为正教授时的水平，考虑到正常的晋升工资和每年至少8.8%的绩效增长。

（3）被告须为原告订立与1984年7月1日生效的医学院正教授职位相称的所有其他雇用条款和条件。

（4）被告应向原告支付1984年7月1日至原告根据上文第（2）款调整为正教授的工资和福利之日止的工资和福利，并获得正常的晋升工资和至少8.8%的年度业绩增长，以及每年8%的简单利息。

（5）被告应将本备忘录意见书、事实调查结果、法律和裁定结论以及调查小组1984年11月27日书面报告的副本分发给以下人员：(a)大学董事会成员；(b)爱荷华大学校长；(c)爱荷华大学教务长；(d)爱荷华大学所有学院的院长；(e)爱荷华大学医学院各系主任，以及解剖学系目前的全体教职员工。

（6）大学须将本备忘录意见书、事实调查结果、法律结论及判决令的副本保存五年，以供有意阅读本备忘录的大学教职员工阅读。大学不需要向这些人提供副本，除非由他们付费。

（7）被告应当在本裁定书、判决书、判令之日起45日内遵守上述六项规定。

（8）被告应采取一切合理措施，确保原告有一个无敌意的工作环境。[①]

这回法庭没有追随其"司法尊重"的传统立场，将教授提升这个学术决定留给大学自行处理，而是直接命令大学将朱提升为

---

① Jew v. The University of Iowa, 749 F. Supp. 946, 947–948 (S.D. Iowa 1990).

正教授，并在工资等其他待遇方面给予补偿。法庭甚至没有引用弗兰克福特大法官的"四大基本自由",[1] 给爱荷华大学一点面子、一点空间去纠正错误。政府对于各种歧视行为的零容忍态度可见一斑，连大学也不享受任何优待。

从联邦政府所推行的一系列反歧视法令来看，这个案例囊括了种族、肤色、性别和出生国等诸多歧视性行为，为此我们不排除法庭在此追求"杀鸡给猴看"的示范效应。基于案例相对清晰的事实陈述，法庭最后的判决有点类似好莱坞大片惩恶扬善、大快人心的大团圆结局。

从来没有问过别人的感受，但我自己每次看完好莱坞大片都会有点后怕。万一片中的英雄没有在最后一分钟赶到现场，万一主人公不是那么武艺超强，万一飙车最后掉下悬崖的是好人而不是坏人，万一……？现实生活中有太多的万一，大片导演是唯一能够扮演上帝从而选择最佳结局的人。这样一想，"朱诉爱荷华大学"一案的结局就有点意思了。万一原告不是一位少数族裔的女性，结局会是如何呢？

这个案例的情节之所以让人身临其境、感同身受，因为它可算是职场政治（英文politics一词在中文里实在没有对应的翻译）最恶劣版本的终极呈现。拉帮结派、飞短流长、捕风捉影、暗箭伤人，这些几乎所有行业都不可避免、任何职场都无法回避的场景，居然在外人眼中最有教养的一个群体中出现，而且丑恶到无以复加的地步。政府也好，法庭也好，无意也无法介入职场政治，

---

[1] Sweezy v. New Hampshire, 354 U.S. 234 (1957).

更不可能动用公共资源来处理张家长李家短这样猥琐的日常纠纷。于是，大学也和所有其他职场一样充斥着"小人得志，君子道消"的故事。惟其如此，"朱诉爱荷华大学"一案的法官愿意直接地介入纠纷并下令干预，才显得更加大义凛然。法庭借此案发出的信号准确无误：政府不会轻易介入职场政治，但也不会容忍欺凌弱者的行为。而那一连串联邦法令的目的只有一个，即为少数族裔、女性、残疾人、新移民等弱势群体撑腰打气，为校园多元化护航。假如你[有幸]不属于任何受到联邦法令保护的群体，那么就请自求多福吧。

对于联邦政府在大学的日常管理中所扮演的角色，拉克瓦拉作如是观：

> 在过去四十年里，真正革命性的发展并不是联邦政府在其支付能力许可的情况下变得慷慨大方。更确切地说，这场革命是在利用支付能力作为联邦监管工具，对那些原本不受其影响的活动进行监管。当下对支付能力的解读是，联邦政府有更大的能力[用钱]去换取某种行为，而不是直接强制性地去得到这种行为。这当然没有什么不好。这是美国政治思想的一个传统，与另一个美国传统——自由市场相吻合。当政府鼓励对社会有益的行为时，[用钱]换取较之直接命令要好得多，因为它本身不那么具有强制性。[①]

不难看出，政府在与大学的关系问题上始终如履薄冰。以其

[①] P. A. Lacovara (1977), "How far can the federal camel slip under the academic tent," *Journal of College and University Law*, 4(4), p.224.

财力，联邦政府完全可以颐指气使，让大学围着它的指挥棒转，因为它太清楚不过了：大学即便富可敌国如哈佛耶鲁，也不可能为了所谓的学术自由而拒绝联邦资助。亲身经历告诉我：大约有45%的本科生带着联邦资助才能上得起哥伦比亚大学。但是，政府不想也不能直接干预大学事务。世界上由教育部发号施令的大学体系太多了，但成功如美国大学的并不多，甚至可以说没有，原因之一就是他们的中央政府管得太宽，将大学根据学术标准或自身特点进行管理、决策的权力剥夺了。总的来说，美国政府只是在一些原则性的问题上才"该出手时就出手"，比如关乎社会公正的政策法令的实施。由此看来，联邦与州的政府通过资助大学换取他们的合作，并通过法庭将有益于社会的政策付诸执行，实乃大智慧也。

四

1976年美国建国两百周年大庆前夕，华盛顿四所大学的校长——美利坚大学（American University）、乔治·华盛顿大学（George Washington University）、乔治城大学（Georgetown University）和天主教大学（Catholic University of America）——联名发表了一份题为《1976年独立宣言》的文件，抗议"近期政府对教育的政策与行为"。[①] 在校长们看来，政府强加于大学的"大量、陈腐、有时自相矛盾的监管要求"已经"威胁到[大学]独立的价值并

---

① "A 1976 Declaration of Independence," *The Chronicle of Higher Education*, April 19, 1976, p.5.

动摇了我们国家高等教育体制的基础"。[①]

不难想象,看到这样的独立宣言,一直小心翼翼也自以为非常自律的联邦政府一定万分委屈,说不定连跳楼的心都有了。四十多年过去了,大学对政府干预的抱怨一直不绝于耳,而政府似乎也没有因为大学的抱怨而有所收敛。那么,究竟是大学太过矫情,还是政府太过蛮横?不难看出,这是一个"公说公有理,婆说婆有理"的伪命题,根本无解。真正有趣的是政府与大学之间的博弈。既然是博弈,那么结果便带有很大的不确定性,连法院也不能保证永远站在大学一边为学术自由而战,更可不能经常站在政府一边为维护现有体制而战。

根据2015年皮尤慈善信托基金会(The Pew Charitable Trusts)发布的一份报告,[②]2013年联邦政府在高等教育项目上的总支出是756亿美元,州政府的支出达727亿美元,而地方政府的支出为92亿美元。联邦政府的支出主要是向学生发放个人助学金及其它资助,并向大学的研究项目提供经费;各州的支出主要用来资助州立大学的日常运作,花在学生资助和研究经费方面相对较少。地方政府拨款92亿元,主要资助社区学院的日常运作。

与所有的投资人一样,政府在作出如此巨大的投入之后,也要求回报。前面提到的四条禁止歧视的联邦法令,人们在新闻媒体中还偶然听到;而政府套在大学头上的各种紧箍咒绝大多

[①] D. H. Oaks (1976), "Private University Looks at Government Regulation," *Journal of College and University Law*, 4(1), p.9.

[②] The Pew Charitable Trusts (2015), *Federal and State Funding of Higher Education: A Changing Landscape*. Available at: https://www.pewtrusts.org/~/media/assets/2015/06/federal_state_funding_higher_education_final.pdf.

数人闻所未闻。2019年，高等教育合规联盟（Higher Education Compliance Alliance）对联邦法律与法规作了一次较为彻底的搜寻和整理，在他们编制的一览表中，大学需要遵守执行的法令法规达281项之多，其中很多还需定期向政府报告执行情况或数据。[1] 2014年，美国行动论坛（American Action Forum）的一项研究发现，联邦教育部每年花费8500万小时的文书工作填写465份以上的教育表格，其中包括120份高等教育表格，每年花费超过27亿美元。[2] 而在大学方面，以范德堡大学（Vanderbilt University）为例，2013年大学在"合规"（compliance）方面的花费达到1.5亿美元，相当于每一个范德堡大学的学生每年多交11000美元的学费。[3]

本来联邦与州的政府通过资助大学换取他们的合作是一个非常巧妙的设计：政府得以贯彻其使命，大学得以维护其独立，两全其美。问题出在哪里呢？政府与大学的使命有所不同。卡内基基金会在1972年的一份高等教育报告中明确指出，联邦政府对高等教育最优先的考虑是实现社会公正这个延续了两个世纪之久的美国之梦——接受大学教育的机会均等。[4] 对于这些联

---

[1] Higher Education Compliance Alliance (2019), "Compliance Matrix." Available at https://www.higheredcompliance.org/compliance-matrix/.

[2] Sam Batkins, Chad Miller, Ben Gitis (2014), "Rising Tide of Education Rules Increase Costs," Available at https://www.americanactionforum.org/research/rising-tide-of-education-rules-increase-costs/.

[3] J. Marcus (2015), "The $150 million question—what does federal regulation really cost colleges? — The answer: No one knows the price of government red tape, including the government," Available at https://hechingerreport.org/the-150-million-question-what-does-federal-regulation-really-cost-colleges/.

[4] Carnegie Commission on Higher Education (1972), *Institutional Aid: Federal Support to Colleges and Universities*, p.2.

邦政府优先考虑的目标,著名法学家、教育家和宗教领袖奥克斯(Dallin Harris Oaks)是这样认为的,社会公正也好,机会均等也好,都是极其崇高的目标,但大学最优先的考虑应当是追求真理和完善教学;没有其他目标比这两个目标更加优先。[1]

当政府与大学的目标两相重合,皆大欢喜。最好的例子是我们在第三章"招生自主"中见到的"加州大学诉巴基案"。[2] 鲍威尔大法官在判决意见书中引用弗兰克福特大法官提出的大学学术活动的"四大基本自由",其中第四大自由是大学自主选拔学生的自由。按照这个理据,多元的学生群体是"已经证实的"、大学"为猜想、实验和创新提供一种适宜的氛围"的重要前提,而少数族裔的学生对于"健康的思想交流"的作用不可或缺。政府推行的"肯定性行动"对于社会公正与机会均等的追求在此与大学追求真理和完善教学的目标完全重合。

当然,如此完美的时刻并不多见。1985年宾夕法尼亚大学沃顿商学院华裔女教授罗莎莉·董(Rosalie Tung)申请终身教职被拒后,以性别歧视为由向联邦机构公平就业机会委员会(Equal Employment Opportunity Commission, EEOC)提出申诉。董指控系主任曾对她进行性骚扰,而在她坚持他们之间保持专业关系之后,系主任向大学人事委员会递交了一封密函,导致她终身教职的申请最终搁浅。她认为自己的资历"相当于或优于"五名同行男教授,而人事委员会拒绝她的公开理由是"沃顿商学院

---

[1] D. H. Oaks (1976), "Private University Looks at Government Regulation," *Journal of College and University Law*, 4(1), p.2.

[2] Regents of the University of California v. Bakke, 438 U.S. 265 (1978).

对与中国有关的研究不感兴趣"。这种解释在董看来就是歧视华裔女性的借口。

EEOC对董的指控进行调查,要求大学提供各种相关资料,包括董的终身教职评审档案及董提出比较的五名男性教授的终身教职评审档案。大学以宪法第一条修正案言论自由的保护和同行评审档案的保密性为由拒绝了EEOC的要求。EEOC随即入禀法院,坚持要求大学提供档案材料。在地区法院和上诉法院都表示支持EEOC之后,大学继续上诉,而联邦最高法院最后决定受理此案。[1]

从案情来看,董关于系主任因性骚扰被拒而阻挠她升职的指控是否属实,关键的证据就在评审档案里。而董自称优于其他五位教授的说法是否成立,也取决于法庭能否见到他们的评审档案。因此,EEOC为董据理力争,完全是从政府的角度出发,将公平正义作为优先考虑。但是,在大学看来,终身教职评审机制的基石是同行匿名评审,而向法庭交出评审人提供的意见必然会损害这个机制的有效性,使得今后征求匿名评审人变得非常困难。大学在此引用宪法第一条修正案,目的是维护大学学术自由的权利。可见,政府与大学在这场争端中各执一词,原因在于两方优先考虑的问题不同。最高法院最后驳回了大学所持的观点,即尊重同行评议的保密性是保障学术自由价值观的必要前提。法院强调,政府的意愿是不再给予大学任何特殊待遇,从而在公正公平的原则下将学术与非学术的雇佣决定一视同仁。

---

[1] University of Pennsylvania v. Equal Employment Opportunity Commission, 493 U.S. 182 (1990).

从个人感情出发，我们可以为董教授作为一名华裔女性在常青藤大学中受到的不公正待遇而感到愤懑，也应当为她正义的诉求最终得到伸张而感到高兴。但是，最高法院的这个判决却足以让任何坚守学术自治原则的大学感到寒心。在大学，特别是研究型大学，职称评审是一件天大的事，而美国大学之所以能够在学术水准方面走在世界的前列，其健全的匿名评审制度功不可没。假如你在一个领域里浸淫多年，你一定有机会成为某个学术杂志的匿名审稿员。这时你就能体会，学术圈子其实很小，小到你经常能够猜出你审阅的匿名论文的作者。终身教职的评审更是如此，因为评审对象都是低头不见抬头见的同事与同行，能否保证匿名关系到大学能否让评审者抛却个人情感，对申请人作出真正的学术的评价。这是大学保证学术质量的最后一道堤防；一旦破裂，学术诚信将不复存在。学术阵地被人情世故攻克的结果只有一个：大学的象牙之塔将被庸才占领，而真正的学术天才将被扫地出门。所谓劣币驱逐良币，此之谓也。

五

董教授的案例之所以牵动人心，除了因为它影响到女性及少数族裔在职场上的平等待遇，还涉及一个关乎千家万户的问题：隐私问题。但是，隐私保护与信息公开简直就是一对水火不容的冤家对头：有他没你，有你没他。

容我在此先提供一个个人的视角。我大学毕业后在国内工作了近四年的时间，接下来大半辈子的职业生涯都是在境外度过的：一大半在美国，一小半在香港。因此，对于国内外的职场政治都有所了解。有人说国外人际关系要比国内简单得多，我难以苟同。说这样话的人或是因为运气太好，或是因为根本就没有进入过国外职场的"主流"。换言之，只要有人就有斗争，只要有"单位"就有内耗。境外职场虽然并不简单，但让人感觉较好，原因之一是同事间不太分享个人隐私，因而减少了相互比较的机会。我对境外职场的概括是：文化不透明，但制度透明。此话怎讲？比如说，境外的"单位"里同事间不交换工资信息，因此尽管大家相互之间知道"级别"，但不知道具体的工资。员工争工资与老板斗，不和同事斗。光是这一点就将"单位"里人际争斗的几率降低起码百分之八十。比较是人类的天性，无法改变；唯一能够改善的是比较的文化。当然做到这一点不容易。

但是，制度必须透明。1967年联邦政府颁布《信息自由法》（Freedom of Information Act, FOIA），规定民众在获得行政信息方面的权利和行政机关在向民众提供行政信息方面的义务。由于《信息自由法》不适用于国会、法院或白宫，也不适用于州或地方政府保管的记录，所以各州政府还有自己的《信息自由法》之类的法规。《信息自由法》的原意并非针对大学，但它却成为政府和公众监督大学特别是州立大学最有效的工具。总的来说，州立大学由于其教育资源来自政府和纳税人，因此他们有义务在《信息自由法》的规管下满足公众知情权，而信息公开之于私立大学则更多是道义上的一种约束。

纳苏县社区学院（Nassau County Community College）是纽约州立大学下属的公立机构，而鲁索（Frank J. Russo, Jr.）是纽

约纳苏县的一个普通居民。他根据纽约《信息自由法》给学院写信,要求校方提供一名教授在"家庭生活和人类性行为"的课程中使用的名为"性交"的课程影片,供他检视,但遭到学院校长范内利(Sean A. Fanelli)和学院律师的拒绝。校方认为,鲁索所寻求的电影是课程的一部分,不在《信息自由法》所界定的"记录"范围之内。另外,版权问题也是校方拒绝的理由之一。鲁索不依不饶,又在学院的董事会会议上提出要求,仍然未果,于是入禀法院。[①] 上诉法庭站在学院一边,驳回了鲁索的诉讼。

但是,纽约高等法院推翻了下级法院的裁决。法庭引用《纽约公职人员法》(N.Y. Pub. Off. Law § 84)中的一段话:"人民对政府决策过程的知情权,对影响决策的文件和统计资料进行审查的权利,是我们社会的基本权利。不应以保密或隐私的名义阻碍对此类信息的获取。"

《信息自由法》不仅保证了居民的知情权,有时还能保障中小企业的合法权益。纽约州立大学奥尔巴尼分校(University at Albany, State University of New York)的大学书店由一家大型连锁书店巴诺公司(Barnes & Noble)独家经营。校园外面有一家小书店想在大学教科书的经营方面分得一杯羹,因此要求大学提供教授建议学生购买书籍的清单,包括作者、书名、版本、出版商及书号。大学以其与巴诺公司的契约为由拒绝回应这家公司的要求,后者便根据《信息自由法》入禀法院。[②] 纽约高等法院认为,

---

[①] Russo v. Nassau County Community College, 81 N.Y.2d 690 (N.Y. 1993).
[②] Mohawk Book Co. v. State University of New York, 732 N.Y.S.2d 272, 288 A.D.2d 574 (2001).

尽管这样一份书目是由教授而不是大学编制的，可一旦形成便属于公共记录，因此大学有义务向社会公开。这个案例展示了《信息自由法》的威力。大学以其消费能力一旦与大公司结盟形成垄断，对中小企业是一个灾难；而政府的信息自由法规为中小型企业争得了一项难得的权利。

其实，和隐私保护一样，信息公开也是一把双刃剑：它保证了公众的知情权，也能有效地防止滥权与腐败；但是，正如我们在董教授与宾夕法尼亚大学的纠纷中所见，公开匿名评审信息对学术诚信的打击也是致命的。因此，法庭所起的作用至关重要：它一方面要帮助政府监督大学，使得纳税人的知情权利得到满足，同时又必须帮助大学维护其学术上的独立与自治。

为了对州立大学的录取政策进行分析比较，奥斯本（J. Marshall Osborn）代表平权中心（Center for Equal Opportunity）在1998年和1999年连续两年向威斯康星大学系统办公室（University of Wisconsin System）提取所有申请人的信息，包括法学院和医学院的申请材料。大学提供了一些资料，但基本拒绝了奥斯本关于学生申请档案信息的要求。为了迫使大学提供所要求的记录，奥斯本提起诉讼，要求法庭向大学颁发一项强制命令。[①]

初审法庭认为，大学必须按照信息公开的法律要求向奥斯本提供他索取的信息，包括个人信息。上诉法庭的结论是，大学可以提供最后没有入学的申请人资料，但可以拒绝提供已经入学者的资料，即便奥斯本提出对这些资料中涉及个人的信息进行屏

---

① Osborn v. Board of Regents of the University of Wisconsin System, 647 N.W.2d 158 (Wis. 2002).

蔽。然而，法院又指出，即便是那些未入学的申请人，大学也没有义务满足奥斯本的要求。威斯康星大学在提供了一些与申请录取相关的资料后，以联邦法律《家庭教育权利和隐私法》（The Family Educational Rights and Privacy Act of 1974, FERPA）为由拒绝提供任何可识别个人身份的信息。案子在进入威斯康星高等法院之后又有了进一步的反转。法庭认为，奥斯本并没有要求大学提供可识别个人身份的信息，因此 FERPA 对此案不适用。大学声称对申请人信息加以保密是出于公共政策的需要，但法庭并不认为这样的理据站得住脚。大学必须根据信息公开的法律提供信息，并对所提供的信息中涉及个人隐私的部分加以屏蔽。

如此简单的一个要求竟然引发如此复杂的一场诉讼，法庭的纠结可见一斑。的确，在信息公开与个人隐私之间如何找到一个平衡点，这对任何大学或者法庭都是一个非同寻常的挑战。在涉及威斯康星大学的另一桩诉讼中，隐私权问题再次成为法庭较量的焦点，而且这次的隐私更加"个人"。马德尔（John Marder）是威斯康星大学苏必利尔分校（University of Wisconsin, Superior）的终身教授。1999 年苏必利尔分校厄伦巴赫（Julius Erlenbach）校长给马德尔教授发了一封指控书，列举后者的 18 项不端行为，包括与不止一名女生一起旅行并在酒店开房、酗酒并发生性行为；对学生课程评估进行操控；不断对系内教职员工进行骚扰；致函当地的总检察长和审计长，对系主任和系里其他同事作出虚假陈述，等等。校长指出，马德尔的"行为方式与本大学对终身教职人员的期望不符，并且违反了［教师这个］职业的行为标准，因此［大学］有正当理由解除你在威斯康星大学苏必利尔分校的终身教职"。校长告诉马德尔,他有权要求就大学终止雇佣关系的决定举行听证会。

当地一家报纸和一家广播电台在得知这场纠纷后,要求大学公布与马德尔教授不当行为相关的文件以及大学对他的指控、他的就业历史和资格的复印件、大学对他的任何处分记录,以及1988年至今对大学职员性行为不当指控的所有记录。威斯康星州的信息公开法案涵盖了州雇员的人事档案,因此大学应媒体的要求准备了一份材料,其中包括了两位女生对马德尔性骚扰的报告和厄伦巴赫校长给他的指控书。马德尔入禀法院要求禁止这些文件的公布,因为公开文件对他个人和职业声誉造成的损害远大于公众的利益。①

然而法庭认为,马德尔虽然会因这些文件的公开而感到难堪,但公众对州立大学的师生关系、学校管理部门处理学生投诉教师的方式,以及大学规章制度的执行都有着实质性的正当利益。这正是披露这些文件的一个令人信服的理由。

六

诸位看官若能耐下性子,跟着本章的行文到达此地的话,祝贺你!你已经将大学管理者无可回避的、最为复杂的一重关系留在了身后。但这仍不足以回答本章标题的问题:大学如何应对政府?很抱歉,我也未能在繁复的法律案卷中为你找到现成的答

---

① Marder v. Board of Regents of the University of Wisconsin System, 596 N.W.2d 502 (Wis. Ct. App. 1999).

案。美国大学与政府的关系,两个字可以概括:纠结(图一)。

```
                    大学
              ┌──────┬──────┐
              │ 州立 │ 私立 │
         ┌ 联邦│      │      │
    政府 ┤    ├──────┼──────┤
         └ 州  │      │      │
              └──────┴──────┘
```

图一　美国大学与政府的关系

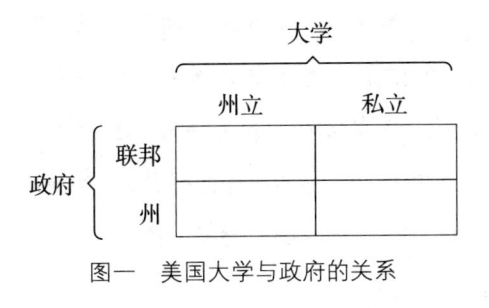

图中的每一个格子都有其独特的运行规则,而智慧满满的法官即便能够明察秋毫,洞若观火,却仍是这个多层次、多维度体制的局外人。在听审大学与政府相关的诉讼时,法官的纠结用"清官难断家务事"来形容并不过分。建国之初,当美国联邦政府将建设与管理大学的重任推给各州政府时,它同时也失去了为大学建设注资的合法渠道,成为高等教育的一个爱莫能助的旁观者。但是在高等教育这件事上,再无为的政府也耐不住寂寞,因为在任何社会里,大学的命运都是关乎国家长治久安的百年之计。只要有一点可能,没有一个政府会心甘情愿地将培养下一代的任务外包出去。于是,从联邦政府到州政府都不失时机地寻找任何可能的途径资助大学。但是,政府对大学"爱的付出"并不总是收获理解或回报,反而常常"好心办坏事",在客观上妨碍大学的学术自治,在主观上引起师生的反感。我在《美国大学小史》一书中作了如下的描述,希望能在理性的法庭判例之外再给诸位看官一点感性的认识:

> 在美国,联邦政府好像是一个慈爱、唠叨而又有点胆怯

的母亲,而大学倒像是一个被惯坏了的、任性的孩子。母亲老想给孩子多塞点钱,让她活得潇洒一点,而孩子却对母亲心怀疑虑,生怕拿了钱会被母亲要求做一些有违意愿的事。所以母女俩始终在猜疑中爱并痛着。结果是,母亲只得借着一些突发事件、创造一些不可拒绝的理由来给她惯坏的孩子塞钱。然而,拿了母亲的钱之后,孩子有否会对母亲多一些温顺、少一点叛逆呢?[1]

---

[1] 程星:《美国大学小史》,商务印书馆 2018 年版,第 231-232 页。

结 论

> 原则、原理是一回事,而纠纷的解决则是另一回事;前者可以作为后者的指引,却未必能作为解决纠纷的直接依据。因此,中肯的做法是,在解决纠纷时,以抽象的道德准则、法律原理甚至法律规则为指引,再结合个案的具体事实,为案件形成适合于它自身的更为具体的规则,也就是适合于它的、个性化的解决方案。
>
> ——李红海

一

大学管理这份工作,其不可承受之重,就是有机会看到含苞的花朵在待放之际毁于突如其来的狂风暴雨。当这样的事情发生,你无法以"别人家的孩子"为由试图减轻你自己刻骨铭心的痛。然而,让你痛上加痛的是,作为大学管理人员,你还要给自己流泪的脸戴上冰冷的面具,为即将被推上被告席的大学找一块可能的立足之地。

在我职业生涯的某一个时间点上，一位不堪重负的国际生成为大学当年最为不幸的统计中的一个数据点。面对痛不欲生的父母，我代表大学送上慰问，外加丧葬费和大学财务许可范围内的所有费用。然而，一切谈妥、葬礼即将举行的前一天，死者家里来了一帮亲戚，将之前的安排全部推翻，要求大学承担所有责任，并赔偿巨额损失。他们的理据非常简单：这样的事情在他们国家的大学里根本不可能如此了结。面对僵局，我只得收起同情的眼泪，请属下给父母带去一句话："如果你们坚持的话，那么我们就法庭上再见了。"就是这么一句冷若冰霜的官话，为大学成功地化解了一场迫在眉睫的危机。

这是一场不值得庆贺的胜利、一项不能让我感到骄傲的成就。但避免这场危机给大学带来的可能是一栋教学楼的维修费用、一大笔奖学金，或是若干教授讲席。而做到这一点的前提是管理者对大学所处社会的法律环境和类似先例有所了解。从这个角度看，即便是面临突发事件，熟知先例几乎是每一位大学管理者的必修课程，而危机管控则是大学管理的经典教科书中一个不可或缺的章节。

本书十个章节所呈现的一百五十多个判例，站在被告席上的虽然是美国大学，但多数案例的情节却并非美国大学所独有。当学生在校园受到伤害，当教授的学术成果被人剽窃，当讲师的言论引发众怒，当大学自治面临挑战，当市场运作凌驾大学行政：这样的大戏各国大学的校园里每天都在上演。托普通法之福，发生在美国大学的这些纠纷不仅在法庭上得到充分的演绎，而且还在判例法中留下永久的记录，供美国大学的管理者和他们的国外同行参考、学习、实践、纠错、改进。

1852年英国红衣大主教纽曼（John Henry Newman）出版《大学的理念》[①]一书，为大学理念研究之滥觞。这项研究的重要性不言自明：高等教育研究的先行者探究大学作为学术机构在当代社会的角色、性质、使命、目的与职能，旨在为他们那个时代大学的发展定位、导航。从英国早期以教学为主的古典学院，到19世纪中后期兴起的德国式教学与科研相结合的研究型大学，再到20世纪美国式集教学、科研与服务为一体的多功能研究型大学：世界高等教育发展历程中的每一块里程碑上都刻着那个时代的大学理念及其倡导者艰难探索的脚印。纽曼、洪堡（Friedrich Wilhelm Heinrich Alexander von Humboldt）[②]、弗莱克斯纳（Abraham Flexner）[③]、克尔（Clark Kerr）[④]、雅斯贝尔斯（Karl Jaspers）[⑤]、金耀基[⑥]——当代大学的每一片辉煌都有这些探索者、思想家们的一份功劳。正如金耀基在《大学之理念》一书中所说：

> 大学之理念或大学之为大学，虽非言人人殊，但亦不是异口同调。……诚然，时移世变，社会文化的变迁，就会影

[①] J. H. Newman (2009), *The Idea of a University*. Dublin: UCD International Centre for Newman Studies.

[②] R. D. Anderson (2004), "Germany and the Humboldtian Model," in *European Universities from the Enlightenment to 1914*. Oxford Scholarship Online. Available at: www.oxfordscholarship.com.

[③] Abraham Flexner (1930), *Universities: American, English, German*. Oxford University Press.

[④] Clark Kerr (1963), *The Uses of the University*. Harvard University Press.

[⑤] Karl Jaspers (1959), *The Idea of the University*. Beacon Press.

[⑥] 金耀基：《大学之理念》，生活·读书·新知三联书店2000年版。

响到大学的位序和性质,也会改变我们对大学之期待与看法。但是,在另一方面,先贤往哲对大学所怀抱的一些基本理念……无一不是今日大学的源头活水,也无一而非继续型塑大学性格的观念力量。[①]

三十年来游走于东西方大学之间,有机会近距离观察当代大学的领航人,并为他们工作,我敢负责任地告诉读者,先贤往哲关于大学的理念绝非空谷足音,而是早已成为"今日大学的源头活水",被很多校长奉为圭臬。然而,让这些日理万机且悟性超群的学者兼管理者万分纠结的,往往不是大学的概念、原理或逻辑,而是如何才能力排众议、从纷繁复杂的现象中找到各种问题的实际解决方案。事实上,人们可以很轻易地就某些原则达成一致,但面对具体问题时分歧就来了。法律学者李红海指出:

> 原则、原理是一回事,而纠纷的解决则是另一回事;前者可以作为后者的指引,却未必能作为解决纠纷的直接依据。因此,中肯的做法是,在解决纠纷时,以抽象的道德准则、法律原理甚至法律规则为指引,再结合个案的具体事实,为案件形成适合于它自身的更为具体的规则,也就是适合于它的、个性化的解决方案。[②]

通过校园实际案例的研究与分析,为大学管理者提供合适的、个性化的解决方案,正是本书的缘起与目的;而作者的初衷,只是能在浩瀚的高等教育研究文献中做一些补苴罅漏的工作。

---

① 金耀基:《大学之理念》,生活·读书·新知三联书店2000年版,第4页。
② 李红海:《普通法的司法解读》,北京大学出版社2018年版,第98页。

二

　　本书涉及的案例，若将其中独特的美国元素暂时撇开，其实涵盖了当代大学管理中常见的六大关系：学生与大学、学生与教授、教授与大学、教授与市场、大学与市场、大学与政府。

　　从第一、二章涉及**学生与大学**关系的案例来看，一个不难得出的结论是：学生在大学期间受到伤害诉诸法庭，其实胜算不大。虽然学生与大学的关系在过去两百年里几经变迁，但不管是"替代父母"还是之后的"袖手旁观"，甚至在以学生为中心的消费主义时代，大学从被告席上全身而退的几率都不算低。如此结局对于曾经或正在为人父母的读者来说也许难以接受。当看到莘莘学子在大学里受到伤害，我们本能地希望有人需要为此承担责任、付出代价。但是，个人情感在此需要经过社会理性的过滤。

　　在世界文明的进程中，大学也许是人类最伟大也最独特的一项发明。在美国，大学以其特有的运营方式及其对社会的巨大贡献，为自己赢得了一个其他任何行业都无法企及的独立自治的地位。当代美国社会对大学的共识是，它们可以依赖传统和协商来自我调节，通过自治达到其运作的最佳状态。[1]此外，由于大学教授和管理人员所接受的专业训练远在一般社会大众之上，法官承认自己对复杂的学术问题缺乏专业知识与判断，因此常常诉诸司法尊重的原则，即对学术纠纷抱着一种敬而远之的态度。除非

---

[1] W. A. Kaplin, and B. A. Lee (2014), *The Law of Higher Education, 5th Edition: Student Version*, John Wiley & Sons, p.7.

涉案的人或事踩踏到法律的底线，法庭希望大学能够依据学术准则自行处理与学生之间的关系。

美国大学对学生与大学关系的设定，可圈可点。其一，让圈外人来定夺大学事务本已牵强，如果纠纷涉及学术问题就更加离谱。现实中，大学在取得管理上的自主权后自然对学生就有了更多的承担。在此，司法尊重原则其实是一个激励机制，旨在鼓励大学在对学生管理方面承担更多的责任，以此避免外在势力包括法庭对大学事务的过度干涉。其二，学生对大学的频繁诉讼会给大学带来沉重的经济负担，从诉讼费到败诉后的赔偿，都可能让大学不堪重负。特别是对于公立大学来说，让纳税人来承担大学管理和操作中的过失，于情于理都说不过去。所以，既然处理学生与大学的关系不是政府或法庭的强项，不如让大学自己担当更多的责任。其三，对信守传统大学理念的管理者来说，将大学与学生锁定为"契约关系"，是一个观念上的冲击。但是，当代社会消费主义盛行，大学如果能够学会接受，并将信守契约作为处理大学与学生之间纠纷的准则之一，不失为一种审时度势的现实主义态度。

事实上，当学生利益受到损害，大学在道义和声誉两方面都会受到致命重创，这种无形的损失有时会让大学得不偿失。为了能在有效保护大学经济利益的同时维护其声誉，大学管理研究特别是学生事务研究的学者们一刻也没有停止过探索。本书案例为我们提供的最佳方案是：大学就学生学术与非学术事务管理制定严格的"正当程序"，并一丝不苟地付诸实施。这里的"正当程序"可以看作是"正当法律程序"的校园版本，不必达到正式法律程序的严谨性,却必须充分体现公平公正的法治精神。

学生与教授、教授与大学这两重关系所体现的是一所大学的权力结构:教授的权力在学生之上,而大学的权力又在教授之上。将这两重关系放在一起考察,便于我们找出权力的平衡点,妥善处理各种利益冲突。与中国的大学相比,师道尊严从来就不是西方传统的一部分,因此,学生在与教授的关系上常见的两种极端态度是:要么在教授"替代父母"(在古典学院里教授与行政是不分家的)的威权下惟命是从,要么在宪法保护的公民权利下抗争与维权。当学生与教授之间发生冲突,特别是当冲突激化进入诉讼,大学校方和法庭都清楚地意识到,在冲突双方的利益之间找到平衡点何其重要,而要做到这一点,法庭除了规行矩步而外,还需要一点额外的智慧。两个案例可作参考。

第一章第五节"比奇诉犹他大学"①一案中,学生在教授组织的学术考察活动中受伤,要求大学承担民事责任。法庭的观点是:"当代美国大学不再是学生安全的承保人。……大学的行政管理人员不再能够主导广泛的道德领域。"② 而在另一个类似案例的审理中,法官对于大学的责任作了进一步的阐述:"作为一个高等教育机构,大学对学生的责任在于恰如其分地教育他们。让大学对成年的学生担当额外的、监护人的角色,并要求它负起保障学生及其他人安全的责任是不现实的。将安保的职责强加于大学等于把大学放到了一个学生安全承保人的位置上。"③ 试想,

---

① Beach v. University of Utah, 726 P.2d 413 (Utah, 1986).
② Ibid.
③ Rabel v. Illinois Wesleyan University, 514 N.E.2d 552 (Ill. App. Ct. 1987).

假如法庭不愿在此类诉讼中为大学站台，那么今后还有教授愿意组织类似的户外学术考察吗？让教授及其所属大学承担民事责任，其后果必然是学生的损失：法庭对此十分清楚。

但是，学生在教授指导的学术活动中受到伤害，难道就投诉无门了？第二章第四节"多伊诉耶鲁大学"[①]一案中，医学院学生在实习时受伤，于是状告教授"教学失职"。这次法律的天平向原告倾斜了：陪审团判定耶鲁大学应向多伊支付高达1220万美元的赔偿金。但是，聪明的上诉法庭法官将大学败诉的结果改为工伤赔偿，最后双方在庭外就未经透露数额的赔偿金达成协议。如此判决，既顾及受害学生的经济利益，又维护了教授在学术上的权威，使之不至于因为教学过程中可能出现的疏漏而受到惩罚。

当然，一味维护教授的权威并不符合大学的利益；**教授与大学**双方在处理与对方的关系上需要建立一些行为准则。教授在与学生的关系上虽然处于强势地位，但在"教授-大学"这个不等式中，他们却在很长一段时间内属于弱势群体。20世纪初，美国大学教授协会（AAUP）通过鼓吹并建立教授终身制，为不等式的弱势一方买了保险，但这份保险还需在法理上得到确认。1957年美国最高法院开庭审理"斯威齐诉新罕布什尔州"[②]上诉案，沃伦大法官从大学教授所从事工作的性质来论证学术独立与自治的必要性：

> 美国大学界享有自由的必要性几乎是不言自明的。无

[①] Doe v. Yale University, 252 Conn. 641, (Conn. 2000).
[②] Sweezy v. New Hampshire, 354 U.S. 234 (1957).

人能够低估那些指导与培养青年的人在民主社会中所起的必不可少的作用。为学院与大学的知识界领袖套上紧身衣会置我们的国家于危险的境地。人类尚未在任何教育的领域里穷尽所有的知识，以致新的发现变得没有可能。社会科学领域尤其如此，在那里，几乎没有任何原则是绝对的。在怀疑与不信任的气氛中，学术之花不可能盛开。老师与学生应当永远具有探索的自由、学习与评估的自由、取得新的完善和认知的自由；不然的话，我们的文明就会停滞与灭亡。①

换言之，大学拥有自治的权力之所以必要，是因为教授的学术活动需要有自由的空间。弗兰克福特大法官进一步指出，宪法严格禁止政府干预大学学术生活，因为一个自由的社会必须有自由的大学。"对于自由的[学术]活动的追求是基于一个明智的政府及其人民的福祉，除了有紧急的、明显不可抗拒的理由，政治权力必须避免介入。"② 因此，仅仅是为了维护其行政权力的独立性，校方也应当学会尊重教授的学术权威及其探索真理的自由。

以学术自由为准则界定教授与大学的关系以及大学自治的正当性，其结果是让管理者在行使行政权力时谨言慎行，解聘教授也因此变得非常困难。第五章"解聘教授"中的案例，将教授与大学之间微妙、复杂、相互间既争斗又依存的关系表露无遗。这样的制度设计，有必要吗？

---

① Sweezy v. New Hampshire, 354 U.S. 234 (1957).
② Ibid.

其实，将权力关进制度的笼子里一直是现代民主社会的一种理想状态。但有意思的是，大多数人乐见限制权力的结果，却不堪忍受其过程，因为后者实在是太让人痛苦了，特别是对于深陷其中的人。正因为如此，很多人不在其位时也许还是民主斗士，但一朝咸鱼翻身，大权在握，立马变脸。对于这样的人和事横加指责并不公平，也违反人性，因为趋利避害是人类的天性。我们唯一能做的事情就是建立起一个权力制衡的机制，使得滥用权力变得十分困难，至少要让管理者在行使权利之前及其过程中有所忌惮；即便是正当行使权利，也必须经过一个论证的过程。在此我们再次看到"正当程序"在教授与大学的关系中所起的必不可少的关键作用。

近年来，随着高等教育的市场化，**教授与市场**的关系变得越来越复杂。我们的老祖宗相信"君子喻于义，小人喻于利"。可是，当教授遭遇市场，"君子"就不可能简单地仅喻于义了，义利之间孰先孰后的问题变得十分诡异。

AAUP 和联邦最高法院不止一次共同为大学教授的学术自由发声，其目的应当是鼓励教授们在不受外力干扰的情况下自主地决定其学术研究的方向，并自由地表达其学术研究的成果。讽刺的是，学术自由的本意并非仅仅是为了抵挡来自政府或其他外在势力对学术研究的干预；在今天的商业社会里，学术自由还意味着在没有商业动机驱使的条件下自由探索。事实上，很多科研项目都包含两个潜在的可能性：探索并揭示真理之"义"，追求并生成金钱之"利"。在制度层面上，学术自由的原则为教授们在全新的水域里航船保驾护航，但版权法与专利法的设计，却是意在禁止他人在未经许可的情况下使用或传播教授们的新发现、新成果。

因此,科研一旦受到企业资助或含有任何商业目的,学术之"义"与市场之"利"便会发生冲突。前者追求的是在一个研究领域里成为那个最先发表新理论、新发现的人,从而将这个领域的知识积累推上一个新的高度。换言之,以"义"为先,教授们应当毫无顾忌地分享他们的原始数据和研究方法,以便他人重复和检验其实验结果。但市场规则与之完全相反:以"利"为先,教授们必须推迟或改变他们发表科研成果的时间或方式,以便实现其专利和版权在商业上的利益最大化。而唯有成功实现知识或技术转移,教授们才能从他们的科研成果中分得一杯羹。

在此,我们可以用一句套话来定义教授与市场的关系:追求真理是要付出代价的。这里的"代价"可是真金实银——实实在在的物质利益。学者们若以追求真理为目标,以名利双收为结果,皆大欢喜,无可指责。但是,以求真为由,逐利为实,甚至不惜以牺牲大众的利益为代价换取一己私利,也大有人在;这样的研究没有也罢。第七章第五节中卡恩教授的高风亮节与史密斯教授的坑蒙拐骗形成鲜明对照。当然,在人欲横流的商品社会里,将科研中的义利之争诉诸教授个人的良知,允其量只是一种道德的批判;现实中面对邪恶袖手旁观的大学管理者也不在少数。但是,若想以科研为本建设一流大学,管理者就必须在政策导向和制度建设上有所作为,在义利之间找到平衡点,让献身学术的教授们也能如凡夫俗子般地在尘世间体面生活。

可见,教授与市场的关系归根结底是**大学与市场**的关系。20

世纪中期开始,随着后工业化时代的到来,民间对高等教育的需求与日俱增,大学的受众也实现了从特权阶层向社会中下层的转移。但是,政府对教育的投入却无法跟上高等教育大众化的步伐。于是,民间资本的投入、大学学费的暴涨、知识转移的压力、用人单位的苛责:市场机制的引入已经不再是一个选项,而是每一所大学都需要面对的现实状况。高等教育市场化并不神秘、更不复杂,其中心思想就是将顾客置于大学管理与决策的中心。问题是,市场上有不同的顾客、太多的老板,习惯于学术独立、大学自治的管理者很容易在市场上嘈杂的吆喝声中乱了方寸。大学面对市场,有无规律可循呢?

市场化问题追根溯源,就是大学教育不再是卖方市场,不再是几家独大。当高等教育的供求关系发生变化,当学生最终取得择校自由,当学生的个人权利受到保护,当教授言论与科研自由在法理上得到确认,大学便不再可能店大欺客(还记得大学在"替代父母"时代的潇洒?),而须遵从一些基本的规则;契约就是这些规则中最古老也最有效的规则之一。契约规则假定学生与大学、教授与大学之间都是互为约束的契约双方;在履行契约的过程中双方都有权利也有义务。学生与大学的契约通过大学手册得以表达,而教授与大学的契约,终身与否,非经严格的"正当程序"不能随意解约。

契约关系往往涉及金钱利益:大学为学生提供各种服务的承诺,学生在缴纳学费并完成课程后对学位的期待,教授在科技成果实现转化后有所回报的指望,等等,都是法庭纠纷的引爆点。置身于纷繁复杂的高教市场,当代大学需要面对的现实是:诉讼不可避免，但诉讼缠身则一定会让大学失却初心、偏离正轨。现实生活中，大学在市场纷争中折戟沉沙的先例也并不少见。因此，大学在处理与市场的关系时虽不能保证总是立于不败之地，但慎重处理大学与其利益相关者的每一项契约，并在执行契约时做到一丝不苟，起码能够有效减少与市场间的摩擦。

当然，市场对大学的制约虽然强悍，政府对大学的影响则更加直接、更加执着。如何处理**大学与政府**的关系当是每一位大学管理者面前最难解答的一道题，私立大学亦不例外。正因如此，政府与大学之间的恩恩怨怨并不只是本书第十章的主题，而是贯穿各个章节，挥之不去。原因在于，大学离不开政府资助，尽管这种经济上的牵扯可以不同的方式呈现；但政府对大学却是"爱你没商量"——这不是一种无偿的爱，而是有条件的爱、霸道的爱；爱的条件还可以非常苛刻。那么，大学有可能为了取得完全自治而摆脱政府资助吗？答案是否定的。试想，私立大学即便可以通过基金、捐款、学费等维持基本运营，但它能够敞开大门，让所有贫困学生免费就学？既然不能，那么当这些学生带着政府的资助进入大学，大学就成了政府资助的间接受益者，就必须听从政府发号施令。

以政府在大学管理中所扮演的角色，法、俄、中等世界上的大多数国家通过中央政府教育部直接出台高教政策，与美国联邦政府将管理权下放到州政府形成鲜明对照。因此学界有一种错觉，以为美国大学与政府的关系若即若离，对政府的意愿可听可不听。希望第十章所展示的案例对于消除此类误解能有所帮助。事实是，美国政府在大学推行其政策和意愿时毫不手软，只是它推行的手段有别于其他政府,因为其管理机制的设计更加巧妙。比如说,美国联邦政府为了推行其有关社会正义的法例法规,包括种族平等、个人隐私、反性骚扰等,不仅通过数据上报和资助审查等方式进行监管,而且还成立专门机构 EEOC 负责调查违例事件,并在必要的时候代表受害人提起诉讼。第十章第四节"宾夕法尼亚大学诉EEOC"[1]便是最好的例证。而在"朱诉爱荷华大学"[2]一案的判决中,法庭一旦认定原告关于性骚扰的指控成立、大学因对性骚扰防范不力而给受害人造成敌意的职场环境,便直接下令大学对受害者予以提职,并在工资等其他待遇方面给予补偿。政府对各种歧视行为的零容忍态度可见一斑,连"司法尊重"的传统立场也可以置之不顾。

三

如前所述,现代大学建设不仅需要理念的指引、理论的支撑,前线的操盘手还需要及时、实用并为实践证明可行的各种政策和管理方案,而后者是从事政策研究、院校研究或管理研究人员的任务。如果我们能以学术研究或理论研究为参照,暂且不加区分地将政策研究、管理研究和/或院校研究放在一起,视为对高等教育的应用研究,那么我的朋友赵炬明教授对这一类研究所作的描述颇为精准:"学术研究是学者根据个人兴趣和专长、为

---

[1] University of Pennsylvania v. Equal Employment Opportunity Commission, 493 U.S. 182 (1990).

[2] Jew v. The University of Iowa, 749 F. Supp. 946, 947-948 (S.D. Iowa 1990).

同行学术交流而进行的自选研究,而政策咨询研究是政策决策者的委托研究。"① 而他对后一类研究人员所作的比喻尤其到位——将其比作是古代君王的军师。

> 古人云,"君在上,师者居其侧"。也就是说,军师不是居其下的臣,而是居其侧的师。居哪一侧呢?居西侧,故谓"西席"。与"西席"对应的是"东床",即继位太子或驸马之位,由此可见军师的地位。正是由于有了这个特殊地位,军师才可以既为君王服务,又能保持其独立性。也就是说,双方都要摆正位置。君王要知道,他不能把军师当成臣下,要允许他们保持相对的独立性,包括调查的独立性和思考的独立性,这是客观调查和独立建议的基础;而军师也要明白,他在为君王服务,不再是独立不羁的自由学者。②

赵炬明的比喻为高等教育应用研究设定了两个标准:客观性和独立性。前者是所有研究之为研究的普遍要求;人云亦云、不具客观性的研究则与抄袭无异。但后者却是管理和决策研究不可或缺的一个重要特征。换言之,受决策者的委托从事应用研究,"军师"最难能可贵的品格大概就是不受"君王"左右而能够提出独立的见解和观点。这一点之于院校研究者也许不算太难:他们的任务就是搜集数据并以管理者能够理解的方式加以呈现;至少这是美国院校研究办公室的基本任务。但是,真正的、够格

---

① 赵炬明:《为决策者服务—如何在高等教育领域做政策咨询》,《高等工程教育研究》2014年第2期,第61页。
② 同上书,第61-62页。

的管理研究或政策研究却不能在呈现数据后一走了之,研究者必须针对实际问题,设身处地为他们的"君王"提供解决方案。

对高等教育研究者来说,向管理者建言以至谏言的机会其实不可多得,而其方案为决策者采纳的几率更是不可高估。原因很简单。所谓"高处不胜寒",用来形容身居高位的管理者绝不过分。他们每天都得面对各种各样的困境,很多时候问题错综复杂,难以言表,当然也就无法向他们的"军师"传达了。这让后者的处境变得十分尴尬:研究者满腹经纶,一腔热血,却常常空怀壮志,效忠无门。古人云,"不在其位,不谋其政"。个中无奈,不难体察。

本书的案例研究,为走出这道怪圈提供了一种可能性。首先,法庭案例及其解决方案属于"前车之鉴",后来者可以根据自己的实际情况参照、取舍,为我所用。当然,这些案例并不能信手拈来,随叫随到,需要研究者平时留意搜集,不断积累,以供决策者急时所用。其次,也是更重要的一点,法庭案例包含了任何研究都不可或缺的一个重要元素,即断案人在最终的解决方案中提供的"justification"——这个英文名词在此的含义不仅仅是简单的"正当理由",还包括了它的动词形式:寻找理据、逻辑推演、证实证伪。换言之,当研究者为管理者提供问题的解决方案时,他们不仅需要描述案例的来龙去脉,而且必须呈现断案人的逻辑推演过程,即我们常说的知其然,还要知其所以然。

应当承认,逻辑推演不是高教研究者的强项。不管是宏大叙事还是定量分析,高教研究论文的行文中缺乏逻辑推演的例子比比皆是。如此研究,只可能有两个结果:一是被决策者束之高阁;

二是有幸为决策者所采纳,却因其建言本身缺乏逻辑性、连贯性或可持续性,导致朝令夕改。有鉴于此,我希望通过本书,邀请高教研究的同行,跟着睿智的法官一起寻求先例、分析案情、明断曲直,在解决问题的过程中学习管理与决策。

本书案例涉及高等教育管理中的许多重要问题,有常见纠纷,有突发事件,也有案例在发生时并无先例可循。但是,没有与大学相关的先例并不等于没有先例,类似案例通常曾在有关财产、契约或侵权责任的一般诉讼中出现过。当大学校园纠纷无法通过内部程序得到解决而须诉诸法庭时,受理法院虽不必死守其自身的先例,但需遵循类似案件在先前判决中确立的基本规则。而法庭辩论的结果有两种可能:一是遵从先例;二是以事实和理据来证明既成的规则有错在先,或者由于条件的变化不再适用,而且偏离先例利大于弊。经过如此严谨的推演过程之后由判例法保存的先例及其判决,对每一个大学管理者都应是一笔宝贵的知识财富。对先例的忽略或无知不仅会让管理者陷于不仁不义之境地,而且会给大学造成不可估量的损失。所以,对这笔财富加以梳理、总结,为管理者提供决策辅助,是高等教育研究者义不容辞的责任。

书中所呈现案例的情节可谓异彩纷呈。判例法最精彩的部分是法官对纷繁复杂的情节所作的分析梳理,或引用先例,或另辟蹊径,目的只有一个,即去伪存真、去芜存菁,在公正判案的同时确立一些游戏规则,为后来者提供指引。根据在美国大学工作20年的亲身体验,我挑选了四个经过法庭反复考量、严谨论证的游戏规则,在此略作解析。这些规则对美国大学的政策制定和日常管理影响极大，希望也能为中国大学的管理者提供一些未来决策的理据。

其一，**特权与权利**。界定学生与大学之间关系的重要性，怎么强调都不过分，因为大学出台任何与学生相关的政策都必须有一个合理的逻辑起点。在"替代父母"时代，特别是在私立大学，学生得到大学录取是一种"特权"，一种大学随时可以收回的、仅有少数幸运儿能够享有的"恩惠"。从这个逻辑起点出发设计大学政策，我们虽不一定完全赞同，却可以理解大学对学生在校期间的自由所施加的种种限制，比如大学宿舍的作息规定、学生派对的饮酒禁令、大学关于性骚扰的政策、对学生涉足某些校外设施的限制，等等。大学必须对学生的人身安全负责。然而，从另外一个角度看，"特权论"又给大学提供了一种保护：一旦有伤害事故发生，大学承担的是管教不严、照顾不周的埋怨，而不是在法庭上应诉、问责、赔偿、认罪。正如在现实生活中，子女受到伤害后可以责怪父母疏于照看，却很少状告父母疏忽职守。

从1960年代开始，学生为争取宪法权利而抗争，这件事本身无可指责。但当他们成功获得平等的公民权利时，就必须清楚地意识到与之偕来的后果，即大学不再是他们的"替代父母"，因而也不再对其人身安全负责，至少不再负全责。在大学与学生之间建立这样的共识极为重要，因为对学生安全是否需要负全责，很大程度上决定了大学应在学生事务方面投入多少资源。用经济学的术语表达，这是一个机会成本（Opportunity Cost）的问题，即大学在决策过程中面临多项选择，投入有限资源得到某项结果的同时不得不放弃其他选择。所以，在大学管理中，学生的"权利"并非越多越好,校方对学生权利的诉求有求必应更不意味着学生福祉会因此增加。一所大学学生政策的制定,其实是大学与学生围绕各自利益相互角力和妥协的结果,而在这两种相对对立的利益之间找到平衡点,是高等教育管理研究中的一大难题。

　　近年来国内大学争创一流,成绩斐然。但细看所谓"一流"之内涵,大多盯着科研一流,很少提到学生这个大学存在的终极理由。被排名牵着鼻子往前走,无疑是当代大学发展的世界性潮流。然而,我在美国大学工作20年的亲身经历告诉我,美国一流大学展示的是科研实力,但真正下功夫的是大学本科教育。从当今各种排名来看,除了美国国内大学的排名[①]将本科教育作为重要指标而外,其他世界流行的排名都以科研定乾坤。但是,轻视本科教学特别是忽略学生体验的大学早晚会为此付出代价。美国大学注重学生就学体验,从本书涉及的案例中亦可见一斑。大学在每一位学生的求学生涯中所扮演的角色不外有三:"替代父母"、袖手旁观、有限责任。由于各个大学的定位、使命和服务对象不同,政府无需在这个问题上强求统一,搞一刀切,而是应当鼓励大学根据自身的情况作出有利于大学和学生共同发展的界定。参照美国大学的做法,我们可以通过大学手册或其他方式,在与学生签订"契约"的时候把"丑话"说在前面,由此在大学与学生之间建立一种共识,让学生在有所选择的同时亦有所承担。这一点应当成为制定大学学生事务政策的基石。

　　更重要的是,不管大学如何界定或处理与学生的关系,建立

---

　　① 参见 US News and World Report 大学排名方法。

清晰、明确的"正当程序"是每一所大学必做的功课,而且在执行上必须做到一丝不苟。这是对学生公平负责的态度,也是大学为自己所编织的一张保护网。

其二,**自由与约束**。在当今大学校园里,学术自由绝对是一片道德高地。谁占领了这个制高点,谁就在大学的话语平台上获得了发言权。对大学享有的学术自由最权威的解释是弗兰克福特大法官在"斯威齐诉新罕布什尔州"一案中提出的"四大基本自由":"大学的营生就是为猜测、实验和创新提供一种适宜的氛围。在此法庭试图捍卫大学的'四大自由'——以学术依据来自主决定谁来教、教什么、怎样教以及录取谁。"[①]但从本书引述的案例来看,"四大自由"在具体实施过程中无一例外地受到其他因素的制约。

"谁来教"的决定权在美国大学教授协会(AAUP)1915年和1940年两个声明中已经得到充分的陈述,而其后建立的教职终身制更是为这一自由提供了制度上的保障。但我们从第五章第五节的案例中可以清楚看到教职终身制所带来的弊端:这个意在保护学术自由的制度也为在学术上和操行上不胜其职的少数教授提供了避难所,不仅让尸位素餐成为可能,而且还给试图解决"枯木"问题[②]的大学管理层设置了许多难以逾越的障碍。难怪近年来关于取消教职终身制的呼声不绝于耳,但真正"霸气"的大学只干不说:一方面减少终身制教职,另一方面增加兼职教授(adjunct professors),以实现对"枯木"问题的治理。

[①] Sweezy v. New Hampshire, 354 U.S. 234 (1957).
[②] 见第五章第四节。

"教什么"和"怎样教"本来不是问题。西方虽无"传道、授业、解惑"之说,却行"师道尊严"之实:这是"教什么"和"怎样教"这两大自由得行其道的原因所在。但是,与高等教育的大众化相伴而生的是多元化,特别是学生群体的多元化对教授在教学内容上唯我独尊的传统是一个挑战。在第六章中,"维加诉米勒"[1]、"哈迪诉杰弗逊社区学院"[2]、"哈于特诉纽约州立大学"[3]等案例,情节虽然有点猥琐,但学生对种族、性别等话题的反应之强烈,是教授们始料未及的;而从"毕晓普诉阿罗诺夫"[4]一案来看,今天学生对教授将自己的宗教信仰带进课堂已经完全不能接受。第八章第五节中"雅尔切斯基诉瑞因纳尔"[5]一案中学生对教学方法的抱怨成为大学解雇教授的依据。最令人发指的是,近年来学生因不满教授打分而将其告上法庭的案例亦屡见不鲜。

对于美国学生来说,尊师是个人教养,而不是文化传统。反观中国学生,尊师是文化传统,却不一定是个人教养。正因为在文化上对老师从不仰视,美国学生勤于思考、勇于创新,这是优点;但硬币的另一面是,他们在课堂上毫无顾忌地挑战老师的话语权威时,容易走极端,一语不合,法庭相见,将稀松平常的课堂纠纷演绎成水火不容的法庭辩论。教授在课堂上有不恰当的言论,或是教学方法上与学生期待不尽相符,本来完全可以通过沟通得以解决。然而学生居然得理不让人,诉诸法庭,从而撕破了

---

[1] Vega v. Miller, 273 F.3d 460 (2d Cir. 2001).
[2] Hardy v. Jefferson Community College, 260 F.3d 671, 674-75 (6th Cir. 2001).
[3] Hayut v. State University of New York, 352 F. 3d 733 (2003).
[4] Bishop v. Aronov, 732 F. Supp. 1562, 1568 (N.D. Ala. 1990), rev'd, 926 F.2d 1066 (11th Cir. 1991).
[5] Yarcheski v. Reiner, 669 N.W.2d 487, 2003 S.D. 108 (S.D. 2003).

师生之间温情脉脉的面纱。通过这种行为，学生挑战的是教授主导课堂的权威。但令人悲哀的是，教授的课堂言行或教学方法虽常会有不当之处，但让他们应诉法庭，特别是因言获罪的结果，其寒蝉效应不言而喻。当教授开始谨言慎行，真正的受害者其实是学生自己，因为他们失去了与教授同行，去到人类思想与知识的蛮荒之地探险的机会与乐趣。作如是想，也许大学管理者需要制定相应的政策：一是尽可能通过定期的培训并编制教学手册，为教授的课堂言论和教学方法提供指引；二是在涉及教授言论的纠纷中，尽可能由大学而不是由涉事的教授来承担责任。下下策是通过开除教授，尤其是那些未获终身教职的教授来平息纠纷或挽回大学的声誉。

"录取谁"的自由本已随着高等教育的大众化而名存实亡。试想，州立大学拿着纳税人的钱却堵着大门不让他们的子女进入，于情于理都说不通。私立大学虽然多了一点自由，但随着"特权"时代的终结，面对激烈的市场竞争，他们又有多少底气能够在招生问题上我行我素呢？然而有趣的是，联邦政府所推行的"肯定性行动"，原本会成为大学坚持招生自主的巨大障碍，但鲍威尔大法官却将多元的学生群体作为大学"为猜想、实验和创新提供一种适宜的氛围"的重要前提，提出少数族裔的参与对"健康的思想交流"不可或缺作用的想法，令人脑洞大开。这个"多元化理据"不仅能够在一定程度上矫正历史错误，帮助黑人及其他少数族裔利用高等教育实现弯道超车，更重要的是，它给了大学在种族、性别、宗教等其他方面招生自主的理据和权利，从而将"录取谁"的自由还给了大学。

其三，**实质正义与程序正义**。被告席上的美国大学，有太多的无奈。在一堆活跃异常的荷尔蒙中间,如何区分两情相悦和约会强奸?在学生对教授的投诉中,怎么判断究竟是前者吹毛求疵还是后者尺有所短?在团队的科研成果中,有可能对原创者和追随者的贡献区别对待吗?用什么理由解聘教授才能在法庭上立于不败之地?坚信"大道公义,自在人心"固然让人肃然起敬,但公正的理想一旦与"善有善报,恶有恶报"画上等号,道德的判断便很有可能将自以为是的大学管理者引入歧途。这就是为什么在本书引述的诸多案例中,"正当程序"的概念一再出现:这是大学管理者处理校园纠纷的尚方宝剑,但用之不当也可能成为他们管理生涯中的滑铁卢。

相信多数受到指控的学生或教授在引用"正当程序"为自己争取权利的时候,真诚希望能够通过公平的聆讯程序找到事实的真相,并基于事实得到公正的待遇。这是对实质正义的期待,也是法治社会中大众对公正的一般理解。但是,在现实生活中,实质正义之实现存在很大的不确定性。每一个案件的当事人,其有限的认知能力、记忆的准确度、不同当事人看问题的视角,等等,都会给还原真相的过程带来诸多干扰,让事实变得扑朔迷离。惟其如此,程序正义就变得非常重要了。相对于实质正义来说,程序正义是指解决争端和资源分配过程中的公平理念,具有明确、具体、可操作的判断标准,是一种"看得见的正义"。因此,在西方的司法传统中,"正义不仅要实现,而且要以人们看得见的方式实现。"[1]

---

[1] Lord Hewart: "Justice must not only be done, but must be seen to be done." *R v Sussex Justices, ex parte McCarthy* ([1924] 1 KB 256, [1923] All ER Rep 233).

与真正的司法程序一样,在解决校园纠纷的准司法程序中,管理者自己不能、也不能允许其他人扮演上帝,因此有必要假设所谓的"真相大白"只是一种理想状态,而"正当程序"就是为实现程序正义、并最终涉案各方都得到公平待遇的一种保障体系。在第四章第六节中,哥伦比亚大学校长鲍林杰面对"床垫女孩"一案所承受的巨大压力,不难想象。这出"真人秀"里有性,有暴力,有美丽的女主角,还有名校的光环及其古典的校园作舞台背景。难怪这个案例引发了来自全世界的媒体狂欢。但是,作为法学家的鲍林杰校长没有退让,因为他坚信下属已经在"正当程序"上做足了功课。这是一个在"她说、他说"之间寻求所谓"真相大白"的经典案例;当实质正义存在不确定性的时候,管理者起码必须保证程序正义得以实现。

其四,**政府与大学**。也许是职业习惯使然,本书中所有涉及政府与大学关系的案例及其解读似乎都在为大学如何应对政府支招。最后我想站上一个台阶,换一换角度,看看政府是如何应对大学的。希望从中得出的一些规律性的东西,能够帮助大学管理者在决策过程中换位思考。依我愚见,美国政府应对大学的策略,自觉或不自觉,可以三句话、十二个字来概括:晓之以理、动之以情、绳之以法。

由于历史的原因,美国联邦政府早在建国之初就放弃了对大学的直接管辖权。后来者对此有几多懊悔、几多遗憾我们姑且不论,也无须深究。但世界就是这么奇妙,正是因为美国联邦政府早年的"失算",反而在一定的程度上成就了美国高等教育后来的辉煌。所谓"失之东隅,收之桑榆",此之谓也。我知道很多人不会认同这个观点，但我想通过本书中的案例，对美国政府与大学的关系略作分析。

在世界上绝大多数国家，掌有生杀大权的政府在大学推行其倡导的政策时并无太多顾忌。美国则不同，政府哪怕是站在道德或国家利益的制高点上，也不敢对大学颐指气使；政府首先需要晓之以理。比如说，大学招生的多元化在"二战"之后毫无疑问成为这个多民族的移民国家的国策和当务之急。大学是未来社会领袖的摇篮，而国家的长治久安有赖于各个族裔在各个领域里都有自己的领袖人物。因此，政府除了不遗余力地推行"肯定性行动"之外，还通过联邦大法官之口给出了"多元化理据"，为少数族裔在大学招生中得到优先考虑提供了无可辩驳的理据。

政府应对大学的第二个策略是动之以情。"达特茅斯学院诉伍德沃德"[1]之所以成为美国大学史上的经典案例，原因之一就是在这个案例中，从律师到法官都对大学动了真情，政府的护犊情切通过马歇尔大法官之口表达得淋漓尽致。当然有人对此会持异议，因为按照三权分立的原则，法院并不能代表政府，有时还能与政府作对。但恰恰是三权之间这种相互制衡（checks and balances）的关系，给了政府与法院一唱一和的机会。比如说，法庭对大学传统上所持的"司法尊重"的态度，与其说是出于法官的谦逊，自称在处理学术事务时缺乏专业判断，不如说是政府和法庭一起给大学投下的信任票。投桃报李这样的人之常情在大学与政府的关系上所起的作用不应低估。

---

[1] Trustees of Dartmouth Coll. v. Woodward, 17 U.S. 518 (1819).

假如说动之以情是政府应对大学策略中的"胡萝卜",那么绳之以法则是政府偶尔动用的"大棒"。换言之,在事关社会公正这样的大是大非问题上,政府对大学任何姑息养奸的行为都取零容忍态度。从"朱诉爱荷华大学"[①]一案法庭对于大学在性骚扰和种族歧视问题上不作为的强力反击,到奥巴马政府在打击校园性侵方面采取的强硬立场,[②] 政府联手法院对大学就社会正义问题进行规管时毫不手软。而在少数族裔的招生问题上,政府对大学挥之不去的精英情结更是寸步不让。这就是为什么以"反向歧视"为由提起的诉讼中,任何有悖政府所坚持的"多元化理据"的大学或个人几乎没有胜算的原因所在。

四

本书十个章节一百五十多个案例,我从中归纳出六大关系、四大游戏规则,也正好凑满十条。记得念大学时文学老师警告说,好的作家对于自己作品的主题总是点到即止,给读者留下思考的空间。但早年从文学的象牙塔里仓皇出逃那一刻起,我已经知道自己不会成为好的作家,所以对老师的忠告便敬谢不敏了。明知六大关系、四大游戏规则的总结是狗尾续貂,还是冒着自取其辱的危险悍然出手了,个中其实有太多无奈。原因之一,作为日理万机的决策者的"军师",高教研究者不能假设他们的"君王"有和他们一样的闲情雅致,能够慢慢揣摩其文章中的微言大

[①] Jew v. The University of Iowa, 749 F. Supp. 946, 947-948 (S.D. Iowa 1990).
[②] 见第四章第六节。

义。另一方面，管理者尽管常将"科学决策"的口号喊得震天响，但我亲眼见过，连统计学出身的院长对下属给他们准备的统计报告都无暇顾及。因此，让读者陪着观摩一百五十多场美国大学在法庭上的答辩之后，我还是生怕有人手捧他山之石，却不知如何攻玉。希望我的赘言，起码能将书中案例略作梳理，以备前线的中国大学管理者应急之用。

附录一:案例列表

第一章 替代父母:大学不可承受之重

University of California v. Katherine Rosen, 240 Cal. App. 4th 1296 (2018).
Nguyen v. Massachusetts Institute of Technology, SJC 12329 (Mass. 2018).
Qu v. Univ. of So. Cal. CA2/3, B247933 (Cal. Ct. App. 2013).
People v. Wheaton College, 40 Ill. 186 (1866).
Gott v. Berea College, 156 Ky. 376, 161 S.W. 204 (1913).
Anthony v. Syracuse University, 231 N.Y.S. 435 (1928).
Dixon v. Alabama State Board of Education, 186 F. Supp. 945 (M.D. Ala. 1960), *rev'd* 294 F.2d 150 (5th Cir. 1961), *cert. den'd* 368 U.S. 930 (1961).
Grossner v. Trustees of Columbia University in City of NY, 287 F. Supp. 535 (S.D.N.Y. 1968).
Blackman v. Fisk University, 443 F.2d 121 (6th Cir. 1971).
Coleman v. Wagner College, 429 F.2d 1120 (2d Cir. 1970).
Brown v. Mitchell, 409 F.2d 593 (10th Cir. 1969).
Rowe v. Chandler, 332 F. Supp. 336 (D. Kan. 1971).
Torres v. Puerto Rico Junior College, 298 F. Supp. 458 (D.P.R. 1969).
Greene v. Howard University, 271 F. Supp. 609 (D.D.C. 1967).
Samson v. Trustees of Columbia University, 101 Misc. 146, 148, 167 N.Y.S. 202, 204 (Sup. Ct. 1917).
Johnson v. Lincoln Christian College, 501 N.E.2d 1380 (Ill. App. 4 Dist. 1986); *app. Den.*, 508 N.E.2d 729 (1987).
Bradshaw v. Rawlings, 612 F2d. 135 (1979), cert denied, 446 U.S. 909 (1980).
Beach v. University of Utah, 726 P.2d 413 (Utah, 1986).

Bradshaw v. Rawlings, 612 F.2d. 135 (1979), cert denied, 446 U.S. 909 (1980).
Rabel v. Illinois Wesleyan University, 514 N.E.2d 552 (Ill. App. Ct. 1987).
Mullins v. Pine Manor College, 449 N.E.2d 331 (Mass. 1983).

第二章 危机四伏: 校园伤害由谁承担?
Zachardy v. Geneva College, 733 A.2d 648 (Pa. 1999), appeal denied, 751 A.2d 193 (Pa. 2000).
Hallas v. New York University, 687 N.Y.S.2d 160 (N.Y. App. Div. 1999).
Shimer v. Bowling Green State University, 708 N.E.2d 305 (Ohio Ct. Cl. 1999).
Mintz v. State, 47 A.D.2d 570 (N.Y. App. Div. 1975).
Furek v. University of Delaware, 594 A.2d 506 (1991).
Coghlan v. Beta Theta Pi Fraternity, 987 P.2d 300 (Idaho 1999).
Niles v. Board of Regents; 222 Ga. App. 59; 473 S.E.2d 173; 1996 Ga. App. LEXIS 610; 1996.
Doe v. Yale University, 252 Conn. 641, (Conn. 2000).
Sweezy v. New Hampshire, 354 U.S. 234 (1957).
Regents of University of Michigan v. Ewing, 474 U.S. 214, 106 S. Ct. 507, 88 L. Ed. 2d 523, 1985 U.S. LEXIS 149.
Williams v. Saxbe, 413 F. Supp. 654 (D.D.C. 1976).
Barnes v. Costle, 561 F.2d 983 (D.C. Cir. 1977).
Meritor Savings Bank v. Vinson, 477 U.S. 57 (1986).
Liu v. Striuli, 36 F. Supp. 2d 452 (D.R.I. 1999).
Cullen v. University of Bridgeport, 2003 Ct. Sup. 14081 (Conn. Super. Ct. 2003).
Zachariasewycz v. Morris, Nichols, Arsht & Tunnell, LLP, Delaware Chancery Court, No. CA 2312- N (filed Nov. 21, 2006).

第三章 招生自主: 以学术自由的名义
McLaurin v. Oklahoma State Regents for Higher Education, 87 F. Supp. 526 (W.D. Okla. 1948).
McLaurin v. Oklahoma State Regents for Higher Education, 339 U.S. 637, 640 (1950).
Plessy v. Ferguson, 163 U.S. 537 (1896).
Brown v. Board of Education of Topeka, 347 U.S. 483 (1954).
Regents of the University of California v. Bakke, 438 U.S. 265 (1978).

Grutter v. Bollinger, 539 U.S. 306 (2003).
Gratz v. Bollinger, 539 U.S. 244 (2003).
Arizona Board of Regents v. Wilson, 539 P.2d 943 (Ariz. Ct. App. 1975).
Association of Christian Schools International, et al. v. Roman Stearns, et al., 362 Fed. Appx. 640 (9th Cir. 2010).
Southeastern Community College v. Davis, 442 U.S. 397 (1979).
Pushkin v. Regents of University of Colorado, 658 F.2d 1372 (10th Cir. 1981).
Ohio Civil Rights Commission v. Case Western Reserve University, 666 N.E.2d 1376 (Ohio 1996).
United States v. Commonwealth of Virginia, 766 F. Supp. 1407, vacated, 976 F.2d 890 (4th Cir. 1992), 518 U.S. 515 (1996).
Students for Fair Admissions v. Harvard, Civil Action No. 14-cv-14176-ADB.

第四章 正当程序：大学如何处罚学生？

Board of Curators of the University of Missouri v. Horowitz, 435 U.S. 78, 98 S. Ct. 948 (1978).
Byrnes v. Johnson County Community College, Civ. Act. No. 10 - 2690-EFM-DJW (D. Kan. 2010).
Meyer v. Nebraska, 262 U.S. 390 (1923).
Board of Regents of State Colleges v. Roth, 408 U.S. 564 (1972).
Perry v. Sindermann, 408 U.S. 593 (1972).
Regents of University of Michigan v. Ewing, 474 U.S. 214, 106 S. Ct. 507, 88 L. Ed. 2d 523, 1985 U.S. LEXIS 149.
Harris v. Blake, 798 F.2d 419 (10th Cir. 1986).
Herbert v. Reinstein, 976 F. Supp. 331 (E.D. Pa. 1997).
Flaim v. Medical College of Ohio, 418 F.3d 629 (6th Cir. 2005).
Castle v. Appalachian Technical College, 631 F.3d 1194 (11th Cir. 2011).
Hill v. Board of Trustees of Michigan State University, 182 F. Supp. 2d 621 (W.D. Mich. 2001).
Ashiegbu v. Williams, 1997 U.S. App. LEXIS 32345 (6th Cir. 1997).
Greene v. Howard Univ., 271 F. Supp. 609 (D.D.C. 1967).
Schaer v. Brandeis Univ., 48 Mass. App. Ct. 23, 716 N.E.2d 1055 (1999).
Tedeschi v. Wagner College, 49 N.Y.2d 652 (1980).
Esteban v. Cent. Mo. State Coll., 415 F.2d 1077, 1090 (8th Cir. 1969), *cert.*

denied 398 U.S. 965 (1970), *aff'g* 290 F. Supp. 622 (W.D. Mo. *1968), following new hearing order,* 277 F. Supp. 649 (W.D. Mo. 1967).
Osteen v. Henley, 13 F.3d 221 (7th Cir. 1993).
Missouri v. Mullenix, 73 S.W.3d 32, 33 (Mo. Ct. App. 2002).
Wells v. Xavier Univ., 7 F. Supp. 3d 746, 747 (S.D. Ohio 2014).
Nungesser v. Columbia University et al, No. 1:2015cv03216-Document 71 (S.D.N.Y. 2017).

第五章 解聘教授：明知不可为而为之
Ward Churchill v. University of Colorado at Boulder, 293 P.3d16 (61. App. 2010) *aff'd* 285 P.3d 986 (Col. 2012).
The Rev. John Bracken v. The Visitors of Wm. & Mary College, 7 Va. 495, 3 Call 495 (1790).
Agarwal v. Regents of University of Minnesota, 788 F.2d 504, 505-6 (8th Cir. 1986).
King v. University of Minnesota, 774 F.2d 224, 229 (8th Cir. 1985).
Lynn v. Regents of University of California, 656 F.2d 1337 (9th Cir. 1981).
AAUP v. Bloomfield College, 129 N.J. Super. 249, 322 A.2d 846 (1974).

第六章 无冕之王：自由无边何处是岸？
Vega v. Miller, 273 F.3d 460 (2d Cir. 2001).
Piarowski v. Ill. Cmty. Coll. Dist., 515, 759 F.2d 625, 629 (7th Cir. 1985).
Urofsky v. Gilmore, 216 F.3d 401 (4th Cir. 2000).
Hardy v. Jefferson Community College, 260 F.3d 671, 674-75 (6th Cir. 2001).
Pickering v. Board of Education, 391 U.S. 563 (1968).
Connick v. Myers, 461 U.S. 138 (1983).
Hayut v. State University of New York, 352 F. 3d 733 (2003).
Kay v. Board of Higher Education of the City of New York, 18 N.Y.S.2d 821 (1940).
Lynch v. Indiana State University Board of Trustees, 378 N.E.2d 900 (1978).
Bishop v. Aronov, 732 F. Supp. 1562, 1568 (N.D. Ala. 1990), rev'd, 926 F.2d 1066 (11th Cir. 1991).
Edwards v. Aguillard, 482 U.S. at 596-97 (1987).
Keyishian v. Board of Regents, 385 U.S. 589 (1967).

Adler v. Board of Education, 342 U.S. 485 (1952).

Rodriguez v. Maricopa County Community College District, 605 F.3d 703, 708 (9th Cir. 2010).

第七章　知识产权：学术的价值和价码

Dun v. Lumberman's Credit Ass'n, 209 U.S. 20 (1908).

White v. Bender, 185 F. 921 (C.C.N.D.N.Y. 1911).

Hansen v. Jacquard Jewelry Co., 32 F. 202,203–04 (C.C.E.D. Mo. 1887).

Faulkner Press, LLC v. Class Notes, LLC, 756 F. Supp. 2d 1352 (N.D. Fla. 2010).

Fenn v. Yale University, 283 F. Supp. 2d 615, 625–626 (D. Conn. 2003).

Fenn v. Yale University, 2005 U.S. Dist. LEXIS 1827 (D. Conn. Feb. 8, 2005).

Chou v. University of Chicago, 2000 WL 222638, *1 (N.D. Ill. 2000), rev'd 254 F.3d 1347 (Fed. Cir. 2001).

Trustees of Columbia University v. Roche Diagnostics, 343 F. Supp. 2d 35 (2004).

Stanford University v. Roche Molecular Systems, Inc., 563 U.S. 776 (2011).

Vanderbilt University v. ICOS CORP., 594 F. Supp. 2d 482 - Dist. Court, D. Delaware (2009).

In Re Immune Response Securities Litigation, 375 F. Supp. 2d 983 (S.D. Cal. 2005).

第八章　大学体制：学术天地谁主沉浮？

Trustees of Dartmouth Coll. v. Woodward, 17 U.S. 518 (1819).

People ex Rel. Tinkoff v. Northwestern Univ, 333 Ill. App. 224, 77 N.E.2d 345 (Ill. App. Ct. 1947).

The People v. Barrett, 46 N.E.2d 951 (Ill. 1943).

Federated Publications, Inc. v. Board of Trustees of Michigan State University, 460 Mich. 75, 594 N.W.2d 491 (1999).

Board of Regents of University of Michigan v. Auditor-General, 167 Mich. 444, 132 N.W. 1037 (1911).

Federated Publications, Inc. v. Board of Trustees of Michigan State University, 460 Mich. 75, 594 N.W.2d 491 (1999).

Star Tribune Co. v. University of Minnesota, 683 N.W.2d 274 (Minn. 2004).

NLRB v. Yeshiva University, 444 U.S. 672 (1980).

Irvine Valley College Academic Senate v. Board of Trustees of the South Orange Community College District, Case No. 03CC05351 (June 20, 2003).

Ahmadieh v. University of Southern Colorado, 767 P.2d 746 (Co. App. 1988).

Faculty for Responsible Change v. Visitors of James Madison University, 38 Va. Cir. 159 (Va. Cir. 1995).

Munsee v. Horn (California State University, Long Beach), 139 Cal. Rptr. 373 (Cal. App. 1977).

Yarcheski v. Reiner, 669 N.W.2d 487, 2003 S.D. 108 (S.D. 2003).

Sharick v. Southeastern University of Health Sciences, Inc., 780 So. 2d 36 (Fla. Dist. Ct. App. 2000).

第九章 囿于契约:大学如何应对市场?

People, ex rel. Cecil, v. Bellevue Hosp. Medical College, 14 N.Y.S. 490 (N.Y. Sup. Ct.), *aff'd*, 128 N.Y. 621, 28 N.E. 253 (1891).

Goldstein v. New York Univ., 76 A.D. 80, 82, 78 N.Y.S.2d 739, 740 (N.Y. Sup. Ct. 1902).

Johnson v. Lincoln Christian College, 501 N.E.2d 1380 (Ill. App. 4 Dist. 1986); *app. Den.*, 508 N.E.2d 729 (1987).

Miller v. Loyola University of New Orleans, 829 So. 2d 1057 (La. Ct. App. 2002).

Trustees of Columbia University v. Jacobsen, 53 N.J. Super. 574 (1959).

Pacella v. Tufts University School of Dental Medicine, 66 F. Supp. 2d 234 (U.S.D.C. D. Mass., 1999).

Peretti v. State of Mont., 464 F. Supp. 784 (D. Mont. 1979), *rev'd* on other grounds, 661 F.2d 756 (9th Cir. 1981).

University of Tex. Health Sci. Ctr. v. Babb, 646 S.W.2d 502 (Tex. App. 1982).

Mangla v. Brown University, 135 F.3d 80 (1980).

Jallali v. Nova Southeastern University, 992 So.2d 338 (Fla. Dist. Ct. App. 2008).

Alsides v. Brown Institute, Ltd., 592 N.W.2d 468 (Minn. Ct. App. 1999).

Jamieson v. Vatterott Educational Center, Inc., 473 F. Supp. 2d 1153 (D. Kan. 2007).

Guckenberger v. Boston University, 974 F. Supp. 106 (D. Mass. 1997).

Delta Sch. of Commerce, Inc. v. Harris, 839 S.W.2d 203, 205 (Ark. 1992).

Beckett v. Computer Career Inst., 852 P.2d 840, 844 (Or. App. 1993).

Idrees v. American Univ., 546 F. Supp. 1342, 1348−51 (S.D.N.Y. 1982).
CenCor v. Tolman, 868 P.2d 396, 399−400 (Colo. 1994).
Dizick v. Umpqua Community College, 599 P.2d 444,445−47 (Or. 1979).
Giuliani v. Duke University, No. 1:08- CV- 00502 (M.D.N.C. filed July 23, 2008).
Chepak v. Walden University, 2008 U.S. Dist. LEXIS 14085 (S.D.N.Y. Feb. 26, 2008).
Wright v. Walden Univ., LLC, Civil No. 16−4037(DSD/DTS), 2 (D. Minn. Apr. 21, 2017).

第十章 爱的付出：大学如何应对政府？

Russell v. The Men Dwelling in the County of Devon, 100 Eng. Rep. 359, 2 T.R. 667 (1788).
Ephraim Mower v. The Inhabitants of Leicester, 9 Mass. 247 (1812).
Davie v. Board of Regents, University of California, 66 Cal. App. 693, 227 P. 243, 160 A.L.R. 53 (1924).
Pedlosky v. Massachusetts Institute of Technology, 352 Mass. 127, 224 N.E.2d 414 (1967).
Rackin v. University of Pa., 386 F. Supp. 992, 997 (E.D. Pa. 1974).
Jew v. The University of Iowa, 749 F. Supp. 946, 947−948 (S.D. Iowa 1990).
University of Pennsylvania v. Equal Employment Opportunity Commission, 493 U.S. 182 (1990).
Russo v. Nassau County Community College, 81 N.Y.2d 690 (N.Y. 1993).
Mohawk Book Co. v. State University of New York, 732 N.Y.S.2d 272, 288 A.D.2d 574 (2001).
Osborn v. Board of Regents of the University of Wisconsin System, 647 N.W.2d 158 (Wis. 2002).
Marder v. Board of Regents of the University of Wisconsin System, 596 N.W.2d 502 (Wis. Ct. App. 1999).

附录二：参考文献

American Association for University Professors (AAUP) (1999). "Statement of Copyright," available at https://www.aaup.org/report/statement-copyright.

AAUP (1915). "1915 Declaration of Principles on Academic Freedom and Academic Tenure," available at: http://www.aaup-ui.org/Documents/Principles/Gen_Dec_Princ.pdf.

AAUP (1940). "1940 Statement of Principles on Academic Freedom and Tenure," available at: https://www.aaup.org/file/1940%20Statement.pdf.

AAUP (2006). "1966 Statement on government of colleges and universities," in *AAUP: Policy Documents and Reports* (10th ed.) (pp.135–140). Baltimore, MD: The Johns Hopkins University Press.

AAUP (2014). *Defending the Freedom to Innovate: Faculty Intellectual Property Rights after Stanford v. Roche*. Available at: https://www.aaup.org/report/defending-freedom-innovate-faculty-intellectual-property-rights-after-stanford-v-roche-0.

Alexander, K. & Alexander, M. D. (2011). *American Public School Law*, 8th ed. Belmont, CA: Wadsworth Publishing.

Alexander, K. W. & Alexander, K. (2010). *Higher Education Law: Policy and Perspectives*. Hoboken, NJ: Taylor and Francis.

Amar, V. D. & Brownstein, A. E. (2017). "A Close-up, Modern Look at First Amendment Academic Freedom Rights of Public College Students and Faculty," *Minnesota Law Review*, 101, pp.1943–1985. Available at: https://www.minnesotalawreview.org/wp-content/uploads/2017/05/AmarBrownstein.pdf.

Anderson, R. D. (2004). "Germany and the Humboldtian Model," in *European Universities from the Enlightenment to 1914*. Oxford Scholarship Online. Available at: www.oxfordscholarship.com.

Baker, B. A. (2017). "When Campus Sexual Misconduct Policies Violate Due Process Rights," *Cornell Journal of Law and Public Policy*, 26(3), Article 8. Available at: https://scholarship.law.cornell.edu/cjlpp/vol26/iss3/8.

Barker, M. T. (2011). *Patent litigation involving colleges and universities: an analysis of cases from 1980 to 2009*, PhD (Doctor of Philosophy) thesis, University of Iowa. Available at:https://doi.org/10.17077/etd.z1290gi7.

Beh, H. (2000). "Student versus university: The university's implied obligations of good faith and fair dealing," *Maryland Law Review*, 59(1).

Bichel, R. D. and Lake, P. F. (1999). *The Rights and Responsibilities of the Modern University: Who Assumes the Risks of College Life?* Durham, NC: Carolina Academic Press.

Bok, D. (1986). *Higher Learning*, Cambridge, MA: Harvard University Press.

Bok, D. (2008). *Our Underachieving Colleges: A Candid Look at How Much Students Learn and Why They Should Be Learning More*, Princeton, NJ: Princeton University Press.

Bok, D. (2017). *The Struggle to Reform Our Colleges*, Princeton, NJ: Princeton University Press.

Borchard, E. (1924). "Government Liability in Tort," *Yale Law Journal*, 34(4).

Brown, R. S. & J. E. Kurland (1990). "Academic Tenure and Academic Freedom," *Law & Contemporary Problems*. 53(3).

Buchter, J. F. (1973). "Contract Law and the Student-University Relationship," *Indiana Law Journal*: Vol. 48: Issue 2, Article 5.

Byrne, J. P. (2004). "The Threat to Constitutional Academic Freedom," *Journal of College and University Law*, Vol. 31, No. 1.

Cameron, C. A., Meyers, L. E., & Olswang, S. G. (2005). "Academic bills of rights: Conflict in the classroom" *Journal of College and University Law*, 31(2).

Cantor, D. et al (2019). *Report on the AAU Campus Climate Survey on Sexual Assault and Misconduct*. The Association of American Universities. Available at: https://www.aau.edu/sites/default/files/AAU-Files/Key-Issues/Campus-Safety/Revised%20Aggregate%20report%20%20and%20

appendices%201-7_(01-16-2020_FINAL).pdf.
Carnegie Commission on Higher Education (1972). *Institutional Aid: Federal Support to Colleges and Universities.*
Cherry, R., & Geary, J. P. (1992). "The College Catalog as Contract," *Journal of Law & Education*, 21(1).
Childs, F. L. (1957). "A Dartmouth History Lesson for Freshmen," *Dartmouth Alumni Magazine*, December. Available at: https://www.dartmouth.edu/~library/rauner/dartmouth/dartmouth_history.html.
Colaianni, A. and Cook-Deegan, R. (2009). "Columbia University's Axel Patents: Technology Transfer and Implications for the Bayh-Dole Act," *The Milbank Quarterly*, Vol. 87, No. 3, pp. 683–715. Available at https://www.jstor.org/stable/40345077.
Cole, J. R. (2010). *The Great American University: Its Rise to Preeminence, Its Indispensable National Role, Why It Must Be Protected.* New York: Public Affairs.
Commission on Academic Tenure in Higher Education (1973). *Faculty tenure: A report and recommendations.* The Jossey-Bass series in higher education.
Connolly, W. B. Jr. & Alison B. Marshall (1989). "Sexual Harassment of University or College Students by Faculty Members," *Journal of College & University Law*, 15(4).
Dewey, John (1941). *The Bertrand Russell case.* New York: Viking Press.
Drushal, J. (1976). "Consumer protection and higher education—student suits against schools," *Ohio State Law Journal*, 37(3).
Dryden, J., Stader, D. & Surface, J. L. (2018). "Title IX Violations Arising from Title IX Investigations: The Snake is Eating Its Own Tail," *Idaho Law Review*, 53(3).
Duderstadt, J. J. (2000). *A University for the 21st Century.* Ann Arbor, NI: University of Michigan Press.
Dutile, F. N. (2001). "Students and due process in higher education: Of interests and procedures," *Florida Coastal Law Journal*, 2(2), Available at: https://scholarship.law.nd.edu/law_faculty_scholarship/482.
Editors, Law Review (1940). "The Bertrand Russell Litigation.," *The University of Chicago Law Review*, 8(2).
Euben, D. R. (2003). "Some Legal Aspects of Collegial Governance. AAUP

Updates," available at: https://www.aaup.org/issues/governance-colleges-universities/legal-aspects.

Flexner, Abraham (1930). *Universities: American, English, German*. Oxford University Press.

Flood, J. T. (2012). *Judicial Influence on Academic Decision-Making: A Study of Tenure Denial Litigation Cases in which Higher Education Institutions Did Not Wholly Prevail*. PhD dissertation, University of Tennessee. Available at: https://trace.tennessee.edu/utk_graddiss/1293.

Gajda, A. (2010). *The Trials of Academe: The New Era of Campus Litigation*. Cambridge, MA: Harvard University Press.

George Keller (1985). "Trees without fruit: The problem with research about higher education," *Change*, 17(1).

Glidden, P. A. (1977). "University governance under the NLRA: The unique status of academic senates," *Industrial Relations Law Journal*, 2(2).

Grigoriadis, V. (2014). "A Revolution Against Campus Sexual Assault: Meet the college women who are leading the charge," *New York Magazine*, September 21 issue. Available at: https://www.thecut.com/2014/09/emma-sulkowicz-campus-sexual-assault-activism.html.

Haack, S. (2006). "Scientific Secrecy and 'Spin': The Sad, Sleazy Saga of the Trials of Remune," *Law and Contemporary Problems*, Vol. 69, No. 3.

Harker, O. A. (1911). "The Use of Mandamus to Compel Educational Institutions to Confer Degrees," *Yale Law Journal*, Vol XX, No. 5.

Henning, G. (2007). "Is *In Consortio Cum Parentibus* the New in Loco Parentis?" *NASPA Journal*, 44:3, 538–560, DOI: 10.2202/1949-6605.1835.

Hsu, H. (2018). "The Rise and Fall of Affirmative Action," *New Yorker*, October15, 2018 issue. Available at: https://www.newyorker.com/magazine/2018/10/15/the-rise-and-fall-of-affirmative-action.

Hudon, E. G. (1964). "Literary Piracy, Charles Dickens and the American Copyright Law," *American Bar Association Journal*, Vol. 50, No. 12 (December, 1964).

Ingber, S. (1984). "The Marketplace of Ideas: A Legitimizing Myth," *Duke Law Journal*, 1984(1).

Johnson, M. & L. Kraus (1983). *Sexual Harassment of Students at The Pennsylvania State University*, University Park, PA: The Pennsylvania State

University.

Kaplin, W. A. & Lee, B. A. (2009). *A Legal Guide for Student Affairs Professionals*. San Francisco: Josey-Bass.

Kaplin, W. A. & Lee, B. A. (2009). *The Supplement to a Legal Guide for Student Affairs Professionals*, second edition. San Francisco: Josey-Bass.

Kaplin, W. A. & Lee, B. A. (2014). *The Law of Higher Education*, 5th Edition: Student Version, John Wiley & Sons.

Karl Jaspers (1959). *The Idea of the University*. Beacon Press.

Keller, L., & Meskill, V. P. (1974). "Student rights and due process," *Journal of Law & Education*, 3(3).

Kerr, C (1963). *The Uses of the University*. Harvard University Press.

Kezar, A. (2000). *Moving Beyond the Gap between Research and Practice in Higher Education*. New Direction for Higher Education No.110. San Francisco, CA: Jossey-Bass.

Lacovara, P. A. (1977). "How far can the federal camel slip under the academic tent?"*Journal of College and University Law*, 4(4).

Lake, P. F. (2000). "Tort Litigation in Higher Education," *Journal of College & University Law*, 27(2).

Lawyer, V. (1966). "Birth and Death and Governmental Immunity," *Cleveland-Marshall Law Review*, 15(3).

Lee, P. (2011). "The curious life of *in loco parentis* at American universities," *Higher Education in Review*, 8. Available at: https://scholar.harvard.edu/files/philip_lee/files/vol8lee.pdf.

Lee, P. (2014). "The Case of Dixon v. Alabama: From Civil Rights to Students' Rights and Back Again," *Teachers College Record* 116, 120304. Available at: https://scholar.harvard.edu/files/philip_lee/files/case_of_dixon_v._alabama_article.pdf.

Lemley, M. A. & Volokh, E. (1998). "Freedom of Speech and Injunctions in Intellectual Property Cases," *Duke Law Journal*. 48(147).

Lichtman, R. M. (2012). *The Supreme Court and McCarthy-Era Repression: One Hundred Decisions*. Baltimore: University of Illinois Press.

McCluskey, M. (2017). "Public Universities Get an Education in Private Industry: Can academic researchers remain impartial if they are beholden to corporate money?" *Atlantic Monthly* April 2017. Available at https://

www.theatlantic.com/education/archive/2017/04/public-universities-get-an-education-in-private-industry/521379/.

McSherry, C. (2001). *Who Owns Academic Work? Battling for Control of Intellectual Property.* Cambridge, MA: Harvard University Press.

Moore, M. H. (2020). "The Proposed Title IX Regulations on Evidentiary Burdens of Proof (Part 5), Legal News," *RPJ News & Publications.* Available at: https://rpjlaw.com/proposed-title-ix-regulations-evidentiary-burdens-of-proof/.

Mosk, S. (1966). "The Many Problems of Sovereign Immunity," *San Diego Law Review.* 3(9).

Newman, J. H. (2009). *The Idea of a University.* Dublin: UCD International Centre for Newman Studies.

O'Neil, R. M. (1975). "God and government at Yale: The limits of federal regulation of higher education," *University of Cincinnati Law Review*, 44(3).

O'Neil, R. M. (2010). "Judicial deference to academic decisions: An outmoded concept?" *Journal of College and University Law*, 36(3).

Oaks, D. H. (1976). "Private University Looks at Government Regulation," *Journal of College and University Law*, 4(1).

Pagett, M. M. (2013). "Taking Note: On Copyrighting Students' Lecture Notes," *Richmond Journal of Law & Technology* 19(6) article 2. Available at: http://scholarship.richmond.edu/jolt/vol19/iss2/2.

Petersen, J. L. (1976). "The Dismissal of Tenured Faculty for Reasons of Financial Exigency," *Indiana Law Journal*, Vol. 51: Issue 2, Article 13. Available at: http://www.repository.law.indiana.edu/ilj/vol51/iss2/13.

Rabban, D. M. (2015). "The Regrettable Underenforcement of Incompetence as Cause To Dismiss Tenured Faculty," *Indiana Law Journal*: Vol.91: Issue 1, Article 4. Available at: http://www.repository.law.indiana.edu/ilj/vol91/iss1/4.

Rhodes, F. H. T. (2001). *The Creation of the Future: The Role of the American University.* Ithaca, NY: Cornell University Press.

Rosovsky, Henry (1991). *The University: An Owner's Manual.* New York: W. W. Norton & Company.

Samuels, W. J. (1991). "The Firing of E. A. Ross from Stanford University:

Injustice Compounded by Deception?" *The Journal of Economic Education,* Vol. 22, No. 2.

Sheppard, Ann B. (2000). "1999 Survey of Rhode Island Law: Cases: Civil Rights," *Roger Williams University Law Review,* 5(2), Article 11. Available at: http://docs.rwu.edu/rwu_LR/vol5/iss2/11.

Stamatakos, T. C. (1990). "The Doctrine of In Loco Parentis, Tort Liability and the Student-College Relationship," *Indiana Law Journal:* 65(2), Article 10. Available at: http://www.repository.law.indiana.edu/ilj/vol65/iss2/10.

Stoner, E., & Lowery, J. (2004). "Navigating past the spirit of insubordination: twenty-first century model student conduct code with model hearing script," *Journal of College and University Law,* 31(1), pp.8–11.

Sussman, A. M. (1980). "University Governance through Rose-Colored Lens: NLRB v. Yeshiva," *Supreme Court Review,* 27.

Teichler and Sadlak (2000). *Higher Education Research: Its Relationship to Policy and Practice.* Oxford, England: Pergamon.

The Pew Charitable Trusts (2015). *Federal and State Funding of Higher Education: A changing landscape.* Available at: https://www.pewtrusts.org/~/media/assets/2015/06/federal_state_funding_higher_education_final.pdf.

Titus, J. J. (2011). "Pedagogy on trial: When academic freedom and education consumerism collide," *Journal of College and University Law,* 38(1).

Van Alstyne, W. (1990). "Academic Freedom and the First Amendment in the Supreme Court of the United States: An Unhurried Historical Review," *Law and Contemporary Problems,* Vol. 53: No. 3.

Veblen, T. (1918). *The Higher Learning in America: A Memorandum on the Conduct of Universities by Business Men.* Academic Reprints 1954.

Washburn, J. (2005). *University, Inc.: The Corporate Corruption of Higher Education.* Cambridge, MA: Basic Books.

White, B. (2007). "Student Rights: From in Loco Parentis to Sine Parentibus and Back Again? Understanding the Family Educational Rights and Privacy Act in Higher Education," *BYU Educ. & L.J.* Vol. 2007. Available at: https://digitalcommons.law.byu.edu/elj/vol2007/iss2/6.

White, L. (2010). "Fifty Years of Academic Freedom Jurisprudence," *Journal of College and University Law,* vol. 36, No. 3.

Wright, C. A. (1969). "The Constitution on the Campus," *Vand L. Rev.* 22(1027).

金耀基:《大学之理念》,生活·读书·新知三联书店 2000 年版。

李红海:《普通法的司法解读》,北京大学出版社 2018 年版。

李子江:《学术自由的危机与抗争: 1860 至 1960 年的美国大学》,《清华大学教育研究》2003 年第 5 期。

亚瑟·科恩著、李子江译:《美国高等教育通史》,北京大学出版社 2010 年版。

赵炬明:《为决策者服务——如何在高等教育领域做政策咨询》,《高等工程教育研究》2014 年第 2 期。

索 引

（词条右边的号码即本书页码）

1964年民权法案第七条（Title VII of Civil Rights Act of 1964） 83, 84, 180, 324, 326

1972年教育修正案第九条（Title IX of the Education Amendments of 1972） 120, 121

1973年康复法案第504节（Section 504 of the Rehabilitation Act of 1973） 117, 118

1990年美国残疾人法案（Americans with Disabilities Act of 1990, ADA） 117, 317, 324

A

阿巴拉契亚技术学院（Appalachian Technical College） 139, 140

艾森豪威尔校长（Dwight David "Ike" Eisenhower） 188, 267

爱达荷大学（University of Idaho） 74, 75

爱荷华州立大学（Iowa State University） 241, 242

奥康纳大法官（Sandra Day O'Connor） 109, 110, 111

B

拜杜法案（The Bayh-Dole University and Small Business Patent Act of 1980） 233, 235, 236, 237, 239

版权法（copyright law） 219, 220, 221, 222, 224, 226, 227, 238, 352

鲍林杰校长（Lee Bollinger） 107, 156, 157, 366

鲍威尔大法官（Lewis F. Powell, Jr.） 101, 105, 106, 108, 109, 110, 111, 125, 193, 268, 269, 270, 364

北伊利诺伊大学（Northern Illinois University） 148, 149

贝尔维尤医学院（Bellevue Medical College） 282, 283

表面证据确凿（*prima facie case*） 119

宾夕法尼亚大学（University of Pennsylvania） 123, 322, 333, 338, 356

宾夕法尼亚大学沃顿商学院（Whar-

ton School of Business at the University of Pennsylvania） 333
波士顿大学（Boston University） 303
波音特帕克学院（Point Park College） 67
伯里亚学院（Berea College） 45
博克校长（Derek Bok） 14, 17, 319
博林·格林州立大学（Bowling Green State University） 69
布兰代斯大学（Brandeis University） 144, 145
布朗大学（Brown University） 295, 296
布朗校长（Hank Brown） 254
布朗学院（Brown Institute） 298, 299, 300
布卢姆菲尔德学院（Bloomfield College） 184, 185, 186
布伦南大法官（William Joseph Brennan Jr.） 210, 269

C

财产利益（property interest） 81, 136
财务紧急状态（financial exigency） 163, 184, 185, 186, 187
场所责任（premises liability） 69, 70, 76
成文法（statutory law） 2, 3, 6, 20, 21
程序性正当程序（procedural due process） 132, 140

D

达特茅斯学院（Dartmouth College） 252, 253, 254, 256, 257, 258, 259, 260, 266, 289, 318, 367
大学准司法制度（university judicial system） 147
得克萨斯大学医学中心（University of Texas, Health Science Center） 294
敌意环境（hostile environment） 84, 215
东南大学骨科医学院（College of Osteopathic Medicine, Southeastern University of Health Sciences） 279, 280
东南社区学院（Southeastern Community College） 118, 119
渎职（negligence） 40, 63, 64
杜德斯塔特校长（James Johnson Duderstadt） 14
杜克大学（Duke University） 140, 235, 306, 307, 308
杜兰大学（Tulane University） 325
多元化理据（diversity rationale） 101, 105, 108, 109, 117, 125, 364, 367, 368

E

俄亥俄医学院（Medical College of Ohio） 137, 138, 139, 148
俄亥俄州立大学（Ohio State University） 141
俄亥俄州民权委员会（Ohio Civil Rights Commission） 120
俄克拉何马大学（University of Oklahoma） 99, 100

F

法人（corporation） 171, 257, 258, 261, 263, 264, 318
范德堡大学（Vanderbilt University） 239, 240, 332
佛罗里达大学（University of Florida） 225
弗吉尼亚军事学院（Virginia Military In-

stitute, VMI） 121
弗吉尼亚联邦大学（Virginia Commonwealth University） 194, 229
弗吉尼亚女子领导学院（Virginia Women's Institute for Leadership） 121
弗兰克福特大法官（Felix Frankfurter） 7, 19, 80, 97, 98, 105, 109, 111, 122, 126, 176, 193, 208, 277, 328, 333, 351, 362

G

高等教育合规联盟（Higher Education Compliance Alliance） 332
哥伦比亚大学（Columbia University） 5, 14, 18, 23, 29, 53, 54, 112, 123, 155, 156, 157, 162, 187, 188, 233, 267, 289, 290, 291, 303, 320, 321, 323, 330, 366
格兰戴尔社区学院（Glendale Community College） 214
隔离但平等（separate but equal） 100, 101, 102, 103
公开会议法（Open Meetings Act） 262, 263, 265
公平就业机会委员会（Equal Employment Opportunity Commission, EEOC） 84, 333
公平录取学生组织（Students for Fair Admissions, SFFA） 124
公众关心事项（matters of public concern） 195, 196, 197, 198, 199
共同治理（shared governance） 164, 165, 168, 169, 170, 267, 269, 270, 271, 272, 281, 285
雇主责任原则（respondeat superior） 316

国际基督教学校联合会（Association of Christian Schools International） 115, 116
全国劳动关系委员会（National Labor Relations Board, NLRB） 267, 268

H

哈佛大学（Harvard University） 123, 124, 125, 174, 177, 204, 226, 243, 251, 319, 330
汉密尔顿学院（Hamilton College） 167, 223
合理使用（fair use） 226
合理照看责任（duty of reasonable care） 73, 74, 76
华盛顿大学密苏里分校（Washington University (Missouri)） 112
回报型性骚扰（quid pro quo harassment） 84, 88
惠顿学院（Wheaton College） 43, 44
霍华德大学（Howard University） 143

J

吉尔曼校长（Daniel Coit Gilman） 43
吉姆·克劳法（Jim Crow laws） 50, 52, 100
即决裁判（summary judgment） 68, 215
集体诉讼（class action lawsuits） 101, 309, 311
集体谈判（collective bargaining） 164, 267, 268, 270
《家庭教育权利和隐私法》（The Family Educational Rights and Privacy Act of 1974, FERPA） 339
加州大学尔湾分校（University of Cal-

ifornia, Irvine, UCI） 181
加州大学戴维斯分校医学院（The Medical School of the University of California at Davis） 104, 106
加州大学旧金山分校（University of California, San Francisco, UCSF） 243, 244
加州大学洛杉矶分校（UCLA） 37
加州州立大学长滩分校（California State University, Long Beach） 275
健康的思想交流（robust exchange of ideas） 28, 105, 109, 125, 269, 333, 364
教务会或学术评议会或教授评议会（Academic Senate or Faculty Senate） 115, 116, 167, 178, 179, 182, 271, 274
教学失职（educational malpractice） 79, 80, 287, 288, 298, 299, 300, 350
教育部民权办公室（The Office for Civil Rights, OCR） 84, 123, 153
教育修正案第9条（Title IX of the Education Amendments of 1972） 84, 86, 90, 152, 197, 200
《就业年龄歧视法》（The Age Discrimination in Employment Act of 1967, ADEA） 324
杰弗逊社区学院（Jefferson Community College） 195, 196, 363
举证责任（burden of proof） 87, 145, 181

K

凯斯西储大学（Case Western Reserve University） 119, 120
《堪萨斯消费者保护法》（Kansas Consumer Protection Act） 302
康奈尔大学（Cornell University） 23
科尔教务长（Jonathan R. Cole） 14
科克校长（Grayson Louis Kirk） 54
科罗拉多大学（University of Colorado） 119, 166, 167, 169, 170, 273
克罗斯校长（George Lynn Cross） 99
肯定性行动（Affirmative Action） 28, 102, 103, 104, 105, 106, 108, 109, 111, 117, 124, 125, 333, 364, 367

L

林肯基督教学院（Lincoln Christian College） 55, 56, 284
临时或永久禁令（preliminary or permanent injunction） 222
伦奎斯特大法官（William Hubbs Rehnquist） 318
罗伯茨大法官（John Glover Roberts Jr.） 237
罗索夫斯基院长（Henry Rosovsky） 14, 177
罗兹校长（Frank H. T. Rhodes） 23, 24

M

麻省理工学院（MIT） 38, 319
马歇尔大法官（John Marshall） 170, 198, 254, 255, 256, 257, 258, 260, 276, 281, 318, 367
美国大学教授协会（American Association of University Professors, AAUP） 28, 116, 162, 163, 164, 168, 170, 173, 174, 184, 187, 189, 192, 227, 266, 276, 285, 350, 362
美国公民自由联盟（American Civil Liberties Union, ACLU） 168, 203
美国教育理事会（American Council on Education, ACE） 94

索 引　389

美国食品和药物管理局（Food and Drug Administration, FDA）243
美国医学院协会（Association of American Medical Colleges）120
美利坚大学（American University）330
美洲大学协会（Association of American Universities, AAU）82
蒙大拿大学（University of Montana）88, 89
密苏里大学堪萨斯城医学院（University of Missouri-Kansas City Medical School）129
密歇根大学（University of Michigan）8, 9, 80, 81, 92, 93, 106, 107, 108, 110, 136, 263
密歇根州立大学（Michigan State University）140, 141, 262, 263, 264, 265
明顿大法官（Sherman "Shay" Minton）213
明尼苏达大学（University of Minnesota）178, 180, 183, 264, 265

N

纳苏县社区学院（Nassau County Community College）336
南达科他大学（University of South Dakota）278
南方卫礼公会大学（Southern Methodist University）112
南加州大学（University of Southern California）15, 40, 41, 63
南科罗拉多大学（University of Southern Colorado）273
纽约城市学院（College of the City of New York, CCNY）202, 203, 204

纽约大学（New York University）69
纽约高等教育理事会（The Board of Higher Education of the City of New York）203, 204
《纽约公职人员法》（N.Y. Pub. Off. Law）337
纽约海事学院（New York Maritime Academy）190
纽约州立大学奥尔巴尼分校（University at Albany, State University of New York）337
纽约州立大学纽博兹分校（State University of New York at New Paltz）70, 200
诺瓦东南大学（Nova Southeastern University）296, 297, 298

O

欧陆法系（civil law，又称民法法系）2, 3, 4, 20

P

盘问（cross-examine）138, 149
判例法（case law）2, 3, 4, 19, 20, 21, 22, 24, 25, 32, 78, 222, 295, 344, 359
匹克林（Pickering）197, 198, 199
普林斯顿大学（Princeton University）123
普罗维登斯学院（Providence College）85, 86
普通法（Common Law）2, 3, 4, 20, 21, 22, 42, 86, 133, 171, 199, 288, 295, 314, 315, 344, 346

Q

契约（contracts）30, 31, 47, 55, 56, 57, 144, 145, 147, 254, 256, 257, 258,

259, 260, 277, 282, 283, 284, 286, 287, 289, 291, 292, 293, 294, 295, 296, 298, 300, 302, 304, 307, 308, 310, 311, 312, 314, 337, 348, 354, 355, 359, 361

强制令（mandamus） 259

乔丹校长（David Starr Jordan） 173

乔治·华盛顿大学（George Washington University） 330

乔治城大学（Georgetown University） 194, 330

桥港大学（University of Bridgeport） 91, 93

侵权法（tort law） 71, 287

侵权责任（tort liability） 315, 359

权利与特权（rights and privilege） 6, 7, 360

全国反审查联盟（National Coalition Against Censorship, NCAC） 168

全国有色人种协进会（National Association for the Advancement of Colored People, NAACP） 100

R

日内瓦学院（Geneva College） 68, 69

S

实质性正当程序（substantive due process） 132

书状（Amicus Brief） 116, 168, 237

司法尊重（judicial deference） 10, 21, 94, 128, 130, 131, 164, 165, 169, 170, 208, 280, 285, 287, 298, 327, 347, 348, 356, 367

斯蒂文斯大法官（John Paul Stevens） 81, 136

斯坦福大学（Stanford University） 123, 172, 173, 235, 236

松堡学院（Pine Manor College） 61, 62

T

特拉华大学（University of Delaware） 66, 72, 73

特拉华谷学院（Delaware Valley College） 58

特伦霍姆校长（Harper Councill Trenholm） 49

替代父母（in loco parentis） 19, 26, 27, 37, 42, 43, 44, 46, 47, 48, 50, 51, 52, 53, 54, 57, 58, 59, 60, 61, 62, 63, 64, 65, 66, 67, 70, 73, 74, 77, 78, 95, 96, 127, 128, 137, 147, 283, 284, 285, 320, 347, 349, 354, 360, 361

天主教大学（Catholic University of America） 330

《统一欺骗性贸易惯例法》（Uniform Deceptive Trade Practices Act） 299

W

瓦尔登大学（Walden University） 308, 309, 310

瓦格纳学院（Wagner College） 145, 146

瓦特洛特学院（Vatterott College） 301, 302, 303

威廉与玛丽学院（The College of William & Mary） 170, 171

威斯康星大学苏必利尔分校（University of Wisconsin, Superior） 339

威斯康星大学系统办公室（Universi-

ty of Wisconsin System） 338
威斯康星大学奥什科什分校（University of Wisconsin, Oshkosh） 134
文森大法官（Frederick Moore Vinson） 100, 101
沃伦大法官（Earl Warren） 19, 98, 161, 175, 216
无罪推定（presumption of innocence） 87

X

西北大学（Northwestern University） 258, 259, 260
西北密苏里州立大学（Northwest Missouri State University） 150
希腊社团（Greek Life） 71, 72, 73, 75, 76, 77
宪法第一条修正案（Constitutional Amendment I） 26, 82, 105, 106, 109, 110, 116, 125, 167, 175, 192, 194, 195, 198, 199, 201, 206, 207, 210, 213, 215, 216, 321, 334
宪法第五条修正案（Constitutional Amendment V） 128, 132, 142, 150, 151
宪法第十一条修正案（Constitutional Amendment XI） 292, 294, 298, 316, 317
宪法第十四条修正案（Constitutional Amendment XIV） 26, 48, 51, 53, 81, 101, 102, 105, 106, 110, 116, 121, 128, 129, 130, 132, 133, 135, 136, 137, 142, 143, 149, 192, 273, 292, 317, 321
宪法第二十六条修正案（Constitutional Amendment XXVI） 57, 58

《消费者欺诈法》（Consumer Fraud Act） 299
新奥尔良罗耀拉大学法学院（Loyola University of New Orleans School of Law） 288
《信息自由法》（Freedom of Information Act, FOIA） 336, 337, 338
性骚扰（sexual harassment） 65, 82, 83, 84, 85, 86, 87, 88, 90, 91, 152, 154, 191, 192, 326, 333, 334, 340, 356, 360, 368
兄弟会和姐妹会（Fraternities and Sororities） 71, 72
"袖手旁观"（bystander） 27, 61, 70, 74, 75, 77, 78, 87, 95, 96, 347
雪城大学（Syracuse University） 46, 51

Y

亚拉巴马大学（University of Alabama） 205, 207, 317
亚拉巴马州立学院（Alabama State College） 48, 49, 50, 51, 52, 53
亚利桑那大学（University of Arizona） 112, 113, 114, 115
严格赔偿责任（strict liability） 73
耶鲁大学（Yale University） 78, 79, 123, 201, 228, 229, 230, 254, 330, 350
叶史瓦大学（Yeshiva University） 268, 269, 270
一旦允诺、不得翻供（promissory estoppel） 81, 296
一罪两罚（double jeopardy） 150, 151
伊利诺伊大学（The University of Illinois） 83, 148, 149, 212
印第安纳州立大学（Indiana State Uni-

versity）204, 205
英美法系（common law，又称普通法系）2, 3, 20
犹他大学（University of Utah）59, 349
约翰·霍普金斯大学（Johns Hopkins University）43
约翰逊县社区学院（Johnson County Community College）130
约翰逊总统（Lyndon B. Johnson）102
约会强奸（date rape）145, 365

Z

责任（liability）26, 27, 40, 41, 42, 43, 45, 46, 47, 48, 51, 58, 59, 60, 61, 62, 63, 64, 65, 66, 67, 69, 70, 71, 73, 74, 75, 76, 77, 78, 79, 82, 87, 95, 96, 144, 145, 156, 157, 181, 200, 215, 217, 219, 220, 232, 254, 261, 271, 275, 277, 283, 287, 293, 314, 315, 316, 318, 344, 346, 347, 348, 349, 350, 359, 361, 364
泽维尔大学（Xavier University）154, 156
詹姆斯·麦迪逊大学（James Madison University）274
正当程序（due process）6, 26, 28, 48, 50, 51, 52, 53, 54, 55, 57, 81, 95, 127, 128, 129, 130, 131, 132, 133, 134, 135, 136, 137, 138, 139, 140, 141, 142, 143, 145, 147, 149, 153, 156, 165, 168, 169, 175, 177, 180, 192, 196, 284, 292, 321, 348, 352, 354, 362, 365, 366
证据优势（preponderance of the evidence）153, 154, 156
政教分离的原则（Establishment Clause）206, 207
芝加哥大学（University of Chicago）203, 230, 231, 232
执行令状（writ of mandamus）171, 283
职责（duty）27, 42, 51, 57, 61, 63, 70, 71, 75, 76, 97, 98, 171, 176, 261, 284, 300, 315, 349
终身教职（tenure）29, 134, 161, 162, 165, 167, 169, 173, 176, 178, 179, 180, 181, 182, 183, 184, 185, 189, 190, 191, 192, 275, 322, 325, 326, 334, 335, 339
州［政府］的行为（state action）54
主权豁免原则（sovereign immunity doctrine）292, 312
专利法（copyright law）218, 221, 222, 230, 232, 235, 237, 238, 352
遵循先例（*stare decisis*）20, 32, 288
佐治亚理工大学（Georgia Tech）77

后 记

这本书从酝酿到完成，整个过程漫长得不可思议。记得在念研究生的时候选修高等教育法，就被判例法中完整的案例叙述和法官严谨、机智、偶尔惊艳的判词所吸引。但这门课最让人痛苦的是，为了完成老师布置的作业，必须扎进法律图书馆案例卷宗的海洋，一个猛子下去几个小时都无法浮出水面换气。现在回想起来，那真是一种"致命的吸引力"，让我在后来的职业生涯里对法律这个行业既迷恋不已又敬而远之。可是，就在我毕业后不久，互联网时代不期而至，卷帙浩繁的法律卷宗居然离我们仅隔"一键之遥"，可以招之即来，挥之即去！

再次让我对法庭案例旧情复燃的是北京大学出版社的周雁翎老师。自从我的《世界一流大学的管理之道》一书出版之后，周老师就由编辑变酒友了。这些年去北京出差，只要有空我俩就会小酌一番，天南海北地神聊之外似乎很少谈正事。后来才意识到，周老师那是"醉翁之意不在酒"啊！我这厢醉眼迷离，对手有几分清醒我不得而知，但他脑子里约稿那根弦显然一刻也没有松过。不知不觉之间，我被引上了一条不归路，结果就是摆在诸位看官面前的这本书。为了这一百多个法庭案例我起码念了三至四倍的案例，至少两百篇法学论文，不下十几本法学和其他方面的专著。要不是因为酒桌上的承诺，慵懒如我，也许根本就受不了这等苦行僧一般的折磨。北大出版社的郭莉老师为了这本书的出版作了无私的奉献，在此一并表达谢意。

因缘巧合，这部书最终由商务印书馆出版。多年的老友谢仲礼老师准确地把握我在商务印书馆出版的四部书（前三部是《细读美国大学》《大学国际化的历程》《美国大学小史》）的行文风格，用"故事中的美国大学"把它们串联起来，自成系列，让我受宠若惊之余，不由得感慨系之。此生与美国大学结缘，虽然没少用功，却从不敢以专业研究者自居，只因为一个错配。对美国大学成长细节的痴迷，让我在从事研究与写作时有意无意地忽略了学者该做的一些规定动作，加上情不自禁地流露出的个人观点和视角，使得我的写作与传统的高等教育研究若即若离。感谢谢老师不离不弃，十多年来一直对我这样的非主流写作呵护有加，方才成全了这个小小的系列。

交代本书的由来，除了向周雁翎、谢仲礼和郭莉三位老师致谢之外，还不得不提一下本书写作的背景。当我在键盘上奋力敲击这本书的时候，一场席卷全球的疫情风暴也在酝酿之中。当时，对于中国大陆以外的人们来说，新冠肺炎还只是"他们的问题"。世界的目光聚焦武汉，同情之余难免有点暗自庆幸，就像坐在电影院里观赏好莱坞动作大片，惊悚归惊悚，事不关己的超然还是让人感觉不错。身边的香港人虽然在2002年亲历萨斯（SARS），此时却似乎颇为淡定，坚信春暖花开之时即疫情烟消云散之际。香港通往世界大多数地方的航班还没有取消，我也计划着很快就会恢复出差旅行。十年了，早已习惯每年飞行12万英里的工作常规，因此本书的写作计划也相应地定在三年后完成。

让人跌破眼镜的是，当我在键盘上敲下"结论"一章的最后一个字时，居然还在居家工作。整个2020年，虽然八小时的工作日成了一周七天24小时随叫随到、平日周末假日完全打通，但毕竟上下班的通勤、长短途的飞行、航班的延误、出入海关的等待，等等，变成了日程表上的空格，而这些空格又被写作悄悄填满。连出门的借口都没有：餐厅在限客和关闭这两种状态之间轮流，健身只能在电视机前进行。一句话，提前完成写作计划，与才华无关，连自诩勤奋都显得有点矫情。这至多是为降低感染几率作出努力之后得到的一点小小的奖赏而已。奖杯由老天颁发。

但老天在2020年放在我们这些大学管理者们面前的其实不是奖杯，而是一份难度空前的考卷。大学与学生之间的君子协定、课堂教学与在线教学的利弊得失、师生之间错综复杂的关系、大学提供的服务及收费标准、高教市场的形成对于大学自治传统的冲击，等等，书中案例涉及的许多问题在这场突如其来的疫情中都被无限地放大了。如我在第九章结尾所言，2020年也许会因疫情而成为未来高等教育改革的元年载入史册。假如本书能够为这场呼之欲出的改革提供一些可供参考的方案，吾愿足矣。

我自知在高教研究圈内是个异类：写作语言不够"学术"，而且读者居然大多在圈子外面。好在我不需要靠发表提职涨薪，于是便比我的同行多了几分自在。正因为此，我更加珍惜那些在圈子里面对我宽容有加的大佬们，而赵炬明就是其中之一。这次他再次应允为我作序，让我感激涕零。远隔重洋，无法面谢，只能先记下一笔人情债，来日再还。

还有一种感谢没有也不需要任何理由。这样的感谢早已预留给我生活中占据特殊地位的两个人：伴我一路同行的妻子和天天只能视频见面的"小棉袄"。这本在2021年2月14日收官的小书就权充今年情人节的礼物吧。

2021年2月20日于香港湾仔
2022年1月18日修订于北京海淀